绿色金融系列
Green Finance

绿色金融风险理论与实务

RISK OF GREEN FINANCE: THEORY AND PRACTICE

刘瀚斌　李志青　编著

復旦大學 出版社

前 言

获取收益和防范风险，一直是人们在金融活动中不断追求的目标。18世纪以来，历史上发生了诸多金融风险案例，不论是金融机构在具体的金融交易活动中出现的风险，还是整个金融体系的系统风险，其后果往往超过对自身的影响，极易导致全社会经济秩序的混乱，甚至引发严重的政治危机。如何更安全稳定地获利，成为金融研究和金融实践中不断探索的课题。随着绿色发展理念的落实，绿色金融作为支持环境改善、应对气候变化和资源节约与高效利用的金融工具，为环保、节能、清洁能源、绿色交通、绿色建筑等领域的项目提供了广泛的金融服务。在绿色金融的新视角下，自然环境的冲击同样威胁着经济金融系统的稳定与安全，绿色金融风险显示了其独特的风险特征和演化逻辑。

近年来，一些关于"碳达峰、碳中和"的国家文件专门提及要有效应对绿色低碳转型可能伴随的经济、金融、社会风险，防止过度反应。可见，在绿色转型中防止系统性风险，将是绿色金融发展中须留意的重点。绿色金融风险的来源主要是绿色发展相关的经济金融业务对应的金融指标变动引发的预期收益不确定性，其中有两个概念需要厘清：一是金融资产的预期收益；二是风险产生的不确定性。

通过相关分析，我们对绿色金融风险的独特性有了感性认识，这类金融风险的复杂性就在于其聚焦的是生态环境这类公共产品，使得其风险的产生和影响是多元和多变的，这类新兴的金融业务也会对社会经济体系带来新的挑战。事实上，国外对此也早有论述，2020年国际清算银行（BIS）出版了一本《绿天鹅》，书中用"绿天鹅"指代气候变化引发的极端事件可能引起的金融风险。国内近年也陆续出现了"漂绿""伪绿"等项目骗取金融支持的事件，这些风险的产生已超越了金融活动的自身规律，体现出该类金融活动对经济金融整体性的影响。基于此，绿色金融风险不仅一直备受政府监管部门的关注，近年也引发了学术界、实务界的广泛研究。如何认识这类新型风险、如何识别量化和防范这些风险，是值得深入探索和创新的领域。

为了更好地分析绿色金融风险的规律、总结绿色金融风险活动的特点，我们基于金融风险理论和绿色发展相关理论，尝试对绿色金融风险的内涵、特点、分类、理论、作用机制、测度工具、防范框架等进行较为详细的梳理和讨论，同时，通过对政府部门、金融机构的调研，归纳了当前对于绿色金融风险的认识和预测，基于这些积累，我们编写了本书，这里既有对前人研究的梳理，也有作者在现实调研和工作实践中的思考，希望可供对绿色金融研究感兴趣的朋友参考，并为绿色金融学科的建设和教学实务提供素材。

本书的内容共有十二章。第一章"绿色金融风险的概述"，主要从金融风险概念出发，对绿色金融风险的内涵、特征进行界定，并辨析几组易混淆的概念。第二章"绿色金融风险理论、成因和经济效应"，主要构建绿色金融风险的理论框架，分析风险成因和传递机制。第三章"绿色金融风险的分类、现实场景与识别",结合近年发生的风险案例,对绿色金融风险进行分类,并识别绿色金融风险产生的要素。第四章"绿色金融风险的测度方法",主要解释测度和预判绿色金融风险的量化工具,为风险管理提供基础。第五章"绿色金融的风险评级",基于风险角度对绿色金融产品和服务进行评级,为风险管理提供评级基础。第六章"绿色金融风险的监管",主要从政府角度介绍国内外关于绿色金融风险管理的相关政策、案例和特点。第七章"金融机构关于绿色金融风险的管理",主要从金融机构出发,介绍市场主体管理绿色金融风险的报告编制和未来趋势。第八章"绿色金融风险管理中的信息披露",主要从信息披露角度介绍绿色金融风险管理的原则和框架。第九章"碳金融的风险与管理",主要介绍低碳金融领域可能产生的风险和管理工具。第十章"银行业和保险业绿色金融风险管理实践"和第十一章"证券业绿色金融风险管理实践",主要介绍银行业、保险业和证券业关于绿色金融风险的管理案例及特点,并进行总结。第十二章"金融科技在绿色金融风险管理中的应用",主要总结金融科技手段在绿色金融风险管理中的应用场景和功能成效。

　　本书的编写得到了复旦大学经济学院、金融机构和政府有关部门单位的大力支持,在此表示衷心感谢。复旦大学的王昕彤、杜明洁、蔡煦颜等同学参与了本书编写资料的收集工作,在此一并表示感谢。本书在编撰过程中难免会出现一些错误和缺漏,恳请使用者和各位读者批评指正。

目录

第一章　绿色金融风险的概述 1
　　学习要求 1
　　本章导读 1
　　第一节　金融风险的内涵和常见类型 1
　　第二节　绿色金融风险的内涵与辨析 5
　　第三节　绿色金融风险的特征 10
　　第四节　我国绿色金融风险管理相关制度与政策介绍 13
　　本章小结 18
　　习题与思考 18
　　参考文献 19

第二章　绿色金融风险理论、成因和经济效应 21
　　学习要求 21
　　本章导读 21
　　第一节　绿色金融风险的理论来源 21
　　第二节　绿色金融风险的成因与传递机制 32
　　第三节　绿色金融风险的经济效应分析 36
　　本章小结 39
　　习题与思考 40
　　参考文献 40

第三章　绿色金融风险的分类、现实场景与识别 42
　　学习要求 42
　　本章导读 42
　　第一节　绿色金融风险的分类 42
　　第二节　绿色金融风险的现实场景 46
　　第三节　绿色金融风险的识别 54
　　本章小结 59
　　习题与思考 59
　　参考文献 59

第四章　绿色金融风险的测度方法 … 62
　　学习要求 … 62
　　本章导读 … 62
　　第一节　绿色金融风险测度的原理 … 62
　　第二节　绿色金融风险测度工具的介绍 … 66
　　第三节　绿色金融风险测度工具的比较 … 73
　　本章小结 … 75
　　习题与思考 … 75
　　参考文献 … 76

第五章　绿色金融的风险评级 … 77
　　学习要求 … 77
　　本章导读 … 77
　　第一节　绿色金融的评级体系介绍 … 77
　　第二节　我国绿色金融评级的发展趋势 … 92
　　第三节　绿色金融评级对风险管理的作用 … 94
　　本章小结 … 95
　　习题与思考 … 95
　　参考文献 … 96

第六章　绿色金融风险的监管 … 97
　　学习要求 … 97
　　本章导读 … 97
　　第一节　绿色金融风险的监管机构与监管目标 … 97
　　第二节　银行业与保险业的绿色金融风险监管 … 104
　　第三节　绿色金融风险监管的社会参与 … 107
　　本章小结 … 109
　　习题与思考 … 109
　　参考文献 … 109

第七章　金融机构关于绿色金融风险的管理 … 111
　　学习要求 … 111
　　本章导读 … 111
　　第一节　绿色金融风险的管理体系 … 111
　　第二节　绿色金融风险的报告编制 … 115
　　第三节　国际绿色金融风险管理案例 … 120

第四节　绿色金融风险管理的现存挑战与未来展望……………… 126
本章小结…………………………………………………………………… 127
习题与思考………………………………………………………………… 128
参考文献…………………………………………………………………… 128

第八章　绿色金融风险管理中的信息披露……………………………… 129
学习要求…………………………………………………………………… 129
本章导读…………………………………………………………………… 129
第一节　绿色金融风险管理中信息披露的内容和意义…………… 129
第二节　绿色金融风险信息披露的理论与原则…………………… 134
第三节　国内外绿色金融风险信息披露的策略与框架介绍……… 137
第四节　绿色金融风险信息披露的挑战与展望…………………… 148
本章小结…………………………………………………………………… 150
习题与思考………………………………………………………………… 150
参考文献…………………………………………………………………… 151

第九章　碳金融的风险与管理……………………………………………… 153
学习要求…………………………………………………………………… 153
本章导读…………………………………………………………………… 153
第一节　碳金融概述………………………………………………… 153
第二节　碳金融的风险识别………………………………………… 157
第三节　碳金融风险防范的原则和措施…………………………… 163
第四节　"碳达峰、碳中和"背景下潜在金融风险识别和管理…… 166
本章小结…………………………………………………………………… 170
习题与思考………………………………………………………………… 170
参考文献…………………………………………………………………… 170

第十章　银行业和保险业绿色金融风险管理实践……………………… 172
学习要求…………………………………………………………………… 172
本章导读…………………………………………………………………… 172
第一节　商业银行环境风险管理系统框架及程序………………… 172
第二节　国外商业银行绿色金融风险管理案例介绍……………… 182
第三节　保险业绿色金融风险管理的介绍………………………… 186
本章小结…………………………………………………………………… 193
习题与思考………………………………………………………………… 194
参考文献…………………………………………………………………… 194

第十一章　证券业绿色金融风险管理实践 ……………………………………… 195
 学习要求 ………………………………………………………………………… 195
 本章导读 ………………………………………………………………………… 195
 第一节　证券业绿色金融风险管理的介绍 …………………………………… 195
 第二节　绿色债券风险管理的介绍 …………………………………………… 202
 本章小结 ………………………………………………………………………… 208
 习题与思考 ……………………………………………………………………… 208
 参考文献 ………………………………………………………………………… 209

第十二章　金融科技在绿色金融风险管理中的应用 …………………………… 210
 学习要求 ………………………………………………………………………… 210
 本章导读 ………………………………………………………………………… 210
 第一节　金融科技在绿色金融风险管理中的应用进展 ……………………… 210
 第二节　金融科技未来应用的挑战和展望 …………………………………… 220
 本章小结 ………………………………………………………………………… 224
 习题与思考 ……………………………………………………………………… 224
 参考文献 ………………………………………………………………………… 224

第一章 绿色金融风险的概述

[学习要求]

- 理解绿色金融风险的内涵;辨析绿色金融风险相关的几组概念
- 熟悉绿色金融风险的特征和表现
- 熟悉我国关于绿色金融风险相关的制度政策,总结已发布政策的特点

[本章导读]

金融是现代经济的核心,金融市场是整个市场经济体系的动脉。但是,金融活动本身的高风险性及金融危机的多米诺骨牌效应,使得金融体系的安全、高效、稳健运行对社会经济全局的稳定和发展至关重要。近年来,法国兴业银行巨亏、美国雷曼兄弟破产、英国诺森罗克银行挤兑事件等一系列金融风险屡见报端,对国家安全、家庭经济都造成了沉重的打击,因此"防范化解系统性金融风险"是我国金融领域的重要工作。近年来,随着绿色金融的兴起,投资于绿色产业的资金逐年增加,由于环境风险导致的金融风险也日渐显现,例如部分企业为获得绿色资金采取的"洗绿"行为、暴露于气候环境风险下的绿色资产大幅减值等都对投资行为和效益产生影响,甚至传递至整个金融系统,这类风险逐渐引起学术界和实业界的关注。绿色金融风险是什么?这类风险具有什么样的特征?我们该如何认识这类风险?当前并没有形成统一的认识。为此,本章从金融风险的基本定义和特点出发,对绿色金融风险的内涵和特征进行介绍,同时对相关易混淆概念进行辨析,并就我国绿色金融风险管理的基本情况进行梳理。通过本章的学习,希望读者能够形成对绿色金融风险的基本认识和知识框架。

第一节 金融风险的内涵和常见类型

一、金融风险的内涵

为了理解绿色金融风险的含义,我们首先从金融学知识框架出发,先行理解金融风险的基本内容。根据金融学相关理论,金融风险涵盖的范围较广,主要是指与金融活动有关的风险,包括金融市场风险、金融产品风险、金融机构风险等情况。其中,由于金融机构发生的风险所带来的后果最为常见,往往会对社会稳定、国家安全、居民财富带来深刻的影

响。例如金融机构在具体的金融交易活动中出现的风险,有可能对该金融机构的生存构成威胁;金融产品因经营不善而出现危机,则有可能对整个金融体系的稳健运行构成威胁;而一旦发生系统性风险,金融体系运转失灵,必然会导致全社会经济秩序的混乱,甚至引发严重的政治危机。

对于金融风险的内涵,通俗而言可理解为一定量金融资产在未来时期内预期收入遭受损失的可能性,具体表现特点可以归纳为不确定性(影响金融风险的因素难以事前完全把握)、相关性(金融机构所经营的"货币"这一商品的特殊性决定了金融机构同经济社会的资金流动紧密相关)、高杠杆性(金融企业负债率偏高、财务杠杆大,导致负外部性大,另外金融工具创新、衍生金融工具等也伴随高杠杆风险)、传染性(金融机构承担着中介机构的职能,割裂了原始借贷的对应关系,处于这一中介网络的任何一方出现风险,都有可能对其他方面产生影响,甚至发生行业的、区域的金融风险,导致金融危机)等。近年来,由于金融风险造成的灾害屡见不鲜,著名的 2008 年全球金融危机导致英国的诺森罗克银行发生挤兑事件,直接造成诺森罗克银行的市值被腰斩;美国雷曼兄弟事件直接造成很多借了房贷的人还不上贷款,对美国的社会稳定和经济持续发展造成了极其恶劣的影响;近年国内兴起的小额贷款、互联网金融贷款等模式逐渐演化为"地下银行",游离于金融监管体系之外,也给家庭经济和国家金融安全造成巨大危害。

为此,国家近年来高度重视金融风险防范,党的十九大报告中就将"防范化解系统性金融风险"作为"三大攻坚战"中的重要内容。2021 年 8 月 17 日,中央财经委员会第十次会议召开,在研究扎实促进共同富裕问题时,重点提出要高度关注防范化解重大金融风险、做好金融稳定发展工作。党的二十大报告中则进一步强调:防范金融风险还须解决许多重大问题。事实上,由于金融活动自身的复杂性和系统性,在现代市场经济中,金融风险无处不在、如影随形,可以说,没有风险就没有金融活动,因此,想要完全消除或避免金融风险是不符合金融规律的,对于政府部门而言,更加关注的是系统金融风险或全局性金融风险,以更好地降低金融风险对社会的影响。

通过梳理分析已有文献对于金融风险的阐释,我们也可以将金融风险通俗理解为"金融资产在未来时期内预期收入遭受损失的风险",或者说"金融变量的变动所引起的资产组合未来收益的不确定性"。"未来收益"和"不确定性"两个要素将是讨论金融风险的核心聚焦点,这也将是我们理解绿色金融风险内涵的基本要点。

在金融风险语境中,"未来收益"由于是未变现或未落实的收益,在时间维度上还有较大的不确定性,可能是正收益,也可能是负收益。在日常生活中,大家常将负收益理解为可能的损失,自然可被归入金融风险引发的结果之中,而正收益是否作为金融风险的产物,引发了一定争议。对此,我们不妨这样理解:一方面,超出平均值或期望收益的收益可能由资源过度投入或要素不科学投入形成,这意味着资源的浪费和不适当应用,未对资源进行优化配置,是一种"资源使用的风险";另一方面,持续的正收益常使投资者过度自信,容易产生冲动并丧失警惕,加剧未来投资的盲目性,形成"潜在风险"。而对于"不确定性",我们可以理解为"不明确各种情况发生的可能性"或"不清楚具体会有何种结果出现",对此,我们将金融风险语境下的"不确定性"进一步分为:已知收益概率分布的不确定性(第一类不确定性),这类风险是讨论金融收益的多少、大小的可能性;未知收益概率分布的不确定性（第二类不确定性），这类风险是讨论金融收益的有无、存废的可能性。这两类风险的层次是完全不同的，是不确定性的两种表现。对于风险度量，我们可以使用数学方法中关于统计学和概率论的工具，将风险转化为金融变量的变动所引起的资产组合的未来收益偏离其期望值的可能性和幅度，也就是期望和方差计算。

可以说，上述两个关键词的理解对于后续绿色金融风险的理解是十分关键的，绿色金融活动中也同样存在这两个要点内容。

二、金融风险的常见类型

金融风险是由于金融活动自身规律而产生的，金融风险在生活中无处不在，如日常股价的波动、存款利率的变化、贷款违规交易的发生等，政策变动、操作不当、舆论炒作等都会诱发金融风险的出现，造成投资资产的损失，都可能引致金融资产价格的变动。随着时代的发展，金融机构业务的日益广泛开展、金融产品及衍生品的多样化，金融科技的不断引入，金融风险也日趋复杂和隐蔽，为了更清晰地理解金融风险的内容，我们针对当前实践中暴露的金融风险案例，归纳了学界提出了多种分类方式。

按照金融风险能否分散，分为系统性风险和非系统性风险。系统性风险（systematic risk）是指由影响整个金融市场的风险因素（如经济周期、宏观经济政策变动、巨灾冲击等）引起，使所有经济主体共同面临未来收益的不确定性，而无法通过投资分散化等方式实现消除或减弱；非系统性风险（non-systematic risk）是指一种仅与特定公司或行业相关的风险因素引起的，使该公司或行业自身所面临的未来的收益的不确定性，它可以通过选取适当的投资组合执行风险分散化策略实现减弱乃至消除金融风险，例如产业淘汰政策导致的金融资产风险。

按照金融风险的会计标准，分为会计风险和经济风险。会计风险（accounting risk）指可从经济实体的财务报表中反映出来的风险，可根据现金流量表、资产负债表、损益表等反映出来的现金流量情况、资产状况和盈利状况等信息实现客观评估。经济风险（economic risk）指在经济领域中，由于经济因素和决策失误等原因导致产量或价格波动引发的收益不确定性。在实际经济生活中，经济风险的范围远远广于会计风险，具有风险暴露的突发性强、风险难以估计等特点。

更为普遍认可和使用的金融风险分类方式是依据驱动因素分类，即将金融风险分为市场风险、信用风险、操作风险、流动性风险等。

（一）市场风险

市场风险（market risk）是指由于金融市场变量的变化或波动而引起的资产组合未来收益的不确定性。其中，金融市场变量也常被称为市场风险因子（market risk factor），如利率、汇率、股价等。市场风险种类繁多、影响广泛、发生频繁，是各个经济主体所面临的最主要的基础性风险，它也常常是其他金融风险的驱动因素（即由其还会进一步引发其他金融风险），如利率的波动往往会加大企业按期偿还债务的难度，容易使贷款发行者面临信用风险；再如股票市场中，一些涨了四五倍的股票开始出现下跌，这就属于市场风险。市场风险跟很多因素有关，它主要跟整个市场的气氛比如投机的程度是否严重以及投资者的心理和预期有很大的关系。例如在股市中，有涨必有跌，涨多了自然就下跌，跌久了自然就上涨，因为众多投资者在心理上对股票有过度反应的情况，也就是说股票上涨就买股票，下跌就卖出，也就是我们常说的追涨杀跌，这样股市容易失去理性。

（二）信用风险

信用风险（credit risk）是指由于借款人或交易对手不能或不愿履行合约而给另一方带来损失的可能性，以及由于借款人的信用评级变动或履约能力变化导致其债务市场价值的变动而引发损失的可能性。信用风险主要取决于交易对手的财务状况与风险状况，从狭义角度看，信用风险主要指信贷风险，即在信贷过程中，由于各种不确定性使借款人无法按时偿还贷款而造成另一方本息损失的可能性；从广义角度看，参与经济活动的各方根据需要签订经济合约后，由于一方当事人不履约而给另一方带来的风险都可被视为信用风险。相较市场风险，信用风险的突出特征是难以量化和转移，并且时间跨度一般远长于前者；此外，一旦信用风险发生，只会产生损失，而不会产生收益。例如银行的主要风险是信用风险，即交易对手不能完全履行合同的风险，这种风险不仅存在于贷款业务中，也存在于担保、承兑和证券投资业务中，无论是表内业务还是表外业务，企业的客户信用风险主要体现为对方在账款到期时不予支付的风险，企业的生产经营需要提供各种生产要素。如果供应商没有按照合同或双方协议的要求按时、保质保量地提供这些生产要素，就会发生供应商的信用风险。

（三）操作风险

操作风险是指由于内部流程、人员、技术和外部事件的不完善或故障引起行为主体未来收益变化的不确定性。这类风险表现出一些与前两类金融风险不同的特性：操作风险的成因具有明显的内生性，市场风险和信用风险一般是由外部不确定因素而引发的外生性风险，而操作风险则大多来源于机构内部的因素（人员、流程、管理、设备等）；操作风险具有较强的人为性，这类风险主要产生于金融机构的日常营运过程中，只要是与人员相关的业务，都会存在操作风险，人为因素在操作风险的形成原因中占绝大部分；操作风险也具有责任共担性，操作风险的控制和管理责任不仅仅归属于风险管理或控制部门，由于金融从业人员均可能引致操作风险（如滥用金融工具、违规交易等），因此整个金融机构内部所有人员均需担负操作风险管理责任。

20世纪90年代以来，因操作风险而遭受巨额亏损甚至倒闭的世界著名公司不在少数，其中最为著名的案例就是巴林银行倒闭事件。1994年底开始，巴林银行的首席交易员尼克·里森认定日经指数会上涨，大量购买日经指数期货，名义头寸一度高达惊人的70亿美元。然而一年后日本神户发生大地震，日经指数在一周内下跌了7%，两个月内下跌了15%，使得里森在日经指数上的多头暴露亏损巨大。此时里森试图以一人之力将市场扳回，购买了更为庞大的多头头寸，并卖空日本政府债券期货合约。1995年2月10日，里森以新加坡期货交易所交易史上创纪录的数量，已握有55 000手日经期货多头头寸及2万手日本政府债券空头合约。但交易数量愈大，损失愈大，显然巴林银行的财务已经失控，然而巴林银行总部却一直为里森的疯狂举动提供资金。1995年2月23日，里森影响市场走向的努力彻底失败。日经指数暴跌，他留下8.3亿英镑（约14亿美元）的亏损，是当时巴林银行资本金的两倍。直到此时一切方才暴露，然而为时已晚，巴林银行股价跌至零，10亿美元的股票市值总额化为乌有，最终被迫宣布破产。在整个过程中，无论是交易员在未经授权情况下能够持有如此巨大的风险头寸,或是风险管理部门对连续发生的操作失误未采取任何措施,都是值得反思的。

(四)流动性风险

流动性风险(liquidity risk)是指由于流动性不足或过剩而导致行为主体未来收益变化的不确定性。目前流动性主要有两种表现形式:一是筹资流动性(fund liquidity),也即现金流或负债流动性,或资金流动性,主要用来描述金融机构满足资金流动需要的能力;二是市场流动性,也称产品或资产流动性,主要指金融资产在市场上的变现能力,也即在市场上金融资产与现金之间发生转换的难易程度。流动性风险往往是其他各种金融风险的最终表现形式,例如,不论是贷款资产质量低下,投资失败还是利率与汇率发生变化,银行危机最终都表现为银行流动性丧失;同时,流动性风险具有联动效应,常与信用风险等交织在一起,如某银行遭遇流动性风险,无法满足贷款、存款提取和债务清偿要求,就会动摇客户信心,导致信任危机和信用风险,进而会导致银行挤兑,殃及其他银行乃至整个金融业。再如股票市场中,在流通市场上交易的各种股票当中,流动性风险差异很大,有些股票极易脱手,市场可在与前一交易相同的价格水平上吸收大批量的该种股票交易。如万科等大蓝筹股票,每天成交成千上万手,表现出极大的流动性,投资者可轻而易举地卖出这类股票,在价格上不引起任何波动;而另一些股票在投资者急着要将它们变现时,很难脱手,除非忍痛贱卖,在价格上作出很大牺牲。因此,当投资者打算在一个没有什么买主的市场上将一种股票变现时,就会掉进流动性陷阱。

(五)其他类型

除上述常见的几种主要类型外,日常生活中的金融风险还包括:国家风险,指国家经济主体在与非本国居民进行国际经济与金融往来中,由于他国经济、政治、社会和风俗等方面的变化而对金融资产遭受损失的可能;声誉风险,指由日常经营活动、政策调整、市场表现及其他行为或外部事件所产生的利益相关方,对行为主体做出负面评价而造成声誉受损造成的风险;法律风险,指在日常经营活动中,因为无法满足或违反相关的商业准则和法律要求,导致不能履行合同、发生争议、诉讼或其他法律纠纷,而可能给履约方造成经济损失的风险;转型风险,指环境因素引起的社会经济转型带来的风险,即由于世界各国改善生态环境的努力,使得公共政策、技术、投资者偏好以及商业模式等产生变化而带来的风险。这些风险都会在绿色金融活动中存在,具体我们会在第三章阐释。

第二节 绿色金融风险的内涵与辨析

一、绿色金融风险的内涵

为了理解绿色金融风险的内涵,首先应对绿色金融的含义进行讨论,把握该金融活动的特点。对于绿色金融的概念,许多研究都没有给予统一的定义,但在 2016 年 8 月 31 日,中国人民银行、财政部、国家发展和改革委员会等联合印发了《关于构建绿色金融体系的指导意见》,其中对于"绿色金融"的定义为:(1) 绿色金融是指为支持环境改善、应对气候变化和资源节约高效利用的经济活动,即对环保、节能、清洁能源、绿色交通、绿色建筑等领域的项目投融资、项目运营、风险管理等所提供的金融服务。(2)绿色金融体系是指通过绿色信贷、绿色债券、绿色股票指数和相关产品、绿色发展基金、绿色保险、碳金融等金融工具和相关政策支持经济向绿色化转型的制度安排。由此,我们可以看出,绿色金融是一种金融创新服务活动,绿色金融体系依然包括传统金融产品的类型,具有金融产品的一般属性。该指导意见还专门对风险防范进行了强调:"完善与绿色金融相关监管机制,有效防范金融风险。"

对于绿色金融风险,中国金融四十人论坛(CF40)常务理事屠光绍认为:"绿色金融也是金融,也具有金融的特征,也会有金融风险,在发展绿色金融的时候,同样需要关注绿色金融会带来什么风险,特别是对于金融机构而言,在加大绿色金融业务发展的同时,也必须对防范金融风险作出安排。"事实上,我们应该认识到,绿色金融具备金融活动自身规律中存在的风险,作为金融风险的重要组成部分,绿色金融风险既存在与传统金融风险的共性,又因其与应对气候变化、节能减排、环境保护、绿色发展转型工作紧密联系,有其独有的特征。结合前面对于金融风险的讨论,我们对绿色金融风险尝试进行了一些分析。

第一,从风险来源分析,金融风险来自资产组合的存在以及影响资产组合未来收益的金融变量的不确定性变动。一般地,我们将在金融活动中未来收益有可能受金融变量变动影响的那部分资产组合的资金头寸称为风险暴露(risk exposure),基于此,金融风险的来源可被更准确地阐释为风险暴露以及影响资产组合未来收益的金融变量的不确定性。传统金融风险主要有内、外部两重风险暴露,内部主要由于金融机构的人员、管理、决策、设备等因素造成,形成操作风险、信用风险等,外部主要由金融市场变量如利率、汇率、股价等波动引发,形成市场风险,归根结底是由于金融市场的自身运作产生。同样,绿色金融风险由于支持环境改善、应对气候变化和资源节约高效利用的经济活动而产生,自然更多来源于外部因素的触发,包括气候变化、自然灾害或环境污染等物理类因素和节能降碳、循环利用等转型政策的社会类因素。因此,与传统的金融风险相比,绿色金融风险的风险敞口是在进入金融市场前就客观出现,有些甚至是隐藏的或逐渐显现的风险。其中不仅包含了可能受影响的资产组合的资金头寸,还包含了灾害的频率与强度、企业本身的性质及原有落后产业所占的比重、资产的灾害暴露程度等多种因素。

第二,从传导机制上分析,由于环境事件的强外部性和物理风险的衍生性,绿色金融风险的传导机制相较传统金融风险更为复杂,我们不妨通过宏观、中观、微观三个层面进行理解。在宏观层面往往会出现绿色金融的系统性风险,如自然灾害事件的发生经由宏观经济运行冲击各类经济金融变量造成风险;中观层面是相较于传统金融风险最为独特的机制,由于政策调整导致一些传统产业层级中落后的过剩产业退出、落后产能淘汰。节能环保产业兴起的产业更替与转型过程会对企业的资产价值、成本收益与业务开展产生较大影响,易引致金融风险。此外,转型对产业链不同层级的不同影响也可能带来正收益与负收益并存的绿色金融风险;而微观层面则同传统金融风险较为一致,由于环境污染事件或"两高"(高污染、高碳排放)项目盲目发展的叫停,导致金融风险传导,表现为企业主体的资产减值或金融机构的投资失败。

第三,从风险冲击可能的结果来分析。绿色金融风险存在大量的由于政策转型、经济体系转型带来的风险,即经济社会体系发生绿色转型过程中的风险。过去无论是金融贷款、金融投资,还是其他的金融业务,投向绿色产业方向的资金较少,金融机构所持绿色资产、绿色业务比重较低,绿色金融出现后该领域的投入则会越来越大,但这种转型不是简单的业务变动,而是全新的金融投资领域,关系到金融机构发展方式、管理架构、人员素质的调整,特别是在经济驱动资源和动能转换过程中,会造成金融机构的转型升级,同时也伴随技术风险。随着绿色金融的发展,特别是金融机构的投资活动会涉及越来越多的绿色科技工具,而科技内容也在不断地改进以至迭代发展,对金融业务构成挑战。

第四,从风险的受体来说,绿色金融风险既有可能对金融机构、投资主体或金融市场造成损害,也有可能是对绿色项目的融资主体、项目主体或政府主体造成损害,更可能对自然生态、环境质量和气候变化等产生危害。由于绿色金融活动主要是围绕绿色项目展开,除了金融资产自身的风险损失外,对于社会自然生态的总福利也会造成难以预测的风险。这是绿色金融风险最大的特点,也是风险管理面临的最大挑战。

对于绿色金融风险的认识,应该从广义视角来分析,既有自然环境风险导致的因素,也有金融风险自身规律导致的因素,也有投融双方日常经营导致的因素,也有宏观政策变动、国际规则变化等导致的因素。本书是基于这一系列因素来讨论绿色金融风险,或者说讨论的是绿色金融的综合性风险。

二、常见概念的辨析

(一)传统金融风险和绿色金融风险的关系

通过上文的介绍,我们知道,金融的本质是讨论如何在不确定环境下通过市场对资源进行当期或跨期最优配置。同样,绿色金融的目标也是利用金融市场引导人们对自然生态要素(如自然生态、环境要素、资源能源等)进行合理化配置,从而支持环境改善、应对气候变化和资源节约高效利用的经济活动,这种对环保、节能、清洁能源、绿色交通、绿色建筑等领域的项目投融资、项目运营、风险管理等所提供的金融服务,可以作为绿色发展的重要资金保障工具,绿色金融还具有推动地区产业优化升级、促进自然资源要素流动、合理配置自然资源、助力现代化社会治理等多重效益。与传统金融相比,绿色金融最突出的特点就是,它更强调服务人类社会的生存环境利益,将对环境保护和对资源的有效利用程度作为测算金融收益的标准之一,机制是通过自身活动引导各经济主体注重自然生态平衡。由于绿色金融的目标是通过金融活动调控社会环境保护、生态平衡的协调,最终实现经济社会的可持续发展,因此在启动阶段很大程度需要由政府自上而下推动引导。而传统金融业是在"经济人"思想引导下,以经济效益为目标,追求资本增值,属于利润推动型金融。对于公共利益特别是生态环境保护,除非有政策规定,金融机构很难主动考虑贷款方的生产或服务是否具有生态环保效率。

与传统金融风险相比,绿色金融风险有一定的共性,也有一定的个性特征。由于绿色金融的基础依然是大量的金融活动,其依然存在于不确定的大环境中,因而同样存在金融产品、金融服务所带来的风险。从未来收益看,一方面,在传统金融中,通常理解的收益是指买卖金融资产前后交易价格的差值,针对的是股票、证券等金融产品;而由于环境或绿色业务具备强外部性,故绿色金融风险对应的收益,还应从金融产品层面延拓至全社会福利层面,即评估收益应当讨论社会福利的增加或损失。另一方面,未来收益可能是负收益,也可能是正收益,超出期望的正收益很可能是由于资源过度投入造成的。而这一特质在绿色金融风险中体现更为明显。绿色金融不仅仅讨论金融产品本身,还应充分考虑到环境的强外部性与环境产业的独有的产业链特性,关注投融资事件的全周期影响。例如,大力投入绿色资金发展电动汽车产业能达到减轻尾气排放的作用,能带来大量正收益的同时减轻了车辆持有者(企业)的环境风险和绿色金融风险承压,但从另一视角看,对于产业链上游的电力提供者,则需投入更多资源进行发电,而现阶段其主要发电方式依旧是火力发电,容易带来大量废气排放,进而间接造成了绿色投资的负收益,引致风险。

在传统的金融风险中,不确定性主要包含已知概率分布的第一类不确定性和未知概率分布的第二类不确定性。而绿色金融风险中的不确定性则更多表现为第二类不确定性,换言之,事先不明确各种情况发生的可能性,或不清楚具体会有何种结果出现。例如,自然灾害、流行疾病等突发性、极端性事件何时发生、以何种类型发生无法预测,其对经济金融的冲击程度更是难以预知;很难完全确定企业绿色转型时间,在转型过程中,政策变动与行为主体偏好改变程度亦难以判断,从而难以预测绿色投融资收益。凡此种种,都充分体现了绿色金融风险中不确定性的含义。值得一提的是,尽管在大多数情况下,其精确的概率分布未可知,我们已经越发清楚地认识到,绿色金融的极端收益和风险情形更多,那些我们传统认识中小概率、高损害的事件将以愈发高的频率发生。事实上,我们依然不知道风险将在何时、以何种形态降临——这样的特性进一步放大了绿色金融风险的不确定性。

(二)绿色金融风险和绿色金融危机的关系

绿色金融风险是指外部性因素的变动所引起的金融资产组合未来收益或金融机构和市场的不确定性,它更多针对的是金融资产或服务的收益本身。而绿色金融危机的讨论视角则更为宏大,它是指由金融资产、金融机构、金融市场爆发的严重问题,已经对社会经济体系的稳定性带来了严重挑战,出现的结果很可能是人们对宏观经济未来产生更加悲观的预期,整个区域货币币值出现较大幅度的贬值,经济总量与经济规模出现较大幅度的缩减,经济增长受到打击,同时伴随着企业大量倒闭的现象,失业率提高,社会普遍的经济萧条,有时候甚至伴随着社会动荡或国家政治层面的动荡,主要包含货币危机、债务危机、银行危机、次贷危机等类型及各子类危机的混合。金融危机来源于"人们更加悲观的预期",而这一预期恰恰反映了各类金融风险包含的"收益不确定性",可以说,金融危机正是由于金融风险不断累积、叠加、传导而形成的。绿色金融风险危机出现,主要是出现在当绿色经济金融政策或行业决策导向发生错误时,或资金大量涌入绿色行业,会造成资金和资源严重错配,引致绿色金融风险或造成区域发展走向极端,形成严重的后果和危机,而这种绿色金融风险一旦产生,更易使自然生态风险蔓延与扩大,引发更大的危机。

(三)环境风险和绿色金融风险的关系

环境风险主要有两类:一是企业将产生的污染释放到空气或排放到水域中,对环境可能造成危害背后的风险;二是整个自然环境中可能发生的一系列极端气候事件和灾害可能造成的风险,如地震、台风、洪水、干旱、极端高温天气和森林火灾等对经济可能形成的不利影响,这一类风险又可被称为物理风险。

而绿色金融风险的外延则更广,自然因素变化背后的环境风险是最重要的触发因素,但绿色金融活动还会伴随绿色发展过程中的转型或社会风险。这类风险指各类经济主体为应对环境和气候变化、适应绿色发展,改变行为或偏好从而给经济带来的风险,其来源主要是政策变化、技术进步、消费者和投资者观念等人为因素发生的转变。例如,为了落实联合国可持续发展目标,各国出台促进可再生能源发展、抑制过度碳排放的政策,包括提高资源税、对内燃机汽车限售以及发展碳排放、排污权等交易市场;同时,各国出台了各种环保政策法规和措施(如处罚、停产等)以抑制污染性产品的消费,并向节能环保的企业和产品提供财政补贴等。又如,清洁能源、节能、清洁运输、绿色建筑等领域的技术创新。

可以这样理解,环境风险是实现环境质量目标失败而承担的代价,而绿色金融风险则是环境风险传递金融场景的表现,包含了绿色发展、解决环境问题金融环节所必须承担的成本。专栏1-1叙述了自然风险对金融业的冲击。

专栏1-1

飓风桑迪冲击美国金融业[1]

"您好,这里是911,请问有什么紧急情况?"

"我要卖Facebook的股票!"

这是在美国2012年的桑迪飓风灾害中,金融市场广为流传的一个段子,反映了投资者们对未来收益惨淡程度的估计。

2012年10月28—30日,名为"桑迪"(Sandy)的飓风横扫美国东海岸,使美国东部地区遭遇狂风暴雨、暴雪及洪水灾害,并引发了大量停电断水、通信中断事故和一些火灾和交通等方面的事故,导致800万居民无电力供应、113人死亡,毁坏大量设施、房屋、建筑物,使得数十万人无家可归,造成了重大经济损失。

桑迪登陆后,美国各大股票、债券和衍生品交易市场全面休市两天,投资者的交易活动也被迫中止。事实上,纽交所上一次因天气变故关闭还要追溯到1985年,当时也是因为遭遇了格洛丽亚(Gloria)飓风。

经济分析师认为,桑迪所造成的损失可能达到500亿美元,成为美国史上损失最惨重的风暴之一。也有专家预计,桑迪飓风将给美国造成超过200亿美元的经济损失,并再次拖累全美经济复苏的进程。而BBC预计,重建或许还需要400亿美元的成本。也就是说,一场飓风就刮掉了美国600亿美元。专门估算灾难损失的Eqecat公司(巨灾危险评估公司)11月1日表示,包括私营公司未保险的损失在内,此次飓风带来的总破坏将达到300亿~500亿美元。

在美国,保险公司不仅要承担企业和个人的损失,还要承担联邦政府的救灾费用。Eqecat预计,保险损失可能介于100亿~200亿美元,这意味着桑迪造成的保险损失将仅次于2005年的飓风卡特里娜(Katrina)。摩根大通发布的研报则显示,受桑迪飓风影响最大的保险公司是State Farm,因为美国灾区11.4%的责任险都由该公司承保。

---

[1] http://finance.sina.com.cn/stock/t/20121101/000013541553.shtml?from=wap.

相信该公司的业绩将会随着赔偿的开始而迅速恶化。有报道称,截至10月30日下午3点,美国东方保险集团已收到近200项索赔。"主要是树木和屋顶损坏,现在还有几百位员工正在电话处理索赔。"该公司索赔经理格拉夫顿说。

第三节 绿色金融风险的特征

前文对绿色金融风险的内涵进行了阐释,我们基本可以形成这样的认识,即作为金融风险在绿色金融场景下的新体现,绿色金融风险在具备与传统金融风险的共性特点的同时,也因其背后的环境事件对于经济社会的强外部属性,在发生方式、影响范围、表现形式等层面体现出不同于传统金融风险的新特点。基于这些认识,我们可以归纳出绿色金融风险的一些基本特征,从而能够在日常金融活动中更准确、更客观地识别这些风险内容。

一、绿色金融风险的客观性与主观性

绿色金融风险的首要特征,是其具有的自然客观性,由于绿色金融风险在进入金融活动之前的一部分风险,主要来源于自然环境的物理风险,如地震、洪灾、飓风等,这些自然环境要素的变化,带来了气候变化或气候灾害,将严重冲击金融资产的价值,也就是说,绿色金融风险很大程度和自然要素的变化密切相关,属于客观问题。而这种风险来源将会使得绿色金融风险具有一定的客观性,这种客观性的是由风险的诱导因素客观性而存在的。

与此同时,由于人们对绿色金融风险的来源识别、风险演变和风险损害等一系列事物存在主观认识能力的不足,有些自然风险囿于识别方法不科学,或隐藏于一些其他活动中还未显现,这就造成了对于绿色金融风险的判断具有主观性特征。还有些风险是发生在金融活动过程中,特别是在绿色金融工具的创新、绿色发展相关政策或规划的制定,由于政策制定者理解有限、判断不准,可能造成绿色转型过快,脱离了地方实际,导致绿色金融活动突破了当地的经济发展可承受力,引发一系列的转型风险,这都是由于人们自身主观认知局限所造成的。

二、绿色金融风险的叠加性与累积性

绿色金融作为金融的一个分支,因此具有金融风险爆发的条件,同时由于人类对生态环境造成了严重的损害,环境风险对经济社会发展的影响也不断加大,因此金融风险和环境风险的相互作用就成为绿色金融的叠加风险。作为现代经济的核心,金融在资源配置和资金融通等方面能够有效促进经济发展。所以,不管是金融风险还是环境风险都会对绿色金融的健康持续发展产生重要的阻碍作用,也形成了叠加风险的重要基础。金融风险和环境风险在绿色金融发展过程中具有相互作用的关系,进而形成了"金融-环境双风险"的叠加,自然风险、政策风险、市场风险等多重因素叠加,使得同一时点上的风险因素交织在一起,风险因素相互作用、诱发、影响,产生协同作用,将风险放大。从金融风险的

角度来看,产生金融风险会恶化信用环境,造成绿色金融难以借助有效的金融工具吸引社会资本投资,缺乏必要的资金支持,所以会产生风险;同时环保领域内的企业因为金融风险会出现不同程度的损失,进而减少在环保方面的投入,就会产生更严重的环境风险。从环境风险的角度来看,在经历了长期高速发展之后,人类经济活动对自然环境的开发和破坏已经远超过其承载能力,全球范围的环境风险对人类的经济金融活动造成了重大的冲击。一旦产生环境风险就会对实体企业造成不利的影响,进而使其出现经营风险,一旦实体经济的风险达到一定程度,就会出现金融风险,因此金融机构要承担道德风险和违约风险,投资者也会因此而蒙受较大的损失,因此会加剧金融风险的影响。

风险累积则是指随时间推移,风险不断传导、积累,当积累到爆发的临界点后,风险发生质变,可能造成严重损失。这种特性在绿色金融实践中将会表现得更为明显。例如,由于自然灾害的冲击同时引发利率、汇率等多种金融变量的波动,还可能同时导致一大批企业履约能力的降低,它们的相互叠加,极易引致系统性金融风险。又如,在绿色的产业链中,正在进行绿色转型的企业或产业一旦某环节发生了绿色金融项目风险,很可能沿产业链不断传导、扩散、累积、变大,引发整个企业、全产业链的风险,乃至更严重的系统性风险。此外,绿色金融市场,如绿色债券市场也容易与传统金融市场形成交互的风险溢出与传染,易使风险扩大。

三、绿色金融风险的短期性与长期性

金融风险的爆发有长期和短期不同类型,绿色金融风险在短期和长期的表现形式不尽相同。一方面,对于传统企业进行绿色转型而言,在转型时期内需要付出巨大的成本,容易进入成本投入困境,短期内生产运营成本较高,这对投资人或金融机构而言,需要控制短期风险的爆发,这体现出绿色金融风险的短期性。以能源转型为例,清洁能源成本远高于化石能源,同时,需要建设配套的新的基础设施,这些举措增大了企业的成本压力,容易引致企业资产负债上升,短期若无法平衡资金投入产出,极易演化为负债无法偿还,造成违约,形成了绿色金融风险。

另一方面,由于自然资源的长期存续,自然环境风险往往长期存在,例如,自然灾害、环境污染等带来的冲击具备显著的跨期特征。因此,绿色金融风险也表现出长期性的特征。对于涉及的金融机构,如银行在进行绿色信贷业务中,分析其资产负债表,资产端有大量为相关企业提供的绿色信贷或持有的绿色债券,负债端则主要是储户的存款,由于绿色金融产品的偿付期限远长于储蓄的平均期限,因此在长期容易形成"借短贷长"的流动性风险,这能够体现出绿色金融风险的长期性。而不论时限,绿色金融风险都能呈现出较为严峻的表现形式,尤其是长期的期限错配问题,更是传统的金融风险所不具备的特征,较为独特。

四、绿色金融风险的厚尾性

对于金融风险,我们常常用发生的概率进行理解,比如金融风险事件发生的可能性,经常回答的问题是"在概率给定情况下,银行投资组合价值在下一阶段最多可能损失多少",许多银行和法规制定者开始把这种方法当作全行业衡量风险的一种标准来看待。概

率分析之所以具有吸引力,是因为它把银行的全部资产组合风险概括为一个简单的数字,并以美元计量单位来表示风险管理的核心——潜在亏损。

在概率论的"世界"和现代金融资产配置理论中,我们最常见到的假设当属正态分布假设。通常,我们认为资产的收益服从正态分布,收益率的分布曲线呈"钟形"——资产的实际收益率偏离期望收益率超过3个标准差的概率大概只有0.3%,也即资产的风险偏离预期风险超过3个标准差的概率约为0.3%。但在实际市场中,金融资产的收益出现极端情况的概率要高于一般的、基于正态分布假设而估计出的概率。如上述极端收益率偏离的出现概率在实际观察到的数据中高于0.3%,风险的分布显现出了明显的厚尾性,并且,这类极端损失发生概率更高的现象在绿色资产中体现得更为明显。厚尾性的存在使得资产组合的真正持有风险要高于模型所假设的风险,因此也造成了人们对于广泛认知的有关收益率正态分布的质疑,也使得对冲资产组合尾部风险的需求更显得更为必要。

那么,在绿色金融风险中,我们该如何认识这一问题呢?由于绿色金融风险的一部分来源于自然环境的变化,而这种自然的演变是不断变化的,具有不可控性。最为经典的例子莫过于全球变暖案例,由于大量温室气体的排放,导致全球气候在数百万年间发生了不断的变化,引发的风险逐渐暴露,许多资产的减值风险逐渐显现,累积性爆发,这就导致了许多风险的产生是超出预期的概率测算,这是自然变化规律造成的风险演变而形成的风险问题,尤其是被冠以"绿天鹅"的自然灾害与极端气候事件,在全球气候和环境恶化的当下,恰恰是阐释厚尾分布的最佳案例。

五、绿色金融风险的其他特征

由于绿色金融活动最终是为了改善生态环境质量或提供能效降低温室气体排放,具有强烈的社会外部性特征,相应的绿色金融风险一旦发生,也存在外部性。相较于一般意义上的金融风险,如个别企业的财务困境等,绿色金融风险因与环境事件紧密关联,外溢更为明显,更表现出系统性金融风险的广泛扩散、全面波及的特征。例如飓风灾害案例中,飓风桑迪登陆后,美国的保险公司进行了超额赔付,不仅如此,绿色金融风险还扩散到了整个金融市场,各大股票、债券和衍生品交易市场全面休市,带来了巨大的资金损失。这一案例正是绿色金融风险负外部性的最好体现。

另外,绿色金融风险由于关系整体社会的福利变化,其牵涉的受众面不仅关系金融资产持有者,也会涉及更多的利益相关者。以2020年的东非蝗灾为例,根据联合国不完全统计,此次蝗灾造成东非地区2 360万人陷入粮食饥荒,并蔓延到非洲、亚洲30多个国家,成为全球粮食安全的重大隐患。再如联合国政府间气候变化专门委员会指出,温室气体排放、温度的持续升高将导致多种影响。气候变化可能导致物种丧失甚至野生动植物大规模灭绝。这些风险都会直接导致相关投资产生隐患。

同时,由于绿色金融风险需要量化测评,故需要一定的指标体系,要体现该类风险的指标性特征。以最为常见的绿色信贷为例,要评估拟贷款企业的财务基本面,这是绿色金融风险控制的重要工具,必须结合类似尽职调查、现金流调查等一系列特殊指标进行,因此,绿色金融风险便天然具有了特殊指标。例如,若企业存货中含有大量毒化学物品或放射性物质,则其变现能力受限,低于其账面价值;若拟贷款企业或项目存在环境问题而被环保主管部门强令关停并转,则该企业自身的应收账款和票据将会受到严重影响;类似企业专有的特殊设备也会因环保法律法规标准趋严导致需要改造或更新,造成固定资产价值的变动等。这要求金融机构在对企业进行估值、放贷和融资服务时进行环境审计,提炼一系列附加于绿色金融风险之上的特殊风险指标,如针对绿色信贷,建立风险监测和评估机制,关注影响不良贷款率的环境要素;针对绿色债券,关注其所支持项目杠杆率、偿付能力的环境问题;针对绿色基金,则关注资金空转、"洗绿"等指标。

第四节 我国绿色金融风险管理相关制度与政策介绍

一、我国绿色金融发展现状

(一)我国关于绿色金融发展的相关政策文件

"党的十八大"以来,我国陆续发布了一系列政策文件,逐渐形成了绿色金融发展的政策体系。

2015年3月,中共中央、国务院印发了《关于加快推进生态文明建设的意见》提到从市场化机制角度出发积极推进绿色金融相关领域的发展,要求建立节能量、碳排放权交易制度,深化交易试点,推动建立全国碳排放权交易市场,加快水权交易试点,培育规范水权市场;扩大排污权有偿使用和交易范围,发展排污权交易市场。这些都是从环境权益交易的视角来阐述绿色金融的作用,深化了排污权、碳排放权市场的内涵。

2015年9月,国务院印发了《生态文明体制改革总体方案》是生态文明领域改革的顶层设计和部署,也是生态文明建设的基础性制度框架,其中明确提出了"建立绿色金融体系":推广绿色信贷,研究采取财政贴息等方式加大扶持力度,鼓励各类金融机构加大绿色信贷的发放力度;加强资本市场相关制度建设,研究设立绿色股票指数和发展相关投资产品,研究银行和企业发行绿色债券,鼓励对绿色信贷资产实行证券化;支持设立各类绿色发展基金,实行市场化运作,建立上市公司环保信息强制性披露机制;建立绿色评级体系以及公益性的环境成本核算和影响评价体系,积极推动绿色金融领域各类国际合作。同时,细化了环境权益交易的相关内容,从用能权和排污权交易制度、水权交易制度等方面做了相关的规定。

2016年8月,国家七部委发布的《关于构建绿色金融体系的指导意见》首次明确界定绿色金融含义,并提出多项激励机制推进绿色金融。构建绿色金融体系的主要目的是动员和激励更多社会资本投入到绿色产业,同时更有效地抑制污染性投资。构建绿色金融体系,不仅有助于加快我国经济向绿色化转型,也有利于促进环保、新能源、节能等领域的技术进步,加快培育新的经济增长点,提升经济增长潜力。同时,该意见提出了支持和鼓励绿色投融资的一系列激励措施。例如,在绿色信贷方面提出"探索通过再贷款和建立专业化担保机制""探索将绿色信贷纳入宏观审慎评估框架""将绿色信贷实施情况关键指标评价结果、银行绿色评价结果作为重要参考,纳入相关指标体系";在绿色债券方面提出"支持地方和市场机构通过专业化的担保和增信机制支持绿色债券的发行";地方发展绿色金融方面提出"探索通过再贷款、宏观审慎评估框架、资本市场融资工具等支持地方发展绿色金融"。

2017年6月,中国人民银行(简称"央行")印发《绿色金融改革创新试验区总体方案》,选取了衢州、湖州等5省份8地作为绿色金融改革试验区。这些政策文件构成了绿色金融发展的政策体系,具体解读如下。

2020年以来,国家对于绿色证券市场也发布了一系列政策,要求统一绿色债券界定标准,积极支持符合条件的绿色企业上市融资和再融资,支持开发绿色债券指数、绿色股票指数以及相关产品,逐步建立和完善上市公司和发债企业强制性环境信息披露制度。发展绿色保险和环境权益交易市场,按程序推动制订和修订环境污染强制责任保险相关法律或行政法规,支持发展各类碳金融产品,推动建立环境权益交易市场,发展各类环境权益的融资工具。支持地方发展绿色金融,鼓励有条件的地方通过专业化绿色担保机制、设立绿色发展基金等手段撬动更多的社会资本投资绿色产业。同时,还要求广泛开展绿色金融领域国际合作,继续在二十国集团(G20)框架下推动全球形成共同发展绿色金融的理念。

在碳金融方面,我国开展了相当多的探索。2021年9月22日,中共中央、国务院印发《关于完整准确全面贯彻新发展理念做好碳达峰碳中和工作的意见》[1],其中提出要大力发展我国绿色金融政策与市场体系建设,包括六个方面内容:一是有序推进绿色低碳金融产品和服务开发,设立碳减排货币政策工具,将绿色信贷纳入宏观审慎评估框架,引导银行等金融机构为绿色低碳项目提供长期限、低成本资金;二是鼓励开发性政策性金融机构按照市场化法治化原则为实现碳达峰、碳中和提供长期稳定融资支持;三是支持符合条件的企业上市融资和再融资用于绿色低碳项目建设运营,扩大绿色债券规模;四是研究设立国家低碳转型基金;五是鼓励社会资本设立绿色低碳产业投资基金;六是建立健全绿色金融标准体系。

总结来看,我国绿色金融政策体系主要包括两类,即与绿色金融直接相关的政策以及围绕环境基础设施建设相关的金融配套政策。中国绿色金融政策体系的基本框架已初步成型,这对中国绿色金融市场的启动和发展起到了指导性作用。

(二)我国绿色金融市场快速发展

自绿色金融一系列政策发布后,我国绿色金融产品和市场快速启动,发展十分迅速。

1. 绿色信贷

2016年以来,我国绿色信贷保持高速增长,其中气候投融资成为其最重要的投向领域。根据中国人民银行最新发布的金融机构贷款投向统计报告[2],截至2021年第三季度末,本外币绿色贷款余额14.78万亿元,同比增长27.9%,比上季末高1.4个百分点,高于各项贷款增速16.5个百分点,前三季度增加2.74万亿元。

2. 绿色债券

我国绿色债券市场前景广阔,碳中和债券、气候债券、蓝色债券、生物多样性债券等绿债子品种持续创新推出、蓬勃发展。随着转型金融起步,转型债券和可持续发展债券也将

---

[1] http://www.gov.cn/zhengce/2021-10/24/content_5644613.htm.

[2] http://www.pbc.gov.cn/goutongjiaoliu/113456/113469/4372938/index.html.

作为绿色债券的重要补充，形成合力多元化助力经济社会低碳转型。根据 Wind 数据统计，截至 2021 年 11 月，中国境内市场贴标绿色债券累计发行 1.67 万亿元，存量规模 1.07 万亿元。2020 受疫情影响我国绿色债券发行有所放缓，但 2021 年以来迅速回暖，2021 年 1—11 月发行规模已达 5 056.24 亿元，比 2020 年全年发行规模高 120.5%。其中，碳中和债券发行表现亮眼，自 2021 年 2 月首批碳中和债发行以来，截至 2021 年 11 月末，我国境内市场碳中和债券累计发行规模已达 2 512.46 亿元，占到 2021 年前 11 个月绿色债券发行规模的 49.7%。从绿色债券类型来看，非金融企业绿色债券发行规模占比逐年提升，已超过绿色金融债券。

3. 绿色保险

我国绿色保险发展潜力巨大。2018 年生态环境部审议并原则通过《环境污染强制责任保险管理办法（草案）》[1]，推动环境责任险这一险种取得长足发展。当下的绿色保险产品涵盖生态保护的方方面面，服务绿色能源、绿色建筑、绿色交通、绿色技术、气候治理等，提供绿色建筑性能保险、充换电站综合保险、绿色农业保险、森林保险、巨灾保险、气候保险等，此外还有光伏电站运营保险、光伏指数保险、风速发电量保证保险、收入损失补偿保险等绿色产业相关保险。根据中国保险业协会统计[2]，2018—2020 年保险业累计为全社会提供了 45 万亿元的绿色保险保障，其中 2020 年绿色保险保障金额达 183 264 亿元，累计支付赔款 534 亿元，充分发挥了绿色保险的风险保障功效。

4. 绿色信托

我国绿色信托业务模式逐步丰富。通过近年来的实践，创新推出了多种绿色信托产品。主要包括绿色信托贷款、绿色股权投资、绿色债券投资、绿色资产证券化、绿色产业基金、绿色公益（慈善）信托等。根据《中国信托业社会责任报告（2020—2021）》[3]，截至 2020 年末，绿色信托资产规模 3 593 亿元，同比增长 7.1%，当年新增规模为 1 199.93 亿元；存续项目数量为 888 个，同比增长 6.73%。绿色信托占全部信托资产规模的比例仅为 1.75%，未来增长空间值得期待。

5. 碳金融市场

我国碳市场交易活跃。全国碳市场累计成交额突破 10 亿元，进入履约期交易活跃度明显提升。2021 年 7 月 16 日，全国碳排放权交易市场在上海环境能源所正式启动交易，截至 2021 年 11 月末，全国碳市场碳排放配额（CEA）累计成交量为 4 323.17 万吨，累计成交额 18.47 亿元。其中，大宗协议累计成交量占比达到 79%。交易价格方面，全国碳市场启动首月，CEA 成交价保持在 50 元/吨以上，最高一度达到 61.07 元/吨，随后一段时间波动下降，最低降至 38.5 元/吨，近期 CEA 成交价稳定在了 42～45 元/吨左右。2021 年 10 月 26 日，生态环境部发布《关于做好全国碳排放权交易市场第一个履约周期碳排放配额清缴工作的通知》，督促发电行业重点排放单位尽早完成全国碳市场第一个履约周期配额清缴，确保 2021 年 12 月 15 日 17 点前本行政区域 95% 的重点排放单位完成履约，12 月

---

[1] http://www.gov.cn/xinwen/2018-05/08/content_5289087.htm.

[2] 中国保险业协会，《保险业聚焦碳达峰碳中和目标绿色发展蓝皮书》，2021 年 6 月。

[3] http://www.xtxh.net/xtxh/responsibilityrecord/47241.htm.

31日17点前全部重点排放单位完成履约。随着首个履约周期配额清缴工作的启动,全国碳市场CEA交易活跃度明显提升,11月单月成交量和成交额均超过之前所有月份之和。

二、我国关于绿色金融风险管理的相关政策

(一)关于绿色金融风险管理的政策

虽然我国绿色金融发展启动之初,国家七部委联合印发的《关于构建绿色金融体系的指导意见》被视为绿色金融发展的顶层设计,据此金融机构又形成了不少创新产品,绿色信贷、绿色债券等发行量近年也处于爆发性增长态势。但总体上看,我国绿色金融发展仍处于起步阶段,许多创新的金融产品和服务都在探索中前行,对于绿色项目的标准也不断更新,因此不论是政策还是市场操作都存在较高风险,主要体现在市场体系不完善,主要以支持绿色产业的信贷业务为主,市场形态单一;相关法律法规不完备,缺乏支撑绿色金融健康发展的制度性保障;信息机制不健全导致银行开展绿色信贷业务还存在较高风险,"漂绿""伪绿"现象不断出现。在这些因素交织碰撞、叠加影响下,可能会出现一些金融机构未做好准备就盲目追捧"绿色金融"的情况,没有充分测算投资周期和风险隔离,最后留下诸多风险隐患;或是金融机构缺乏对项目的把控、研判和识别能力,在项目和客户的选择上模糊不清,没有组织专业团队和人才进行项目把控,对投资风险预估不足造成损失。因此,对于风险的顶层设计就更为重要。

2021年,二十国集团(G20)财长和央行行长会议发布由中国人民银行与美国财政部共同牵头起草的《G20可持续金融路线图》。这是G20首个关于可持续金融的框架性文件,明确了工作方向和措施,将为全球层面引导市场资金支持绿色发展提供重要的指引。同时提出了未来全球在绿色金融和可持续金融方面的五大重点领域,以及G20在这些重点领域需采取的19项关键优先行动,其中两大领域同绿色金融风险有关,分别是:绿色金融活动中关注与可持续风险、机遇和影响相关的一致、可比和对决策有用的信息;评估和管理气候和可持续风险。

在2021年10月发布的《关于完整准确全面贯彻新发展理念做好碳达峰碳中和工作的意见》中,也多次涉及与绿色金融风险管理相关的内容与思路,包括"将绿色信贷纳入宏观审慎评估框架,引导银行等金融机构基于风险敞口为绿色低碳项目提供长期限、低成本资金等"。在中国人民银行2021年11月8日为支持清洁能源、节能环保、碳减排技术推出的碳减排支持工具中也充分体现了对于风险的管控思想:该支持工具聚焦碳减排的重点领域的重点项目,主要对具有明显碳减排效果的项目进行支持;发放对象暂定为全国性金融机构,而全国性银行机构是21家主要银行,包括3家开发性政策性银行、6大国有银行和12家全国性的股份制银行。截至2020年末,上述银行的绿色信贷余额占我国全部绿色信贷余额比例超90%,为避免风险敞口增大,4 000多家区域的中小银行还不是此工具的发放对象。人民银行通过"先贷后借"的直达机制提供资金支持,金融机构向碳减排重点领域内相关企业发放碳减排贷款后,可向中国人民银行申请资金支持,中国人民银行按贷款本金的60%提供资金支持,利率为1.75%,期限1年,可展期2次。该支持工具的1.75%的低利率明显低于其他再贷款利率,对金融机构起到很强的激励作用。央行还重点提出该支持工具的信息披露制度安排,以保证工具减排和风险管理的效果。

此外，各省市也就绿色金融风险管理制定了地方政策。例如，中国人民银行南京分行与江苏省地方金融监管局联合牵头，共同起草了《关于大力发展绿色金融的指导意见》（又称"绿金30条"），其中就管理和规避绿色金融风险问题专门设置了一章进行部署，详见专栏1-2。

专栏1-2

九、健全绿色金融风险防控机制

25. 重视金融机构环境信息披露。按照真实、严格、及时、可比原则，加快研究制定金融机构环境信息披露规范，明确环境信息披露范围和环境信息披露载体。指导金融机构按照监管部门要求分批、分层、分步稳健开展环境信息披露工作。推动金融机构联合建设金融机构环境信息披露培训和交流平台，提高环境信息披露水平。选择部分试点地区，探索推进碳账户体系建设。

26. 提升金融机构环境风险管理能力。鼓励金融机构学习借鉴国际先进绿色金融发展与管理理念，宣布采纳负责任银行原则、负责任保险原则、负责任投资原则，将提升环境风险管理能力纳入机构中长期发展战略。引导金融机构合理测算高碳资产风险敞口，不断优化资产质量。指导金融机构健全环境风险评估和压力测试体系，有效覆盖极端天气引发的"实体风险"和传统经济向绿色低碳转型的"转型风险"。鼓励和引导金融机构自身低碳转型发展。

27. 化解和处置相关风险。指导金融机构按照国家和地方绿色标准，严格投资前风控管理，防范项目"洗绿""漂绿""染绿"风险。引导金融机构在落实绿色金融政策的同时，不搞"一刀切"，不盲目对高碳排放行业抽贷断贷。依法保护金融机构合法权益，严厉打击恶意逃废债行为，加快金融债权案件审理和执行。

——2021年9月江苏省印发《关于大力发展绿色金融的指导意见》

（二）金融机构关于绿色金融风险管理的实践

对于金融机构来讲，绿色金融风险管理更为重要。机构运用一系列分析工具和方法，帮助金融决策者评估环境风险的财务影响，并将环境风险纳入风险管理和资产配置决策体系。环境风险分为物理风险和转型风险，这些风险都有可能会增加投资风险，作为金融机构必须要增强识别监测环境风险的分析、预警能力。

中国工商银行自2007年就全面推进绿色信贷工作，形成建设建立了绿色信贷动态跟踪监测机制。严格信贷准入使工商银行从源头上防范了环保风险，可由于企业在日常的经营中环保状况也处于动态变化中，这对银行的信贷管理水平提出了更高要求。为全面贯彻绿色信贷的要求，工商银行建立了相应的持续跟踪监测机制，将环保风险管理纳入日常贷后管理工作中，并逐步理顺预警管理流程，明确了从环保信息收集、分析、核实、跟踪、监督、预警企业的环保治理进度、整顿验收情况各个环节，进行全过程评价和风险监控。

工商银行充分发挥信息技术在绿色信贷中的作用，在日常的信贷管理中通过及时查询人民银行的征信系统，及时更新企业的环保信息，在银行资产管理的计算机系统中标注企业环保信息,建立了客户环保信息数据库,并根据国家环保总局有关环保标准和环境违法处罚的规定,按环保风险轻重程度,将贷款客户分为环境友好型企业、环保合法企业、环保关注企业和环保潜在风险企业等四类,分级分类管理,对高耗能、高污染行业里的退出类客户,实施了计算机系统锁定,加大退出力度。

在全面监测分析的基础上,工商银行还建立了风险预警提示制度,先后对原国家环保总局实施区域限批及叫停项目和公布的绿色信贷黑名单企业,国家发改委、安监总局联合下发的环保违规煤矿等进行了系统监测,并向全行提示风险。同时,为进一步加大对企业环保信贷的跟踪监测力度,通过建立定期访察制度,积极防范环境违法突发事件带来的信贷风险。

在碳金融方面,相关金融机构也大力构建风险工作。近年来,银行机构出台了一系列关于银行碳中和的目标和规划,如兴业银行签署承诺函,在中国银行业率先采纳联合国气候变化公约"立即实施气候中性"倡议,争取2030年前实现自身运营的碳中和。华夏银行提出力争在2025年前实现自身碳中和。在区域中小银行中,安吉农商行首先提出了自身营运、贷款和投资组合的碳中和目标和规划,2021年该行发布全国地方法人银行首个碳中和银行建设路线图,包括三个阶段:第一阶段,2025年底前实现自身运营的碳达峰;第二阶段,2030年底前实现自身运营碳中和,停止对传统汽车消费提供金融支持,高碳行业风险敞口为0;第三阶段,2055年底前实现自身运营及投融资业务完全碳中和。中国工商银行还就此采取了更为具体的措施,形成了完整的绿色金融风险评判手段,其在传统的绿色信用评价框架基础上建立了绿色信贷分类与打分体系,以企业经营情况、项目与环境的友好程度及风险状况为标准,将涉及客户的全部贷款的风险进行打分,量化了客户,尤其是高耗能、高污染和产能过剩行业客户承担的绿色金融风险,以促进自身对于绿色金融风险管理能力的提高。

[本章小结]

绿色金融风险是绿色金融活动中产生的一类金融风险,是绿色发展背景下由于物理环境、市场波动、宏观政策等因素产生的一类新型金融风险,这类风险既具备一般金融活动的风险共性,也由于绿色生态环境活动规律影响而体现出其独特属性,包括客观性与主观性、叠加性与累积性、短期性与长期性、需要特殊的指标测评等。基于绿色金融风险特殊的存在,还需要对绿色金融风险和传统金融风险,以及绿色金融风险背后的绿色风险和环境风险等一系列概念加以理解、联系与区分。在对基本概念有所了解后,我们对我国的绿色金融风险的相关管理制度和政策进行了梳理分析。希望通过这一章的学习,能够对"绿色金融风险"这一新兴又重要的主题形成较为全面的认识。

[习题与思考]

1. 请简述传统金融风险与绿色金融风险间的关系。
2. 绿色金融风险的特征有哪些?

3. 总结近五年来我国对绿色金融风险进行管理的相关政策文件。

4. 通过本章学习,结合近期的金融风险事件,谈谈你对绿色金融风险的认识。

[参考文献]

陈诗一,李志青.中国企业绿色透明度报告(2019)[R].复旦大学绿色金融研究中心研究报告,2020.

陈诗一,李志青.中国上市银行绿色透明度研究(2019)[R].复旦大学绿色金融研究中心研究报告,2019.

高扬,李春雨.中国绿色债券市场与金融市场间的风险溢出效应研究[J].金融论坛,2019,26(1):59-69.

刘锡良,文书洋.中国的金融机构应当承担环境责任吗?——基本事实、理论模型与实证检验[J].经济研究,2019,54(3):38-54.

刘新立.风险管理[M].北京大学出版社,2006.

绿色金融工作小组.构建中国绿色金融体系[M].中国金融出版社,2015.

马骏.论构建中国绿色金融体系[J].金融论坛,2015,20(5):18-27.

马骏,孙天印.气候转型风险和物理风险的分析方法和应用——以煤电和按揭贷款为例[J].清华金融评论,2020(9):31-35.

钱立华,方琦,鲁政委.新目标、新阶段、新金融——2022年绿色金融发展趋势展望[R].兴业研究宏观团队研究报告,2021.

饶淑玲.绿色金融的气候风险管理[J].中国金融,2020(9):68-69.

史晓琳.构建我国商业银行碳金融内部风险管理长效机制[J].金融论坛,2010,15(S1):21-26.

苏冬蔚,连莉莉.绿色信贷是否影响重污染企业的投融资行为?[J].金融研究,2018(12):123-137.

王昕彤,刘瀚斌.气候投融资风险测度工具的比较研究[J].上海保险,2021(1):48-53.

王遥,潘冬阳,彭俞超,梁希.基于DSGE模型的绿色信贷激励政策研究[J].金融研究,2019(11):1-18.

王遥,潘冬阳,张笑.绿色金融对中国经济发展的贡献研究[J].经济社会体制比较,2016(6):33-42.

王遥,王文涛.碳金融市场的风险识别和监管体系设计[J].中国人口·资源与环境,2014,24(3):25-31.

王颖,张昕,刘海燕,张敏思,田巍.碳金融风险的识别和管理[J].西南金融,2019(2):41-48.

翁智雄,葛察忠.论绿色金融的顶层设计及创新发展[J].环境保护,2016,44(20):47-51.

张承惠,谢孟哲(Simon Zadek).中国绿色金融:经验、路径与国际借鉴[M].中国发展出版社,2017.

张金清.金融风险管理[M].复旦大学出版社,2011.

张金清.金融风险管理实务[M].复旦大学出版社,2017.

中金研究院,中金公司研究部.碳中和经济学:反推式变革的七个思考[R].中金研究院研究报告,2021.

朱云伟.银行业绿色金融实施现状研究——以中国工商银行为例[J].现代金融导刊,2020(2):33-37.

Green Investment Group. Green Investment Handbook[R/OL]. https://www.greeninvestmentgroup.com/who-we-are/measuring-our-impact.html,2018-11-28.

NGFS. Overview of Environmental Risk Analysis by Financial Institutions[R/OL]. https://www.ngfs.net/sites/default/files/medias/documents/overview_of_environmental_risk_analysis_by_financial_institutions.pdf,2020-09-10.

Yujun Cui, Sean Geobey, Olaf Weber, Haiying Lin, 2018. The Impact of Green Lending on Credit Risk in China[J], *Sustainability*, 10(6), pp.2008.

第二章 绿色金融风险理论、成因和经济效应

[学习要求]

- 理解绿色金融风险相关的理论依据与内涵
- 熟悉绿色金融风险的成因来源
- 了解绿色金融风险的经济效应

[本章导读]

金融风险是导致经济生活不稳定甚至失衡的一个重要因素,《新帕尔格雷夫货币金融大辞典》甚至谈到金融风险是商业银行和相关贷款者固有的周期性危机。金融风险为什么会产生,背后的动因和根源是什么,风险又是如何扩散的,这些是金融风险领域研究多年的问题,已形成了一系列成熟的理论体系。而绿色金融风险,作为一类新兴的金融风险形式,其独特的金融活动特点会不会形成一些创新的理论,这将是深入理解绿色金融风险的重要依据。我们基于一般金融风险理论,结合绿色金融活动的特点,根据投资收益的不确定性、有效市场假说理论、不对称信息理论等尝试构建绿色金融风险的理论框架,分析绿色金融风险的来源、成因、传递机制,阐述绿色金融风险带来的经济效应。希望读者通过对本章的学习,进一步加深对绿色金融风险的认识,形成该领域的理论框架。

第一节 绿色金融风险的理论来源

在金融风险研究中,一般讨论的话题是一些风险分类,例如,市场风险、信用风险、流动性风险、风险管理、操作风险、行业风险、法律法规或政策风险、自然灾害或其他突发事件冲击等。随着金融市场的发展,金融活动面临的风险越来越复杂,特别是新兴金融活动的兴起,许多风险交叉出现,就如本书讨论的绿色金融活动,由于其目标的特定性,导致该类金融活动产生的不确定性更加多元,针对这些风险背后形成的原因是什么,该类金融风险的理论依据有哪些,本节试图基于一般金融风险理论进行阐释。

一、一般金融风险理论概述

为了更好阐释绿色金融风险理论,有必要对金融风险理论进行一定的分析。目前金

融风险的理论研究主要集中在以下九个方面。

（一）风险概率理论

风险概率理论是金融风险理论中最为常用的理论,其基本思想是在一定概率情况下,金融投资组合价值最多可能损失多少。风险进行控制首先必须明确风险背后可能存在的风险因子,分析风险因子可能对投资项目造成的各方面的影响,找出风险发生的原因和条件,建立起科学的风险研究体系,从而保证概率论的分析方法的准确性。其中,风险识别是十分关键的环节,它是人们长期面对风险投资所积累的实战经验,同时也是进行风险识别的基础。风险概率论主要是着眼于某一种情况发生或者不发生的概率,从而达到对一个事件的整体预测,进而采取决策。可以说,有风险就会有潜在的损失,这些潜在的损失是一个随机变量,例如保险公司在一定时间内所需要面对的总的索赔次数是一个随机变量,单次索赔额也是一个随机变量,因此随机变量是风险概率理论中最为常用的概念,一般用 VaR 法进行测算。所谓 VaR,按字面的解释就是"处于风险状态的价值",即在一定置信水平和一定持有期内,某一金融工具或其组合在未来资产价格波动下所面临的最大损失额。摩根大通将其定义为在既定头寸被冲销(be neutralized)或重估前可能发生的市场价值最大损失的估计值;或定义为给定置信区间的一个持有期内的最坏的预期损失。

（二）不对称信息理论

有学者认为金融风险主要是由于信息不对称导致市场对项目存在逆向选择和道德风险。美国著名经济学家阿克洛夫提出金融风险存在于信息不对称中,即市场的某一方如果能够利用多于另一方的信息使自己受益而使另一方受损,倾向于与对方签订协议进行交易,他以"旧车市场模型"为例,描述不对称信息市场下车主按平均质量支付价格,使市场中仅剩下低于平均质量的汽车。类似地,在借贷市场中,由于银行根据平均风险制订利率,低风险项目因成本太高退出市场,仅剩下愿意支付较高成本的高风险项目,这便产生了资金的"逆向选择",进而引发了金融风险的问题。另外,金融活动中的信息不对称还会引发"道德风险",即指有能力能够履行合约的一方利用信息的了解程度采取对自身效用最大化的自私行为所带来的风险,例如在绿色信贷业务中,商业银行对贷款资金的实际使用情况、项目的绿色潜力、投资项目操作风险和收益等信息的了解显然少于借款人,同时商业银行受到成本控制和事后监管成本高昂等因素的制约,在此类借贷活动中,信息不对称是显著存在的,借款企业便极有可能出现"道德风险",表现为借款人在借出资金后改变资金用途,将绿色资金用于非绿色经济活动中;还有绿色项目的专业性导致有还款能力借款人隐瞒自己的还款能力,但资金出借人却识别不出;由于绿色投资项目周期长,借款人对借入资金的使用效益不负责任等。

（三）委托-代理理论

在针对环境、安全等社会公共利益的投资活动中,由于标的大多投资大、收益慢、多为政府投资类项目,是市场经济活动不太关注的领域,在这些资金活动中,由于这些项目资产存在政府救援机制,产权主体多为政府机构,基于政府信誉背书,通过 PPP(public-private partnership,即政府和社会资本合作,是公共基础设施中的一种项目运作模式)、BOT 模式(build-operate-transfer,即建设-经营-转让,是私营企业参与基础设施建设,向社会提供公共服务的一种方式)委托实施单位操作,许多具体实施单位与政府形成了事实上的

"委托-代理"关系。而在实际实施中,由于政府资金不能总是及时到位,使得项目实施方要进行银行贷款先行投入,而基于该类项目多为政府财政资金的投入,导致投资者认为该类项目具有稳定的回报机制,形成了"从众心理"和对政府活动的支持,从而对借款人的资质、还款能力等监督不完全,一旦应收账款不能及时兑付,就会牵涉银行贷款资金的逾期,这种公共事业领域投资形成的金融风险,正是由于在融资活动中,政府与融资方关系所造成的潜在金融活动风险。

(四) 行为金融学理论

行为金融学认为投资者并非完全理性,投资者会受宏观政策、市场波动,甚至气候的影响,导致心理不稳定而进行投资决策。因此,行为金融越来越重视解决金融市场的实际操作问题。同时气候变化对人们的情绪和行为会产生一定的影响,在温暖适宜的天气条件下,人们更愿意遵守公共秩序,做出更加积极的投资决策。因此,在金融投资决策的过程中,投资者的情绪和心理会均会受到气候变化的影响,从而产生偏差,引发金融风险。在行为金融理论中,还会出现风险厌恶,即是指一个人面对不确定收益的交易时,更倾向于选择较保险但是也可能具有较低期望收益的交易。例如一个风险厌恶的投资者,会选择将他的钱存在银行以获得较低但确定的利息,而不愿意将钱用于购买股票,承担损失的风险以获得较高的期望收益。这实际是由于风险给人的感觉带来的,风险其实包含着两层含义:一是不确定性,二是损失。人在本质上总是追求确定性和安全感,在风险相同的情况下,总会倾向于选择预期收益高的;而在预期收益相同的情况下,则一定会倾向于选择风险低的。人们之所以会愿意承担风险,不是爱好和追求"风险",而是爱好和追求高风险可能带来的高收益。但是风险意味着可能的损失,而人们对于损失的厌恶又是绝对的,所以人们对于风险的厌恶也是绝对的;当然,风险也可能带来收益,而人们对于收益的追求也是绝对的,当损失和收益发生冲突时,不同的评价和权衡之下就表现出了截然不同的风险态度。

(五) 有效市场假说

有效市场假说认为参与市场的投资者有足够的理性,并且能够迅速对所有市场信息作出合理反应。市场上一切有价值的信息已经及时、准确、充分地反映出来。除非存在市场操纵,否则投资者不可能通过分析以往价格获得高于市场平均水平的超额利润。因此,所有投资者只能赚取与风险匹配的收益率,而不能赚取超额收益率。有效市场主要有三种形式。

(1) 弱式有效市场:认为市场价格已经充分反映了所有陈旧信息,陈旧信息对应的是过去的价格和收益,投资者不能依靠过去的价格和收益信息获取风险调整后的超额收益,此时,股票价格的技术分析失效。

(2) 半强式有效市场:认为价格已经充分反映出所有公开的有关公司运营前景的信息,投资者不能依靠任何公开的可得信息获得经风险调整后的超额收益,此时,在市场上利用基本面分析则失去作用。

(3) 强式有效市场:认为价格已经反映了所有关于公司营运的信息,包括已公开和未公开的内部信息,投资者不仅不能利用公开信息获利,想通过内部信息来获取超额收益也是不可能的,此时,任何人,包括内幕人员都无法拥有对信息的垄断权。

(六) 风险偏好理论

风险偏好是指对于达到某个既定目的，行为主体在承受风险的类别、大小等方面的基本态度。不确定性为风险的本质特点，当行为主体处于某种不确定性下时，风险偏好便会具体表现为其所展现的态度和倾向。风险偏好的理论基础是理性人假设和有效市场假说，认为风险的产生是基于人们对事物的期望和预期效用，在此基础上将人们对风险的态度分为风险厌恶、风险偏好和风险中性三类。人们对风险的态度不是固定不变的，不同的主体会有不同的选择。个体的风险偏好无疑会在很大程度上影响其决策过程与结果，这无论在金融领域还是实体领域的投资决策中均有较大的影响作用，风险承担的态度决定了投资风格。这导致对现实资产评估风险的判断趋向复杂，单一的判断就会导致与实际偏离。经济学家马科维茨（Markowitz）则认为，人们对风险的态度受财富水平的影响，财富水平高的市场主体对风险的态度是偏好的。

(七) 期望效用理论

期望效用理论是不确定性条件下的决策理论，该理论假定市场个体在不确定性条件下对风险的态度是中立的，人们只考虑期望效用值的大小，不考虑对风险的偏好。当效用达到最大值时，便是行为主体所要采取的结果。然而由于现实场景千变万化，该理论的假设条件与现实往往不符。首先，投资者做不到完全理性，不能够准确评估自己面临的危险和期望的效用；其次，投资者知识背景的限制，难以收集和理解所需的完全信息；再次，物质赔偿无法完全替代消费者遭受的损失，如投资者只有经济损失，没有任何相关的精神损失或情感价值损失赔偿。这在新能源投资领域较为普遍，在碳达峰、碳中和背景下，究竟哪个项目最好、最有效益，需要仔细甄别，而该领域项目众多，这就更加考验投资者的决策智慧。

(八) 前景理论

前景理论改进了期望效用理论的缺陷，对各种背离期望效用理论的市场异常作出解释。其中最著名的是心理学家卡尼曼和特维斯基在考虑决策者存在的概率估计偏差、偏好逆转、维持现状偏差等因素的基础上提出的前景理论。前景理论认为人们对损失呈现出风险喜好，与期望效用理论中的风险厌恶正好相反。人是有限理性的，对于小概率风险，人们会高估其发生概率。对于中高风险，人们会低估其发生概率。

(九) 金融机构不稳定性（脆弱性）理论

根据《新帕尔格雷夫货币金融大辞典》的解释，金融不稳定性假说是指私人信贷创造机构，特别是商业银行和相关贷款者固有的经历周期性危机和破产的倾向。金融不稳定及其危机是经济生活的现实，经济繁荣时期就已埋下了金融机能失常与金融动荡的种子。在经济发展的初期，贷款人的贷款条件越来越宽松，企业也充分利用宽松的信贷环境多借款。但是到了经济发展的后期，这些贷款无法偿还会导致金融中介机构经营状况的恶化，随后传导到经济中的各个方面，从而带来全面的经济衰退。

对金融不稳定性假说做出主要贡献的是两位美国经济学家海曼·明斯基和查尔斯·金德尔伯格。明斯基和金德尔伯格都是从周期性角度来解释金融体系不稳定的孕育和发展，可称为"周期性解释"一派。另一派解释是以弗里德曼为代表的"货币主义解释"。弗里德曼和施瓦茨认为如果没有货币过度供给的参与，金融体系的动荡不太可能发生或至少不会太严重,金融动荡的基础在于货币政策,正是货币政策的失误引发了金融不稳定的产生和积累,结果使得小小的金融困境演变为剧烈的金融体系灾难。由于金融机构管理能力不一、资金来源各异,这就造成金融机构自身会产生风险,特别是商业银行和相关贷款者固有的经历周期性危机和破产的倾向。海曼·明斯基还依据资本主义繁荣与萧条的长波理论,从周期性角度来解释金融体系不稳定性,他先将借款公司按其金融状况可以分为三类:抵补性的借款企业(只根据未来的现金流量作抵补性融资)、投机性的借款企业(根据预测的未来资金丰缺程度和时间确定借款)、"庞兹"借款企业(依赖于滚动融资进行长周期项目投资)。当经济长期持续繁荣时,后两类种贷款人会增多。当人们认为价格不能再涨、经济出现萧条时,后两类种企业极容易出现违约,导致金融机构出现支付危机。这是由于经济的周期性导致的金融机构管理不稳定,而造成金融风险。

当然,理论毕竟基于对现实的抽象和简化,现实中的金融风险有较大复杂性,不同类型的金融风险往往适用不同的理论,而某种特定的金融风险也并非单一理论所能完全解释,而是要在各种相适应的理论结合的基础上,根据实际情况联合起来去理解并加以防范和控制。在金融风险理论的研究中,许多学者都认为风险最终的解决方法是要通过信息披露制度进行应对,也就是我们常说的"信息公开"。在资本市场的公开原则下,这是指金融机构及上市公司等依照法律的规定,将与其经营有关的重大信息予以公开的一种法律制度。信息披露制度受到各国金融立法的重视,成为各国金融监管的重要制度。从经济学角度来考虑,在信息化的时代,有效的信息披露能为经营者和购买者提供充分的信息,有利于正确的投资决策的形成,有利于提高资本市场的效率,优化金融资源配置,使价值规律在更大的范围内充分发挥作用。而从法律的角度来讲,信息披露制度能有力防止由于信息不对称、错误等导致的不平等现象,防止信息垄断和信息优势导致不公平。

上述九类金融风险理论是从金融活动的不同角度对风险活动进行的阐释,有的理论是基于资金流动产生的风险展开的,有的理论是基于宏观环境变化导致的风险传播的,还有的理论是基于投资行为和心理展开的理解。但不论哪种风险理论,都为绿色金融风险理论奠定了基础。

二、绿色金融风险理论的探索

(一)绿色金融风险理论的构建

绿色金融作为金融体系的新兴分支,因其涉及污染治理、生态修复、节能降碳等公共事业属性而显现出诸多不同。最显著的区别在于,传统金融业务的核心是进行金融资产的交易并确定其资产价格,而绿色金融致力于通过资金和产品的融通,优化相关要素和资源的配置,促使环境问题的负外部性得到有效消解,因此,相比于传统金融风险具有强外部性特征。此外,绿色金融活动主要围绕自然生态要素展开,则意味着该资金活动与物理自然的关系更为密切,自然环境的各种变化均会对绿色金融业务产生不可忽视的影响;而类似气候变化这种事件,会产生周期性、累积性影响,会在全球产业链产生连锁反应,故绿色金融风险也具有强传递性特征。因此,对绿色金融风险的理解既要参考传统意义上的金融风险,但必须清晰地认识到它的独特性,如绿色金融的需求方往往来源于公共部门而非私人部门、绿色金融的收益具有长期性和累积性、绿色金融的信息具有较显著的外部性特征、绿色金融收益与风险呈现出更为明显的厚尾分布等。近年来，许多学者已经开展了许多关于绿色金融风险的研究，如王建发在对我国绿色金融运行环节的梳理中，将我国的绿色金融划分为监管、供给、需求、市场、中介、服务六个子系统，他指出绿色金融风险仍然需要监管、供给和市场；陶黎等结合钻石模型和网络分析法构建了我国银行绿色金融业务风险的评价指标体系；张宇等则通过微观视角，以浙江省绿色金融创新改革试验区的发展为案例，从不同角度提出了可能存在的风险以及相应的应对措施。还有学者对绿色金融中的局部风险做了专门研究，如杨培祥等梳理了绿色金融的金融风险与环境风险，认为绿色金融具有金融与环境的叠加风险，并分析了叠加风险的形成机制以及应对措施；饶淑玲以我国绿色金融业的气候风险的形成机制为研究对象作出了理论分析。

现实活动中，金融机构已对绿色金融风险开展了许多管理实践。早在2017年12月，包括中国人民银行、法国中央银行、德国中央银行等在内的八家有很强意愿推动绿色金融的央行，发起设立了央行与监管机构绿色金融网络。其中，各家央行对是否应该降低绿色资产的风险权重，以降低绿色信贷的融资成本，进而激励银行加大绿色信贷的投放力度等问题存在不同意见，主要在如何界定环境风险所引发的资产风险方面各国意见不一。

值得注意的是，与环境学科语境中讨论的风险定义不同，绿色金融领域中谈论的风险，更多是聚焦于绿色金融活动自身产生的风险，虽然自然物理风险是诱发因素，但毕竟作为一种金融活动，基于已有的风险控制体系，自身在对风险识别监管中已有较为成熟的管理流程，只不过针对这类强烈外部性特点的风险，因标准不统一或技术不精细，导致风险不易把控，实践中较大依赖于模型的预测，这种不稳定性才是绿色金融风险表现最大的特征。环境风险不仅会影响信贷资产本身的稳定性，金融机构本身也会由于借贷方或项目的环境风险导致自身的连带法律责任。如美国的《超级基金法》、加拿大的《污染物废弃物管理法》、日本的《土地污染对策法》等都对造成污染的公司的贷款方提出了连带责任的要求。这使得金融机构特别是商业银行，在环境风险的评估和预警方面会格外小心。

在金融机构讨论环境风险，不能依靠风险管理否决项目，而应通过环境风险识别和管理降低其风险，使其从不可投资项目转化为可投资项目。通过环境压力测试，将物理尺度的环境风险转化为微观管理的措施。从近五年中国绿色信贷余额以及绿色信贷违约率统计数据分析，我国绿色信贷不良率大大低于银行业的总体不良率，而资产质量和投资回报也不低。这主要是由于我国银行逐渐摸索出了一套基于成本-收益原则的环境风险管理体系，基于上述讨论，我们试图从两类风险情景构建绿色金融风险理论。

第一类风险，即自然环境等要素形成的物理风险传递至金融活动中引发的风险扩散。自然灾害、气候变化、危化品爆炸、水污染、生物多样性破坏等自然环境要素的变化，导致金融活动的资产搁浅、沉没甚至完全亏损，从投资项目可能会蔓延至整个经济体系，这是环境问题的外部性所造成的风险问题。从经济学角度来说，外部性问题是绿色金融活动中必须面对的问题，该类金融活动目的是改善环境质量、治理气候变化、降低自然灾害影响，那就需要在投资活动中，把这些因素进行有效定价，进而将污染治理或节能降碳的成本因素纳入产品、服务和融资的成本中，但这种内部化过程由于产权不清晰或自然因素物理演变的不确定性，造成在绿色信贷、绿色债券或绿色保险等金融活动中，资金所投行业或项目，无法保证每个标的物都有稳定的现金回报，这便是绿色金融风险发生的外部性风险。因此，金融机构的环境风险管理主要是分析其物理风险如何转化为金融资产的市场风险、信用风险、操作风险等，分析物理形态的风险如何转化为金融风险，分析环境风险如何将当前显性的风险转化为长远隐性的风险。为了管理两类对象，可分别设计不同侧重的管理方案。同时，还要挖掘并识别可能转化为金融资产风险的环境风险指标，形成风险传递链条。

第二类风险，即金融活动自身规律产生的金融性风险。这类风险是基于一般金融风险规律产生的风险，正如第一章讨论的金融风险分类，包括信用风险、市场风险、操作风险等。中小型银行、地方城市银行、农村信用社的贷款对象往往是规模较小的企业和项目，项目普遍存在分散、低技术含量、规模小等问题。而节能环保工程周期长，初期几乎没有立竿见影的收益回报，资产估值在于未来收益。如，垃圾焚烧发电项目初期投入需要巨额资金，如果未来收益来自地方垃圾补贴费、电费、国家补贴等，则具有稳定的未来收益，这才可以辅助降低其风险程度，使银行能够根据未来收益的稳定性，给予更大规模的资金投资。这对企业实现规模化生产、改变技术被动局面意义重大，同时也对绿色保险、绿色债券的工作开展具有借鉴意义。

（二）绿色金融风险理论阐释

基于前述相关风险理论的基础，我们可以发现，绿色金融风险的发生具有概率性特征，在传递过程中具有信息不对称性和蔓延特征，在应对过程中会出现不同风险应对的不同行为特征。由于绿色金融投向主要聚焦于节能降碳、污染治理等绿色领域，特别是针对气候变化的投资领域，其金融风险的发生传递还具有一定的风险适应和风险缓解的特性。基于此，我们尝试对绿色金融风险的理论进行探索阐释。

首先，从宏观层面和最终目标角度分析，绿色金融风险主要遵循可持续发展理论和社会福利理论。正如联合国政府间气候变化专门委员会（IPCC）的评估报告中指出："当气候政策纳入国家发展政策（包括经济的、社会的其他环境因素）时，这些国家的适应和减缓能力将会得到加强。"在可持续发展理论框架下减缓和适应成为应对气候变化的主要措施。气候变化对供水、粮食安全、人类健康、自然资源保护等一系列重要的发展问题构成了严重威胁，减缓和适应气候变化对社会经济发展的不利影响是推进可持续发展的需要，唯有通过可持续发展才能不断增强适应气候变化的能力。随着对各种福利实践在哲学、政治学、经济学及伦理等方面的探究，人的福利需求从经济领域延伸到了政治福利和文化福利，三者构成了人们福利的基本内容。在城市生活中，一般意义的社会福利涉及民生的各项领域，如医疗、教育、交通等社会基础建设。全球气候变化、生存环境质量也是全人类面临的环境问题，是未来人类发展中至关重要的问题与挑战，对社会公众福利的影响渗透到城市生活的各个方面，如气候变化带来的湿地减少、碳汇功能的生态服务价值减少。气候投融资政策也通过减缓和适应气候变化，以此减少气候变化对人类社会福利的损失。

其次，从金融风险学角度来说，绿色金融风险是一种金融脆弱性理论的典型场景。金融脆弱性不仅包括可能会发生的损失，还包括已经发生的隐含的损失，隐含的损失累积后会诱发危机。具体而言，金融脆弱性理论认为，金融业固有的高负债经营特征使金融业容易受到监管疏漏、道德风险、经济周期波动、国内外经济环境变化的冲击，进而导致金融危机、债务危机、企业破产、物价飞涨或通货紧缩、失业等状态。而金融脆弱性的不断积累则可能引发金融危机,尤其是随着银行、证券、保险等不同类型金融机构之间的关联愈发紧密,风险传导渠道不断增多,形成了极为复杂的风险传递网络。绿色金融作为金融的一种新兴种类,同样存在其作为金融活动的固有规律,由于绿色金融投向的行业、领域大多涉及能源结构、产业结构,甚至生活方式的变化,牵涉的范围和影响层面更加广泛,因此这类金融行为的脆弱性特征更加显著,当绿色金融风险蔓延后,极易影响到金融机构,跨行业、跨市场的风险传递特征会日益突出,而且有可能进一步引发系统性风险,给我国的金融安全稳定带来巨大威胁。

近年来,金融脆弱性的相关理论一直是研究气候变化投融资行为的热点。脆弱性理论在不同学科中有着不同含义,从人文社会的传统看,改变人们对风险的态度,优化社会结构,关注弱势社会群体,加强心理引导,完善政治系统结构并加强防灾减灾政策的执行,消除灾害恐惧并提升媒体能力以教育公众等是消减灾害脆弱性的重要方式。目前,大多数学者将脆弱性概念用以综合评价气候变化的影响,对气候变化脆弱性的评估多侧重在自然生态系统之内,评价的尺度也更多关注于全球及国家等。将脆弱性评价理论的应用从自然生态系统延伸到社会经济系统,为气候变化对城市社会经济系统的影响评估提供一个可以参考的理论基础和概念框架体系。

最后,绿色金融风险遵循一般金融风险测度相关方法学。对于绿色金融市场的风险衡量的敏感性分析、波动性分析等,同样可以采用方差、VaR 值、期望损失模型等方法测度。但基于绿色金融市场投资标的存在绿色标准模糊、信息不对称等问题,信用风险的测度尤为值得关注,特别是做好信用外部评级和内部评级,使得投资者能够取得更广泛的项目信用信息。在绿色证券、绿色基金投资行为中,常常认为风险带来收益,收益意味着风险。特别是以绿色低碳为主题的基金,依然存在阿尔法风险、贝塔风险和残留风险。贝塔系数较大时(比如大于 1),则基金收益大盘波动影响较大,大盘上涨,基金收益上涨幅度大,但这些风险对于收益的影响还是基于一般金融风险的规律而言的。关于绿色金融风险的测度方法内容,我们将在第四章详细介绍。专栏 2-1 是有关绿色金融风险本质的拓展阅读材料。

> **专栏 2-1**
>
> ### 从伯南克等人获诺奖看绿色金融的"风险"本质
>
> 2022 年的诺贝尔经济学奖颁给了美联储前主席本·伯南克(Ben S. Bernanke)、道格拉斯·戴蒙德(Douglas W. Diamond)和菲利普·迪布维格(Philip H. Dybvig)等三位美国经济学家。获奖原因是他们对于银行与金融危机研究领域的突出贡献而获得这一奖项。评审委员会表示,他们的发现提高了社会应对金融危机的能力,"大大提高了我们对银行在经济中的作用的认识,特别是在金融危机期间。他们研究的一个重要发现是,为什么避免银行倒闭是至关重要的"。
>
> 要使经济维持运转,储蓄必须用于投资。然而,这里有一个矛盾:储户希望在意外发生之时立即提取资金,而企业和房主需要确保危机发生时他们不会被迫提前还贷。戴蒙德和迪布维格的研究展示了银行如何为这个问题提供最佳解决方案。通过

充当中间人，银行可以允许储户在其希望的时候使用资金，同时也向借款人提供长期贷款。三人的学术研究表明，存、借两种活动的结合使得银行容易受到倒闭谣言的影响。如果大量储户同时取钱，谣言或将成为一个自我实现的预言——银行发生挤兑甚至倒闭。两位经济学家对此给出的方案是：通过政府提供存款保险和充当银行的最后贷款人，可以防止这些危险的动态。

三位经济学家对于上述金融风险的危机成因及机制阐释，同样可以体现在绿色金融的活动中。许多人对于当前绿色金融的高速发展表现出担忧，认为绿色信贷、绿色债券等绿色金融产品为银行扩表的同时，会造成人为的高杠杆，以至于"破坏金融服务的生态环境"，形成潜在金融风险的可能。在绿色金融的发展方兴未艾之时就大谈其风险似乎是有点煞风景，但就当前金融风险对全球可持续发展的冲击和影响及由此引发的各界高度关注而言，深入探讨和分析绿色金融与金融风险的关系的确可以防微杜渐，实时校准绿色金融发展的方向。

有关绿色金融的发展是否有可能加速或缓解金融风险的形成，目前学界尚没有成熟的研究，但就绿色金融与"风险"的关系，政策文件中却早有较多论述。2016年中国人民银行等七部委发布的《关于构建绿色金融体系的指导意见》就明确表示："绿色金融是指为支持环境改善、应对气候变化和资源节约高效利用的经济活动，即对环保、节能、清洁能源、绿色交通、绿色建筑等领域的项目投融资、项目运营、风险管理等所提供的金融服务。"但值得思考的是，这里提到的"风险管理"中的风险究竟是什么风险呢？按照马骏博士在《碳中和愿景下的绿色金融路线图研究》中的解释，这个风险就是由气候变化、环境破坏等带来的物理风险和转型风险，这两种风险中的"转型风险"（转型风险源于向低碳经济的可能调整过程及其对金融资产和负债价值的可能影响。与快速低碳转型可能产生的不确定金融影响有关，包括政策变化、声誉影响、技术突破或限制，以及市场偏好和社会规范的转变）对国民经济的危害极大，如果不加以防范，极有可能转变为对经济、金融的冲击，形成经济和金融风险，在搁浅资产和风险敞口不断加大的情况下，进而演变为经济危机和金融危机。因此，成立于2017年12月的中国人民银行与监管机构绿色金融合作网络（NGFS）明确了防范气候风险属于中国人民银行和监管机构的职责范围。

与此同时，2022年8月中国银行保险监督管理委员会又发布了《银行业保险业绿色金融指引》，其中提出"银行保险机构应当完整、准确、全面贯彻新发展理念，从战略高度推进绿色金融，加大对绿色、低碳、循环经济的支持，防范环境、社会和治理风险，提升自身的环境、社会和治理表现，促进经济社会发展全面绿色转型"。显然，发展绿色金融的重要意义就在于防范ESG风险，而企业或行业的ESG风险的宏观表现其实就是经济社会转型风险。

就以上两个重要的政策而言，发展绿色金融的初衷恰恰就是为了防风险，就是为了应对物理和转型等各类风险的挑战，这是绿色金融发展中十分重要也是极易忽视的内容。

然而，我们再进一步发问：绿色金融自身有没有风险呢？作为一种金融活动，绿色金融当然会体现金融自身的规律，或者说的确是有风险的，国家发布的指导意见明确指出："完善与绿色金融相关监管机制，有效防范金融风险。加强对绿色金融业务和产品的监管协调，综合运用宏观审慎与微观审慎监管工具，统一和完善有关监管规则和标准，强化对信息披露的要求，有效防范绿色信贷和绿色债券的违约风险，充分发挥股权融资作用，防止出现绿色项目杠杆率过高、资本空转和'洗绿'等问题，守住不发生系统性金融风险底线。"

看得出来，"绿色项目杠杆率过高、资本空转和'洗绿'"是绿色金融发展的风险点所在，这恐怕是绿色金融活动中最值得担忧的风险点。背后反映的则是绿色信息的不对称，导致给"非绿"的项目配置过多绿色金融资源，进而形成实际上的高杠杆。为此，2021年7月，中国人民银行专门下发《金融机构环境信息披露指南》，要求金融机构报告年度内与环境相关的目标愿景、战略规划、政策、行动及主要成效，以此来强化绿色金融发展过程中的自身风险防范。

如果说绿色金融存在风险，那么它的风险权重怎么评估呢？根据巴塞尔协议的要求，银行需要对每一笔资产业务进行信用风险评估，测算出该笔业务的风险权重(RW)，由此计算出该笔业务的风险加权资产(RWA)、所占用的经济资本，在总行层面最终计算出这家银行的资本充足率。但当前对绿色资产并没有特殊的资本金管理规定，如果能够对商业银行发放的绿色信贷给予适当优惠，将绿色信贷的风险权重降低50%，降低其经济资本占用，那么就可以释放更多信贷资源，降低商业银行从事绿色金融业务的成本，提高其回报率，这可能会对金融机构发放绿色贷款形成更强的正向激励。

对此，很多学者展开了研究，并提出了为绿色金融降低风险权重的建议。事实上，风险权重的测算建立在风险的准确识别工作之上，如果不能真正解决绿色金融发展中的"洗绿"问题，那么一旦放开风险权重，就会让绿色金融的金融风险敞口变得更大，这也正是当前各国央行一直迟迟没有降低绿色资产风险权重的原因所在。

就以上几点来看，绿色金融是否在加速或缓解金融风险，仍然是一个有待厘清和解决的问题，如何从"绿色"入手来防范绿色金融发展过程中金融风险，将在很大程度上决定了绿色金融能否有效地服务于防范气候与环境风险的能力。如果下一次诺奖再颁发给经济和金融风险研究领域的学者，那么专注绿色风险的研究者也许将是最大的赢家。

三、绿色金融系统中的风险理论

基于上述论述，绿色金融风险可视作是与绿色发展相关的经济金融业务对应的金融指标变动引发的预期收益不确定性。但绿色金融风险的产生和扩散，还应置于整个金融系统的发展视角进行认知。绿色金融系统的形成，一般情况是通过出现"环境污染"事件，推动"绿色投资""绿色生产""绿色消费"等，在这些社会经济活动中，出现了"绿色金融"工具。这正是绿色金融发展的一般规律，故绿色金融包含绿色发展过程中的所有利益相关者(见图2-1)。

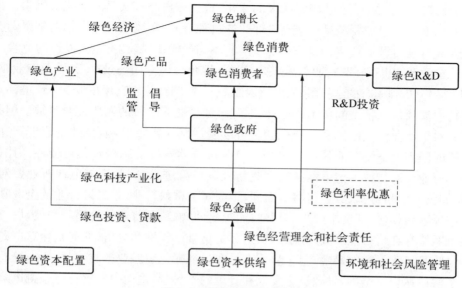

图 2-1 绿色金融生态体系

在此系统中,绿色金融更加强调资金供需方、金融市场、金融中介机构之间的主要联系在于社会责任和绿色经营理念。投资者的资金受到政策制度的引导和约束,金融机构将环境影响的潜在回报、风险和成本作为重要的因素,纳入资金投放的评估决策之中,处于资本需求端的绿色产业和绿色项目可以通过低成本融资,其高回报率将吸引大量的投资者,政府则为绿色产业和绿色增长建立财政保证资金,建立和维护绿色基础设施建设,保证绿色金融所需的有效市场机制,及提供配套的环境法规和专业性服务与协调手段促进绿色金融市场发展。

基于上述介绍,绿色金融风险理论的理解应置于系统金融风险理论框架中阐释。资金投入流通与绿色资产的生产者、消费者等存在相互紧密联系,特别是绿色金融应用在基础设施建设、科技创新、产业发展、城市更新等诸多领域,资金的发放、监管、绩效评估等环节各有不同,这将对绿色金融系统造成冲击,特别是对于大型绿色基础设施存在资金来源多元、管理层级交叉的情况,资金组成复杂将会带来管理的难度和金融机构的风险。例如,许多地区在进行城市建设、污水垃圾处理设施建设中采用PPP模式,存在政府资金、银行贷款、企业投资等多种资金投资模式,且项目建设投入较大;一旦项目出现工期延长、施工不力、资金到位不及时等原因,则很可能引起出资金融机构和对该金融机构享有债权的其他金融机构危机,形成金融系统的连锁反应。

另外,绿色金融系统性风险可能通过传染和模仿性的挤兑而产生。例如,当气候变化带来海平面上升,极端气候变化对沿海城市带来灾害冲击时,金融机构可能减少对沿海城市的投资,甚至提前抽回这些地区的存款,降低投资强度,便可能导致该类地区的银行陷入流动性危机,以致最终倒闭,在这种情况便是自然物理风险传染至绿色金融系统产生的系统性风险。

同时,由于绿色金融与环境治理等公共问题的高度关联,系统性绿色金融风险的形成最主要与宏观经济中的诸多因素相关联,如宏观经济走势、产业结构的调整、进出口贸易的变化、政策法规的变化、自然资源状况的变化、贷款客户经营状况的变化等因素。但是，这些因素的变化一般需要经过一个渐进变化的过程，是个案风险长期积累的结果，它的形成和产生具有其可循的规律，不具有突发性，它不同于操作风险，不是偶发性的风险。

绿色金融系统也存在跨行业金融风险传递。绿色金融应用场景广泛，涉及专业领域多元，由于金融分析师固有的学科限制、考核限制等，一般跨行业研究存在难点。环境治理、节能减碳行业涉及更加精细的技术领域，能够理解和精通双学科的人才相对紧缺。但是，跨行业研究对于产业供应链体系和全社会可持续发展又非常重要，能帮助企业理解并预判未来一段时间内上下游行业的变化对企业自身可持续发展的影响及其可能性。比如，新能源汽车行业要对行业上游电池的发展趋势及其风险进行预判，储能电池行业要对上游的锂、钴储量和价格等指标进行预判，而锂、钴属于材料行业，隶属该行业的企业在治理结构中的风险指标（包括资本开支、兼并收购等）会影响整个行业的价格趋势变动。因此，绿色金融系统存在跨行业研究，金融风险指标更是难以识别和分析，如何量化这些跨行业的金融风险是风险管控的难题，金融从业人员在处理绿色金融业务时，会由于对跨行业知识的不了解或认识不精确，导致资金发放和管理的不科学，进而引发跨行业金融风险。

第二节　绿色金融风险的成因与传递机制

近年来，气候变化带来极端天气多发，飓风、洪水、干旱等气候灾害的频率和强度加剧对受灾地区的商业建筑、工厂、能源基础设施、供应链等不同类型资产造成严重损害，导致贷款违约风险加剧，也影响着对企业和投资组合的估值；同时，新能源发展成为趋势，使煤电行业成本压力加剧，企业违约率上升，石油化工、钢铁、水泥等高碳行业同样受到冲击，所持有的资产可能变为搁浅资产，引发一定金融风险，诸如此类的现实案例不在少数。绿色金融风险的来源有哪些，这些来源是怎样识别和传递的，我们对此进行了归纳和分析。

一、绿色金融风险的成因来源与分类

基于对金融实践案例的总结归纳，绿色金融风险的来源可归因于以下四点。

（一）自然环境风险

自然环境风险主要指由于自然原因和人类活动引起的，通过环境介质传播的，能对自然环境及人类社会产生破坏、损害乃至毁灭性影响的不利事件发生的概率及其结果。环境风险的发生，在物理风险层面，将导致大气污染、水污染、土壤污染、森林火灾、洪水、飓风、泥石流、海平面上升等问题，同时也包括石油泄漏等大规模环境污染事故。这些风险的发生会直接使得企业倒闭、房产受损、严重依赖自然资源原材料的企业利润下降。许多依赖大型基础设施的行业，比如电力行业等，遭遇这些风险事件时往往会受到更多的影响，2021年的郑州暴雨引发的洪涝灾害正是这一风险的缩影。

生物多样性丧失带来的自然环境风险与我们日常的生活息息相关，却不为人知。比如，全球多达一半的处方药是基于天然存在的植物分子研究中得到，而且用于治疗癌症的

药物中大约 70% 都是利用或基于天然植物分子的合成药品。野生动物非法盗猎和贩卖增加了野生动物和人类之间的接触,可能带来人畜共患疾病以及社会公共安全的危机。不同的企业在资源利用、供应链等方面也都依赖着生物多样性和各种各样的生态系统服务。比如,全球有将近 90% 的野生开花植物部分依赖于动物进行花粉转移,而全球 75% 以上的主要粮食作物一定程度上依赖动物授粉保证产量或质量。据世界经济论坛(WEF)《自然风险上升报告》,2019 年全球国内生产总值(GDP)达 88 万亿美元,其中有 44 万亿美元适度或高度依赖自然及生态系统,相当于全球国内生产总值的一半以上,特别是建筑、农业、食品、饮料等行业。

(二)社会经济转型风险

绿色金融风险来源于环境事件与社会因素。突发的环境冲击,大到自然灾害的发生、气候变化的加剧,小到超标的污水、废气排放,都可归为前者。这类风险因子致使企业或家庭出现财产损失、业务中断或运营困难,引发股价等变动,甚至可能带来系统性的负面影响,冲击整个经济金融基本面。另一类来源是社会因素——经济主体为适应绿色发展,采取转型策略,改变政策、监管或偏好,进而引致一系列风险。例如,为落实联合国可持续发展目标,各国出台促进可再生能源发展、抑制过度碳排放的政策,包括提高资源税、增加碳关税、发展碳排放、排污权等交易市场等。又如,新能源、节能、绿色建筑等领域的技术创新会带来原有资产的搁浅或贬值、新的资本支出、不断变化的需求和成本,以及企业股价或融资利率变化等。

例如,在各种关于气候转型因素的影响下,我国煤电企业的年度违约概率可能会从 2020 年的 3% 左右上升到 2030 年的 9%~24%。在影响煤电企业违约率的各个转型因素中,新能源价格竞争因素对煤电企业未来的影响可能最大,将可能使违约率升高近 1 000 个基点;其次是碳价上涨和需求减少因素,这些因素可能会导致违约概率分别升高 900 个基点和 600 个基点。这些结论对金融机构和煤电企业都应该有很大的警示作用。为了防范金融风险,金融机构应该尽早采取行动,减少在高碳行业特别是煤电行业的资产配置,同时加大对绿色资产比如新能源产业的资产配置来对冲高碳资产面临的转型风险。能源电力企业应该加快开展业务结构转型,降低煤电业务占比,加大清洁发电的业务比例。如果不实施积极的绿色转型,一些气候风险敞口较高的金融机构和电力企业很可能在 10 年或更短的时间内陷入财务危机,所持有的资产也可能会变为搁浅资产。

(三)宏观与微观政策风险

宏观经济政策上,财政政策及货币政策都对金融市场有着直接影响。财政政策及货币政策是现阶段我国国家层面宏观经济的调控手段,其目的是进一步维持社会需求与供给的稳定,实现我国经济稳步发展。除此之外,多部门、多手段的其他各种配套政策及相关法律法规、指导意见也对金融市场有重要影响,政策体系变动可能成为金融风险来源。而绿色金融市场由于其外部性特征,目前很大程度上是"政策推动型金融",尤其受到政策变动影响。

就财政政策而言,与绿色金融市场紧密相关的制度和政策主要包括排污收费制度、环保预算投入、政府采购和排污权交易制度、环境责任险专项补助资金等。在生态保护、重大环保基础设施建设、新能源开发等市场参与不足或未参与的领域,财政资金发挥着重要作用。此外，在税收政策方面，税收可以为政府带来可观的调配资金，还能进行再利用和再分配，提高经济市场活跃度，刺激经济市场繁荣发展。税收政策是对我国国家意志的有效反映，对我国经济起到良好的监督作用。通过征税限制和税收优惠引导也将对绿色金融市场各主体带来激励或约束效果，相关税种包括资源税、消费税、所得税等。一般而言，财政政策会根据现阶段整体经济发展情况，对金融市场进行主动和动态调整，与绿色金融相关的财政政策也必然随宏观经济状况及绿色金融体系构建的具体进展作出相应变动。对绿色企业和绿色金融业务的财政补贴力度和范围变化税收增减等均对企业或项目利润产生直接影响，进而为投资收益带来不稳定性。如政府对绿色企业或项目认定标准和政策改变，必然导致部分具有"绿色"特征的企业被排除在外，这部分企业之前所投资的所谓绿色项目将无法享受得到国家政策优惠待遇，从而降低企业继续投资的积极性，甚至引发项目中断或亏损的风险。财税政策调整也将直接影响绿色企业的税收负担和盈利状况。在我国目前的绿色金融发展阶段上，绿色发展投资项目的债务偿还能力很大程度上仍与项目所在地政府的财政能力相联系，因而财政政策变动是不可忽视的风险来源。

就货币政策而言，货币市场是金融市场受到货币政策影响的主要所在。货币政策按照货币市场的变化而变化，与诸多宏观指标的动态水平相联系，具有较大灵活性。例如，人民币汇率变动将影响本币需求量，造成不平衡供给，需要施行货币政策以对这种情况进行调控，帮助实现金融市场稳定；股票和债券市场的景气度及价格变化同样会对货币市场产生影响，要求货币政策的调节来刺激或抑制。央行全局性的货币政策调整将导致货币供给量和利率变动，而如存款准备金率、SLO（短期流动性调节工具）、SLF（常设借贷利率）等结构化工具则可能改变金融机构对绿色项目的偏好，总体而言必然会影响商业银行流动性、绿色信贷规模调整以及绿色企业融资成本。

此外，金融风险还与国家发展规划、产业政策、信贷政策等密切相关。例如在产业发展方面，《环境经济政策配套综合名录》规定了"双高"产品的认定范围，对仍享受出口退税优惠政策的53种"双高"产品、仍在开展加工贸易的64种"双高"产品，要求取消出口退税、禁止加工贸易；在金融机构业务方面，监管部门可能通过调整项目敞口的风险权重、项目资产的风险资本计提水平等影响信贷活动。

（四）企业微观操作

一是凭空捏造绿色项目以及相关支撑材料，以从银行骗取信贷资金；二是以小（单个的微绿色项目）博大（整个企业变成绿色企业）或者化整为零（将一个绿色项目分解成若干个小项目），多渠道获取银行信贷与发债资金；三是假绿色之名融资，但实际资金并未投到绿色项目；四是人为制造项目灾害，骗取保险赔偿；五是虚构财务数据，误导投资者。除了以上行为，在"绿色金融"的推进之中，不排除可能出现绿色项目杠杆率过高以及社会资本中途退出导致项目瘫痪与搁置或资本空转的问题。绿色金融风险可来源于宏观、中观、微观三个层级。宏观层面是系统性的风险，即上述提及的自然灾害对整个经济金融体系的冲击。微观层面的风险是非系统性的风险，主要来源于企业个体，如企业的"漂绿"行为、转型决策失误、违规排污等，此类因素容易引起违约率上升、估值下降和利率变化等风险。绿色金融风险同传统金融风险相比，其独特之处在于中观（产业链）层级是其重要来源。产业层级更能体现出"牵一发而动全身"的特质。一方面，环境事件或绿色资金的效应能够沿产业链不断传导和扩散,容易引发风险——对某一项目的过度投资或政策支持容易引起绿色产能的过剩,积累风险,如此前的光伏产业;另一方面,转型同样伴行业或产业而生,如电力、汽车、建筑等重点行业往往全行业面临转型的要求,因而产业链是绿色金融风险的重要来源,与此同时,产业层级中,绿色资金的倾斜(如绿色信贷的激励)带动有关产业兴起或转型的同时,也会挤出有异于绿色项目的其他项目,会对企业的成本收益与业务开展产生较大影响,同样易引致绿色金融风险。

二、绿色金融风险的传递过程

绿色金融风险的传递机制可概括性地理解为自然环境风险和金融系统自身活动风险两大类,相关事件直接或间接地作用于生产性企业、金融机构或个人,构成经营风险、信用风险、市场风险、责任风险及声誉风险,具体作用机制包括导致企业运营中断、降低抵押资产价值、引发赔偿或治理费用、影响经济主体声誉等,加剧了实体和金融部门业务波动性,最终对各方的资产端或负债端造成价值影响,带来实际收益对预期收益的偏离。

从理论发展看,可以结合"自然资本"概念分析风险传递过程。综合相关文献定义,自然资本是区域内环境要素、资源要素、生态要素的总和,能产生各种生态和经济功能,以维持人类健康和经济增长。其中,可再生资源、不可再生资源可视为"存量",而其产生的各项生态、经济功能可视为"流量"。在当前社会经济条件下,自然资本有很强的不稳定性。受环境恶化、技术进步、制度变迁等因素的影响,自然资本的价值会大幅波动。而社会风俗和消费习惯也在倾向于节能环保,民间环保舆论增强,各类环保运动兴起,都会改变自然资本的定价方式和定价水平。程实在《中国证券报》发文认为:"与金融资本类似,自然资本的非预期波动也会产生新风险(环境风险)。"由于自然资本是绿色金融活动的基石,一旦这些环境风险开始传导,作用范围极为广泛,蔓延性很强,并最终影响系统性风险。这一传导过程可分解为三个步骤。

步骤一,从自然资本到实体企业。在微观经济层面,自然资本波动会对实体企业造成诸多负面影响,从而将环境风险转化为实体经济的运营风险。首先,原料供给困难。自然资源在社会生产中发挥基础性作用。任何一种自然原料的短缺(即自然资本的流量不足),都会导致诸多行业运营困难。例如,当水资源短缺时,水力发电、采矿、石油天然气等行业均将受到重创。其次,产品需求不足。一方面,原料稀缺推动成本和价格上升,而产品价格高企则会抑制消费需求;另一方面,政策法规和社会风俗的进步,会使高消耗、非环保产品销量受损。再次,生产效率降低。随着生态功能的退化,农、林、牧、渔等第一产业的生产效率将下降,从而阻碍区域经济增长。同时,第三产业的生产效率也会受到间接冲击。例如,生态环境的恶化会打击相邻地区的旅游业、建筑业、文化产业等。最后,贸易壁垒增强。近年来,美国、欧盟等经济体频频设置绿色贸易壁垒,即在国际贸易活动中,进口国以保护自然和人类健康为由而制定的限制进口措施(如欧盟 CE 标志)。无论绿色贸易壁垒是真正为了环保,还是借机实行贸易保护,这一壁垒都已削弱了相应行业的国际贸易竞争力,造成行业企业的损失和投资资金的沉没。

步骤二,从实体企业到金融机构。当实体经济受到冲击后,相关金融资产价格也会波动,进而将风险传导至各类金融机构,形成金融市场风险。在这一传导过程中,以下四类资产发挥着关键的媒介作用。第一,股票资产。在环境风险的冲击下,资源依赖型企业的运营陷入困境,股价也随之震荡。第二,债券资产。通胀水平是决定债券价格的重要因素。环境风险的冲击能推高大宗商品价格,形成输入型通胀,从而影响各类债券的估值。第三,信贷资产。与公司债券类似,一旦资源依赖型行业遭到环境风险的打击,可能出现密集的信贷违约,从而使银行系统遭受损失。第四,房地产。相较于其他资产,房地产投资的周期更长,自然灾害等自然环境风险暴露程度也更高。由于以上的资产价格波动,会直接冲击商业银行业、投资与资产管理业、保险业三类金融机构。极端环境的出现尤其自然灾害,将导致大规模赔付风险。

步骤三,从微观经济到宏观经济。当上述风险逐级放大和蔓延时,一方面,通过微观经济层面,一部分环境风险已转化为常见的实体经济和金融市场风险。当这两类风险膨胀、扩散至一定程度,就可能会触发系统性风险。另一方面,环境风险又具有特殊性。在宏观经济层面,环境风险还从如下角度形成了特有的系统性风险:首先,由于大量自然资源属于公共品,其使用成本具有外部性,因此,定价长期低于合理水平。但随着资源稀缺性不断上升,这一非合理的定价难以维系,将在某个时点被修正。一旦基础的资源价格被重置,经济体系中下游的一系列商品、服务和资产的价格和供求都将被迫调整,从而产生全局性、系统性风险。例如,如果我国提高燃煤发电行业的用水成本,全球各主要煤炭出口国都将蒙受巨大损失。其次,通过贸易和物流,全球供应链将各国经济紧密联系在了一起,这也使得环境风险的全球传导更为迅速而广泛。一国经济稳定不仅受当地自然资本影响,也受全球其他区域自然环境的作用。例如,2011年埃及爆发的社会动乱就与全球气候突变有关。在埃及,约38%的居民收入用于购买食物。2010年,因气候灾害,俄罗斯、乌克兰、加拿大、澳大利亚和中国小麦全面减产,全球小麦价格在2010—2011年上升了一倍。作为最大的小麦进口国,埃及不堪重负,最终引发社会动荡。最后,对资源依赖型经济体,一旦自然资本出现严重衰竭,就会触发资本大量流出,从而损害该经济体的收入、增长与稳定。从短期看,自然资本的衰竭主要由各类自然灾害导致;从长期看,人口增长和人均资源消耗增加则是主因。此外,如果该经济体仅依赖于少数几种资源,或仅依赖于不可再生资源,那么环境风险更容易触发资本流出。

第三节 绿色金融风险的经济效应分析

一、讨论绿色金融风险经济效应的角度

(一)"成本-收益"角度

绿色金融风险就其一般性作用而言,可能会给经济主体带来直接或间接的经济损失。其中,直接损失如绿色债券违约、绿色基金净值下降而导致亏损等,其经济后果对于经济主体而言具有直接性;间接损失如银行因其贷款企业违约率高,存在严重信用风险,使潜在存款人对银行信任程度降低,从而导致银行资金来源减少、业务萎缩等,这类损失往往基于一定预期效应,并非某项经济活动的直接作用结果,但在长期中同样会对经济主体产

生较大负面影响。同时,绿色金融风险也影响着预期收益。由于投资者一般为风险厌恶型,金融风险越大,相应的风险补偿也即风险溢价就越大,因而投资者预期收益也越大。对于绿色企业或金融机构而言,若风险未被合理地评估和管控,这将意味着投融资有过高的成本。

因此,对绿色金融风险的有效识别及合理管理的收益主要在于降低不良后果的发生概率,增加经济活动收益的稳定性,一方面能减少直接发生的损失,另一方面也有助于吸引更多资金投入并建立合适的预期。相应地,绿色金融风险管理的成本在于额外的信息搜寻、风险评估、持续跟踪管理等所需投入的人力、物力和时间等。风险管理的精细化程度越高,所需投入的边际成本也越高,而其规避潜在风险带来的边际收益则递减。需权衡两者来确定具体风险管理的水平。

由于绿色金融风险的特殊性,其强外部性特征使得风险管理还具有较大社会意义。环境资源是公共品,全社会都能从良好的环境质量中受益,但带有环境特性的金融产品具有无法被直接衡量的外部效益。一方面,通过绿色金融风险的管理本身能够控制所投资项目对环境造成的负面影响;另一方面,具有较好风险管理的绿色金融项目能够吸引更多资金投入低碳环保产业发展,增加绿色产品的供给,具有带动其他行业乃至整个经济社会向绿色发展转型的巨大能量,从而持续改善环境质量,提升生态系统质量和稳定性,构建生态文明体系,实现整体社会福利的增进。

(二)"公平-效率"角度

绿色金融风险还可以从管理风险角度理解。从效率角度而言,绿色金融风险管理通过提高收益的可预期性,发挥金融的资源配置作用,有效引导金融资源更多地从传统产业流向新兴、绿色产业,化解产能过剩,促进产业结构优化,从而推动经济增长模式的转变,减少当前及未来发展所面临的资源环境约束。传统产业如钢铁、煤炭、电力、水泥、石化等事实上已过其高速增长期,由于对技术要素等的依赖以及成长的放缓,部分行业对经济的贡献度逐渐下降,同时由于缺少环境安全的考虑,这些行业对环境的负面影响逐渐显现,有些行业则成为产能严重过剩行业。然而,传统产业相对成熟,信息不对称程度较低,私人与社会收益相对一致,且短期收益与风险相匹配,若对绿色金融风险没有较好的评估和管理,就易于使得已经过剩的传统产业继续获得金融资源的支持,严重影响经济运行效率,即便将资金投入绿色领域,也会因预期风险与实际风险的不一致造成未预见的损失,同样不利于资源配置效率增进。

从我国当前情况来看,要实现治理环境污染的目标和在2030年或之前碳排放达峰的国际承诺,预计每年需要3万亿~4万亿元人民币的绿色投资。但财政资金预计只能覆盖绿色投资的15%左右,剩余缺口即需要社会资金来补充。当风险管理不到位、项目存在较大不确定性时,社会资本往往会给未来的项目收益很高的折现率,银行和其他投资者也往往会对投资收益要求很高的风险溢价,因此会导致绿色产业融资贵、融资难的问题。只有实现了有效的风险管理、确定了水平合适的风险溢价,才能在为金融机构自身降低经营风险的同时拓宽绿色产业的融资渠道,在寻求可持续发展的目标下,对绿色环保产业予以大力支持或对传统产业进行绿色改造,真正实现能源消耗的减少和资源的有效利用,提升经济效率。

从公平角度而言,将绿色金融风险纳入项目的评估考量中相当于为环境公共物品进行定价,一定程度上将隐性的环境外部性收益显性化,对创造正外部性的行为予以价格上的补偿。由于环境效益一般难以直接体现在经济利益中,具有绿色发展理念的企业可能处于竞争劣势。经济主体注重采取环保措施,如在原材料选择上对供应商进行绿色资质要求、在生产加工过程中进行污染排放处理及通过研发投入发展环境友好型技术和工艺等,必然意味着承担更高成本,但对利润没有直接的增加效果。对此,有效的绿色金融风险管理将能够保持其较低的风险水平,并相应地降低融资中的风险溢价,使绿色企业对环境的贡献通过享受更低融资成本反映出来。同理,对环境效益不作考量的高污染、高能耗企业将面临高昂的融资成本,限制其发展和扩张。这种区分增加了经济收益分配在自然资源使用上的公平性。

二、绿色金融风险的经济效应分析

我们知道,绿色金融风险的产生是投资绿色资产、绿色项目自身的不确定性造成的,这些都是基于大众环境需求的升级。随着社会和人们对生态产品需求的提升,与传统产品和服务一样,只有准确识别和认可生态产品的价值和价格,才能使得生态产品价值的实现在人们的需求和交换中得到真正的体现。而人们的需求是分层次的,如对雾霾、黑臭水体等环境污染的解决是满足人们对清洁空气和干净水的基本需求。新时代要求对生产方式和生活方式进行绿色变革,对生产产品、居住环境的品质提出更高要求。绿色金融风险的识别和防范事实上就是识别实物产品中的生态价值,也包含依附在实物产品上的生态服务价值释放的可能性。只有科学评价和认清风险,才能精确识别自然生态价值的实现形式,以及与有效需求之间的价值和价格,才能有助于更加科学、更加合理地推进生态文明建设。这便是通过风险管理将生态优势转化为经济优势的内涵。

(一)微观层面:风险带来直接损失

绿色金融风险不仅可能会给经济主体带来直接或间接的经济损失,还会影响投资者的预期收益。绿色金融风险同时增大了交易成本。从信息成本角度,资金融通的不确定性使得对许多绿色金融资产都难以正确估价,不利于交易活动的顺利进行。一方面,绿色金融风险的存在会给银行等金融机构的业务和投资者带来不利影响,从而有可能加大企业融资的难度,进而增加交易成本;另一方面,绿色金融风险的存在既增加了经济主体收集和整理信息的工作量和难度,也增大了预测工作的成本、难度以及经济主体的决策风险。从考核成本角度,绿色投资不是短暂的决策,而是一项长期战略。绿色投资的整个周期充满着的变数,它不仅需要前期的评估、中期的监督,更需要后期的评价,这些变数进一步提高了交易成本。

(二)中观层面:风险加速产业更替

绿色金融风险可能会降低部门生产率和资金利用率,造成产业结构不合理,社会生产力水平下降。绿色投资往往具有非流动性和长期性,绿色金融风险的存在使得金融市场普遍偏好流动的短期资产;另一方面,绿色项目、技术相对较新且未经验证,一般被认为更"危险",其收益难以被正确地认识,生产部门和金融部门往往选择更为保守的道路。在生产经营中,只有当各种生产要素的边际生产率相同时,资源配置才会达到最优。然而,由于金融风险的存在,过多资源流向信息充分、风险较低的传统行业或部门,边际生产率接近甚至低于要素价格;而绿色领域的新兴行业或部门以及绿色技术革新由于缺乏足够的资本配置而无法获得充分发展,更无从获得生产正外部性的补偿,从而很可能阻碍落后产业退出、节能环保产业兴起等产业更替与转型的进程,导致产业结构无法与经济高质量发展相适应。

(三) 宏观层面:风险导致系统危机

绿色金融风险可能会引起一国经济增长和有效投资水平的下降。一般而言,由于金融风险的破坏性较大,为降低投资风险,经济主体不得不选择风险较低的技术组合,降低产业更新的速度;而涉及技术改造、创新等绿色转型项目或企业的未来收益不确定性往往较大,也存在识别困难问题,投资者由于担心不能获得足够的风险补偿而不愿投资相关项目或企业,这使得社会有效投资水平下降,一些绿色转型的经济活动因缺乏资金支持而搁浅。例如,目前绿色金融的界定标准是参考各种绿色产业目录,而这些目录中包括的项目多数为保障"纯绿"的项目,不少可以在一定程度上减污降碳但还达不到纯绿要求的项目尚未被纳入。另外,目前绿色金融的支持对象主要是项目,而非行业或企业。对许多高碳企业来说,即使它们有可行的低碳转型方案,也很难获得绿色金融的全面支持。由此,使原本可以成功转型的许多高碳企业被迫倒闭和成为搁浅与不良资产,人为导致经济萎缩、失业和金融风险。这将对经济平稳运行和低碳转型造成不利影响。此外,绿色金融风险导致的绿色投资不足可能使得经济活动的环境影响更大,而环境恶化,如极端气候频率增加,将对经济金融带来系统性风险,使整个社会生产力遭受重创和破坏。

绿色金融风险可能对宏观经济政策的制定和实施产生影响。绿色金融风险的存在既会增加宏观经济政策制定的难度,也会削弱宏观经济政策的实施效果。从政策制定的角度来看,绿色金融风险会经常导致市场环境的变动,从而使得政府难以及时、准确掌握绿色领域总供给和总需求的状况并及时作出决策;从政策传导和实施的角度来看,绿色金融风险既会使传导机制中某些重要环节(如利率、信贷规模等)出现非预期障碍,还常常使政策实施的作用滞后,从而导致经济政策的实施效果偏离于政策的制定目标。以利率为例,绿色投资对利率敏感度很高,而从政策性基准利率到市场利率的传导过程因绿色金融市场形势而不同,使得一定货币政策难以促使绿色投资规模达到预期水平。

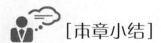

[本章小结]

本章从金融风险的理论依据出发,主要介绍了包括不对称信息理论、委托-代理理论、金融机构不稳定性理论等常见的金融风险理论内容。基于传统金融理论及绿色金融具体实践,结合绿色金融风险的强外部性与强传递性特征,提出了构建绿色金融风险理论的若干视角。结合现实案例,我们将绿色金融风险来源总结为自然环境风险、社会经济转型风险、宏观与微观政策风险和企业微观操作风险,其通过引发实体经济中企业的收益波动、金融市场中标的的价格波动,构成绿色金融风险,最终给各经济主体带来相应经济结果。对于绿色金融风险的经济效应,通过分析绿色金融风险的管理价值,从"成本-收益"和"效率-公平"两个维度评估其经济效应。

[习题与思考]

1. 请简述绿色金融风险的理论依据和主要内容。
2. 绿色金融风险的来源有哪些?
3. 请阐释绿色金融风险传递的机制。

[参考文献]

程实.绿色金融新视角下的系统性风险[N].中国证券报,2016-07-04.

何茜.绿色金融的起源、发展和全球实践[J].西南大学学报(社会科学版),2021(1):83-94.

金佳宇,韩立岩.国际绿色债券的发展趋势与风险特征[J].国际金融研究,2016(11):36-44.

李政,梁琪,方意.中国金融部门间系统性风险溢出的监测预警研究——基于下行和上行 $\Delta CoES$ 指标的实现与优化[J].金融研究,2019(2):40-58.

饶淑玲.绿色金融的气候风险管理[J].中国金融,2020(9):68-69.

陶黎,孟庆军,唐勇军.基于网络分析法的银行绿色金融业务风险及对策分析[J].金融与经济,2017(5):14-19.

王建发.我国绿色金融发展现状与体系构建—基于可持续发展背景[J].技术经济与管理研究,2020(5):76-81.

杨培祥,马艳,刘诚洁.发展绿色金融与叠加风险防范的研究[J].福建论坛(人文社会科学版),2018(5):17-25.

张金清.金融风险管理[M].复旦大学出版社,2011.

张宇,钱水土.绿色金融创新及其风险防范问题研究—基于浙江省绿色金融改革创新试验区的思考[J].浙江金融.2018(4):24-30+11.

Akerlof G. The Market for "Lemons": Quality Uncertainty and the Market Mechanism[J]. *Quarterly Journal of Economics*, 1970, 84: 488-500.

Dornbusch R. Expectations and Exchange Rate Dynamics[J]. *Journal of Political Economy*, 1976, 84(6): 1161-1176.

Fama E. Efficient Capital Markets: A Review of Theory and Empirical Work[J]. *Journal of Finance*, 1970, 25(2): 383-417.

Kahneman D, Tversky A. Prospect Theory: An Analysis of Decision under Risk[J]. *Econometrica*, 1979, 47(2): 263-292.

Kaminsky G, Reinhart C. The Twin Crises: The Causes of Banking and Balance-of-Payments Problems[J]. *American Economic Review*, 1999, 89(3): 473-500.

Kindleberger C, Aliber R. *Manias, Panics, and Crashes: A History of Financial Crises*[M]. Wiley-Blackwell, 2005.

Shiller R. Market Volatility and Investor Behavior[J]. *American Economic Review*, 1990, 80(2): 58-62.

Stern N. *Stern Review on the Economics of Climate Change*[M]. Cambridge University Press, 2007.

Stiglitz J, Weiss A. Credit Rationing in Markets with Imperfect Information[J]. *American Economic Review*, 1981, 71(3): 393-410.

Wilson J, Jones C. An Analysis of the S&P 500 Index and Cowles's Extensions: Price Indexes and Stock Returns, 1870—1999[J]. *Journal of Business*, 2002, 75(3): 505-533.

第三章 绿色金融风险的分类、现实场景与识别

[学习要求]

- 通过本章学习,了解绿色金融风险的常见类型
- 结合现实生活案例,熟悉绿色金融风险表现的现实场景
- 熟悉绿色金融风险识别的常见方法

[本章导读]

通过前面两章的学习,我们对绿色金融风险的来源、特征和理论框架有了基本的认识,那现实生活中,这些风险是如何表现的?分类是哪些?有哪些现实场景?这些值得我们进一步研究。近年来,随着绿色发展理念的深入人心,特别是"碳达峰碳中和"目标的提出,激发了金融市场对于绿色发展领域的热情,绿色金融应用场景的不断变化,创新出了许多不同金融产品,比如绿色债券、绿色信托、绿色基金等为绿色产业和绿色项目提供融资服务,绿色信贷、能效信贷、合同能源管理等为绿色节能项目提供专项融资等。这些不同的应用场景,使得相应的绿色金融风险也表现出了不同的特点,本章对常见的绿色金融风险类型、应用场景表现等进行了分析,并详细介绍了识别绿色金融风险的方法。通过本章的学习,希望读者能对绿色金融风险的分类与场景表现有一定的感性认知,并熟悉识别绿色金融风险的不同方法。

第一节 绿色金融风险的分类

一、绿色金融风险的分类基础

在第一章中,我们初步介绍了金融风险的分类标准,如按照能否分散分为系统风险和非系统风险;按照会计标准分为会计风险和经济风险;按照驱动因素,可将金融风险分为经济风险、信用风险、操作风险、流动性风险。其中,系统风险是指由于多种因素的影响和变化,导致投资者风险增大,从而给投资者带来损失的可能性,按照引发系统性风险的影响因素还可以进一步分类为宏观经济风险、购买力风险、利率风险、汇率风险、市场风险。

金融产品的核心就是风险,金融产品的溢价也是依据自己蕴含的风险而定的。这里

风险指的是系统性的风险。所有类型的风险都包含两种组成部分：系统性风险和个体性风险。个体性风险也可以称为可分散风险，因为个体性风险可以通过分散的方式来减少；系统性风险指的是作为所有个体的整体所呈现出的风险。我们可以通过分散的方式来降低风险，可是这种降低会有一个最终的限度。这个限度，或者说最终的风险值就是不可避免的系统性风险。在金融世界里我们只能通过溢价的方式来补偿这种风险。而在近半个世纪里，金融世界都是在围绕着如何为风险定价上。我们基于对这些金融风险类型的认知，作为理解绿色金融风险分类的基础。

二、绿色金融风险的分类

对于绿色金融风险的分类，学术界近年已进行了大量的研究。基于此，并结合绿色金融活动主要面对改善自然环境、节能减碳领域的特征，我们结合实际案例将绿色金融风险分为绿色金融市场风险、绿色金融信用风险、绿色金融政策风险、绿色金融操作风险、绿色金融项目风险等五类，下面对此逐一介绍。

（一）绿色金融的市场风险

绿色金融的市场风险，是近年来最常见的风险类型，主要是指由于绿色产业标准不清晰，导致的"漂绿""伪绿"行为，发生了诸如新能源车"骗补"等事件，导致金融市场混乱。根据近年市场曝光的案例，我们总结该市场的风险主要源于以下几个方面：一是假绿色之名融资，但实际资金并未投到绿色项目或绿色单元；二是人为制造项目自然灾害，骗取保险赔偿；三是虚构财务数据，将非绿色业务的利润归结为绿色业务，误导投资者。这种"洗绿"行为不仅会导致金融机构以及投资人承受巨额损失，还会触发劣币驱逐良币的效应，严重戳伤绿色金融市场。除此之外，气候灾害事件对宏观金融市场的冲击也十分显著，如地震、洪水、飓风等环境事件冲击造成市场预期不稳，导致高度依赖上游自然资源的产业无法维持，进一步引发银行、基金的坏账，放大货币利率风险和资产估值风险、碳价波动风险。

（二）绿色金融的信用风险

绿色金融风险中的信用风险，常常又被称作违约风险，这种风险的情况与传统金融风险表现极为类似，一般是指由接受绿色资金的企业不能按时向投资者支付本息、损害投资者引致。在这之中又有客观与主观的分别，前者如外部冲击使企业难以偿付绿色信贷、绿色债券等金融产品引发的风险，后者如企业履行绿色规范的意愿以及自愿节能减排能力较低引发的风险，还有凭空捏造绿色项目及相关支撑材料，以从银行骗取信贷资金；或"以小（单个的微绿色项目）博大（整个企业变成绿色企业）"，又或"化整为零（将一个绿色项目分解成若干个小项目）"，多渠道获取银行信贷与发债资金。如2016年中国工商银行针对水泥、钢铁、火电等高污染、高耗能企业贷款进行压力测试，结果表明环保标准的提高会增加上述行业企业贷款等违约率和信用风险，进而提高银行呆坏账比例。

积极发展绿色金融和绿色投资业务能够帮助金融机构和企业获得良好的社会声誉，从而有利于获取更多优质资源，反之，若其发生违规行为则会引发声誉风险，而这种声誉将会进一步影响企业信用。目前大多数金融机构还未建立完整的绿色信贷管理体系。放贷过程中，流程风险监控较为薄弱，缺乏风险共担机制。绿色金融投向多为资金投入大、投资周期长、收益见效慢的绿色产业，除财政补贴外，更加依赖信贷资金，但这类产业融资存在监测空白,商业银行绿色信贷方面的法律规章、内部控制规则也有待完善。因此,对于企业来说,在绿色融资和投资过程中,如果发生违规骗取国家绿色发展资金、环境污染事故、环保部门处罚等情况,则会导致投资者预期与实际情况不一致,从而引发投资者对企业的信任危机以及绿色资金中途突然撤出而导致项目瘫痪的风险。对于商业银行等金融机构而言,在开展绿色金融业务过程中,若出现违规发放绿色信贷违约、关联交易等违规行为,也会严重损害其金融机构的合规能力声誉,从而对其他业务经营和银行整体盈利水平形成负面影响。

(三)绿色金融的政策风险

在绿色金融发展初期,为促进绿色金融活动的发展,政府往往会制定税收返还、财政补贴、贷款贴息等优惠性政策,但在政策落实中,由于对绿色金融涉及的业务处于摸索阶段,政策制定方和需求方存在信息不对称,没有从绿色金融项目发展的一个阶段甚至一个项目周期的整体效果来考核,加之政府的硬指标考核,很容易陷入"骗补"的圈套。特别是随着市场规模的扩大,可能会吸引一批投机者打着"绿色"旗号骗补,无论是此前的光伏还是新能源汽车领域,这种滥用政策红利的现象屡禁不止。在政策约束不完善、监管制度未跟上的产业发展初期,有效监管不足导致的"钻空子"行为,进一步放大了绿色金融政策的风险。

当绿色金融政策逐渐成熟后,涉及的配套宏观政策会随之发生较大变动,绿色金融涉及的能源产业、制造业产业、交通结构等都会发生较大调整,这类涉及产业结构的转型政策出台后,极易引起金融市场的波动,由于我国的绿色金融业务开展很大程度上由政策主导,因而政策的变动以及其本身的质量都很容易影响市场主体的预期,成为绿色金融风险的源头。这一类风险的存在能够体现出绿色金融风险的独特性所在。绿色信贷致使的重污染企业债务成本显著上升等。再如提出"碳达峰碳中和"目标后,对于"高耗能高排放"企业扩大生产经营产生更大限制,据估算未来碳价上升十倍,部分保险公司和资产管理公司所持有的高碳行业股票价格有可能下跌80%,这会对金融机构投资决策造成很大影响。

(四)绿色金融的操作风险

根据《巴塞尔协议》的规定,操作风险是因内部流程、人员和系统不足及故障或外部事件造成损失的风险,表现形式包括内部欺诈(internal fraud)、外部欺诈(external fraud)、就业实践和工作场所安全、客户产品和商业实践、物理资产损坏、业务中断和系统故障、执行交付和过程管理。绿色金融风险中的操作风险,一方面是源于绿色业务或绿色金融业务开展中流程或人员的风险,不同操作人员对于节能低碳、生态环保类业务的不熟悉,导致在对资产估值测算、资产交易、融资放贷中操作误判,这类风险往往较为分散但涉及面较广,其中涉及操纵市场和内幕交易等情形,造成金融资产严重损失;而客观操作风险较为偶发,如人员操作失误或系统故障,造成项目搁浅或投资滞后。另一方面,随着金融科技的发展,绿色金融活动中也会引入科技手段,在使用这些科技手段的时候,可能因技术的不当应用和技术自身的负面效果导致金融科技偏离其预设目标而导致风险。算法在实现自动化时,也因为数据处理的规则和流程的封装性,使得透明度缺失,影响市场主体的知情权。又如绿色资产相关大数据征信,由于数据质量的偏差以及算法设计的缺陷,可能生成带有歧视或错误的信用评定结论;绿色金融量化交易中,由于算法是在纯粹技术理性的基础上设计的金融行为方案,若算法运行中其他相关因素考虑不周全,有可能造成因错误信息、偶发事件或其他原因,导致自动触发错误的交易行为,并进一步引发市场风险。数据高速实时处理也同样是双刃剑,带来实时风险,导致了金融风险能够跨行业、跨地域地迅速传导,造成多米诺骨牌效应。

(五) 绿色金融的项目风险

绿色金融风险中的项目风险,是指在绿色项目从申请到完成过程中所有可能发生的风险,这种风险主要来源于项目本身质地的问题。参与绿色金融业务的所有企业和金融机构都会面临这类风险的影响,因而,这是绿色金融风险最独特亦是相对主要的存在形式。由于绿色项目往往涉及新技术、周期较长、需要大量资金投入,因而牵涉到较高的风险,包括绿色项目能否获批的风险、项目进行研发的风险、项目能否按期投产或进行转型的风险、项目背后的碳排放权以及其他碳金融产品的核证风险等。

必须指出的是,市场风险往往能和信用风险相互转换和叠加,比如绿色债券的利率异常升高会导致企业履约能力下降,企业违约又容易造成投资者的资产受损和估值下降等。此外,环境事件作为外生冲击能够直接引发这两类风险。而另一层面,社会因素的冲击主要引发政策风险和操作风险,这两类风险又可作为基础性风险和传导机制,最终导致前两类风险。而上述四类风险的形成都可能进一步引发项目风险,项目风险的产生也很可能带来市场风险和信用风险。图 3-1 展示了各类绿色金融风险之间呈现出复杂的转化和叠加关系。

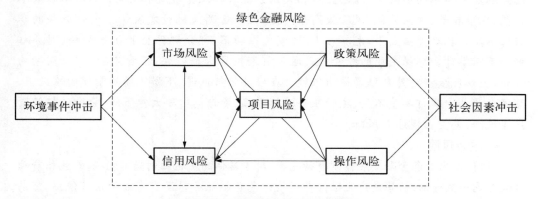

图 3-1 绿色金融风险的相互关系

基于上述绿色金融风险的常见分类,我们收集整理了一些绿色金融风险案例,便于读者更直观地感受这些风险表现(见专栏 3-1)。

专栏 3-1

聚焦绿色金融风险案例

1. 信用风险:金融机构的信用冲击

信用风险是金融机构在开展绿色金融业务过程中面临的主要风险。以浙江省绿色金融改革创新试验区实践为例,其支持的企业大多为中小微企业,缺乏较好的风险控制与防范能力,一旦项目运作失败,很有可能使得企业陷入破产困境,从而引发信用风险。目前大多数绿色金融创新集中在地方中小银行和金融机构(如湖州银行、安吉农商银行、柯城农商行等),与大型国有银行相比,这些中小金融机构因其资金规模小、项目识别能力有限、抗风险能力差,易造成信用风险发生对中小金融机构稳定经营带来更大冲击。

2. 市场风险:项目企业的道德风险

在绿色金融市场中,资金供给方主要是商业银行等金融机构,资金需求方主要为小微企业。一方面,在政府大力倡导绿色经济的背景下,往往出现"洗绿"行为,即一些非绿色企业通过凭空捏造绿色项目相关材料、虚构财务报表、以小博大(以单个绿色项目为掩护为企业整体贴上绿色标签)、化整为零(强制将单个绿色项目化为多个小项目)以及隐瞒环境污染和环保处罚信息等手段误导政府和金融部门的决策行为,套取国家绿色发展资金,从而引发绿色融资市场中的劣币驱逐良币现象。

另一方面,在成功获得绿色资金后,由于缺乏严格的监管机制,以及各企业信息披露程度的数据质量不高、标准化程度低,大部分企业绿色信息披露维度宽泛、多为定性描述,非财务信息量化指标较少的问题,则会出现企业将绿色资金投入非绿色项目的可能性,或者在购买绿色保险产品后人为制造环境污染事故,骗取保险赔偿,从而引发道德风险。

3. 项目风险

项目质地问题极易导致资金错配风险。商业银行的绿色金融正处于发展初期,绿色金融发展体系尚不成熟,绿色金融相关业务带来的投资回报率较低。面对融资成本较高、期限较长、收益较低、风险较高等问题,大多数商业银行发展绿色金融业务的积极性不高。在环保热潮下,尤其在 PPP 模式推动下,部分环保企业扩张加快、财务杠杆率不断攀升。环保企业的经营模式通常前期投资金额较大,投资周期、回收周期均较长,企业现金流对外部融资较为依赖。在经济运行低迷、下游市场不景气的情况下,环保企业易出现订单量不足、主营业务持续亏损、资产周转率大幅下降、资金链持续紧张等风险,甚至出现违约风险。

4. 政策风险

目前,国内绿色金融发展体制有待完善,对于具体的实施细则尚不明确,绿色信贷项目缺乏统一执行细则,导致商业银行在发展绿色金融业务时没有有效的法律依据,容易带来业务合规性风险,大大降低商业银行发展绿色金融的主动性。另外,我国绿色金融方面的法律法规缺乏可行性和强制性,权责归属尚不明确,导致监管机制失效,监督行动执行力差。由于近年鼓励绿色金融政策突出普惠性功能,部分中小企业故意隐瞒对自己不利的财务信息、市场信息等,以便获得贷款来扩大生产规模;甚至改变贷款用途或转移利润,用破产、合资等方式逃避银行债务,最终使商业银行产生大量不良贷款。

第二节 绿色金融风险的现实场景

与一般性金融工具需要服务于实体经济类似,绿色金融的作用主要是引导资金流向节约资源和生态保护产业,引导企业生产注重绿色环保,引导消费者形成绿色消费理念。

第三章　绿色金融风险的分类、现实场景与识别

目前,以信贷、保险、证券、产业基金等金融工具为手段,以促进节能减排和经济资源环境协调发展为目的绿色金融,已经成为各地推动经济发展的重要场景。下面,本节介绍几类常见的绿色金融风险的表现场景。

一、绿色债券

(一)绿色债券的内涵

绿色债券一般指将所得资金专门用于资助符合规定条件的绿色项目或为这些项目进行再融资的债券工具,通过监管、税收优惠和信用增级等鼓励资本流向绿色项目。绿色债券起源于21世纪初,随着世界范围内投资人对气候变化和环境问题的持续关注,国际债券市场上逐渐兴起的债券品种。欧洲投资银行(EIB)早在2007年就已发行了首只绿色债券,但绿色债券长期以来在法律和商业上未形成世界共识的规定。2014年,全球发行的绿色债券已达360亿美元。世界银行、国际金融公司、亚洲开发银行、欧洲投资银行均是绿色债券重要的发行主体;2015年,我国金风科技在境外成功发行3亿美元绿色债券,成为中资企业的首单绿色债券;2015年10月,中国农业银行在伦敦证券交易所发行了首单绿色债券,开启了中资金融机构在境外发行绿色债券的先河。国际资本市场协会(ICMA)提出发行绿色债券的GBP标准,对债券收益的使用、报告和独立第三方证明等方面进行了规范。近年来,我国绿色债券市场持续壮大,市场规模快速发展。Wind数据统计显示,2022年上半年,中国境内发行贴标绿色债券及绿色资产支持证券256只,规模4 006.36亿元,同比增长64%,存续规模1.42万亿元,位居全球前列。在已经披露具体资金投向的绿色债券中,有近半数债券投向清洁能源、清洁交通和污染防治领域。债券发行人所处行业以建筑与工程、电力、交通基础设施为多数。

(二)绿色债券的风险

绿色债券操作中最大的风险,来自标准不统一的风险。目前我国已经形成了包括绿色金融债、绿色债务融资工具、绿色公司债等4套不同的绿色债券标准,但在适用对象、项目范围、精细程度、信息披露要求上存在差异。在国际上,绿色标准之间的差异也同样存在。目前我国绿色金融标准体系与国际主流标准存在较大差异,绿色项目认定口径、产品设计、信息披露和风险管理要求不尽相同,这导致我国部分绿色债券难以获得国际投资者认可。因此,由于绿色债券标准不统一造成的项目投融资风险尤为突出。2022年8月,绿色债券标准委员会发布了最新的《中国绿色债券原则》,新标准内容与国际标准趋同,有助于促进中国绿色债券市场对外开放。其既要求境内发行人绿色项目符合《绿色债券支持项目目录》等标准,也认可境外发行人在中国境内发行绿债时依据中欧《可持续金融共同分类目录》等国际分类标准。这些新规有助于推动国内绿债市场与国际通行标准接轨,促进我国绿色金融市场对外开放,为全球投资者共同参与中国低碳绿色发展创造了良好条件。

绿色债券另外一类投资风险是指绿色债券投资者在投资过程中可能遭受本金或收益损失的风险,其最为重要的表现便是其信用风险。信用风险与其他投资风险密切相关,是投资风险中最为关键的风险。其他投资风险都会或多或少地影响信用风险的大小,因此应当格外重视绿色债券的信用风险。绿色债券的信用风险,又叫违约风险,是发行人因为

自身经营状况等种种原因无法按约偿付绿色债券本金和利息而使投资者无法得到应得权益的风险。信用风险增加了绿色债券违约的可能,违约将使投资者蒙受经济损失。绿色债券的信用风险来源于发债主体、债项自身和绿色管理三个方面,涉及范围广。发债主体的经营状况、管理水平、外部环境及绿色项目进展情况等因素都会对信用风险大小产生影响。绿色债券"绿色"的特点决定了其投资风险种类比一般债券要多,除了一般债券具有的信用风险、流动性风险、利率风险外,还有独特的项目风险和环境风险。

我国先后出台了多部政策支持绿色债券的发展。2015年发布的《中国绿色债券项目支持目录(2015年版)》,奠定了我国绿色债券市场发展的基础。此后国家相关部门相继颁布了《绿色债券发行指引》《绿色债券评估认证行为指引(暂行)》,进一步明确了绿色债券的适用范围、支持重点、审核要求和认证评估机制。2020年,我国对现有目录进行修订,由中国人民银行等部委联合发布了《绿色债券支持项目目录(2020年版)(征求意见稿)》,使目录更加完善,便于对绿色项目的准确界定。绿色债券发行风险归为绿色金融中信用风险、项目风险和政策风险的结合。一般而言,绿色债券的发行主体信用级别较高,且信息披露和认证要求严格于普通债券,风险较小。我国绝大多数绿色债券信用状况良好,过往债券履约、信息披露情况均无异常,绿色债券的环境风险很小,但是2019年我国绿色债券市场就出现了南京建工产业集团有限公司两只私募债实质性违约,还有两只绿色债券发行主体信用评级下调的情况以及担保人代偿情况发生。可见,目前我国绿色债券难免发生违约现象,面临的信用风险仍然比较大,绿色债券信用风险的防范势在必行。只有针对我国绿色债券信用风险的成因及来源,结合我国绿色债券发展尚未解决的问题,采取一系列有效的信用风险防范措施,尽可能规避信用风险,才能使绿色债券真正发挥作用,使政策落到实处。这不仅有利于维护环境投资者的利益,还有利于今后我国绿色债券健康繁荣发展,对我国的可持续发展和经济社会的繁荣稳定有着十分重要的意义。

绿色债券在发行中,还会由于项目内容发生评级变化,而造成金融风险。2016—2017年,墨西哥城机场信托基金为建设新机场而发行了60亿美元的绿色债券,发行时该债券拥有良好的绿色资质,具有丰富ESG(环境、社会和公司治理)研究和评级经验的独立研究公司Sustainalytics(可持续发展研究所)也提供了第三方意见,标准普尔全球(S&P Global)和穆迪(Moody's)两家评级机构也同步开展了绿色评估,认为基本符合GBP规定,进而引发了热情投资者的超额认购。然而,2018年10月,新上任的总统认为其"浪费纳税人的钱",停止了机场项目的建设,使债券持有者陷入不知资金去向的境地。最终,发行人提出回购债券,但因资金不足仅回购了18亿美元,不到市场上债券的三分之二,剩余的债券则被转移到一个并无绿色资质的新项目中,Moody's为此将该债券的评级从G5(最高级别)降至GB1(最低级别),而S&P撤销了它的绿色评估报告,许多投资者因此受损,也违背了自身的绿色投资原则。

二、绿色信贷

(一)绿色信贷的内涵

所谓绿色信贷是指以商业银行为主的金融机构以国家相关环境经济政策和产业政策为依据,一方面对研发生产治污设施,从事生态保护与建设,开发利用新能源,从事循环经济生产、绿色制造和生态农业的项目或企业提供贷款扶持并实施优惠性的低利率;另一方面对污染生产和污染企业的新建项目投资贷款和流动资金贷款进行额度限制并实施惩罚性高利率的政策手段。金融机构通过支持环境友好型项目或企业以及限制污染项目或企业的绿色信贷操作完成信贷资金的绿色配置,从严格贷款审批、发放和监督管理等各个环节促进金融业与生态环境保护的协调并进。一般来说绿色信贷应该具有两项作用:其一,绿色信贷能帮助和促使企业降低能耗,节约资源,将生态环境要素纳入金融业的核算和决策之中,扭转企业污染环境、浪费资源的粗放经营模式,避免陷入先污染后治理、再污染再治理的恶性循环;其二,金融业密切关注环保产业、生态产业等"无眼前利益"产业的发展,注重人类的长远利益,以未来的良好生态经济效益和环境反哺金融业,促成金融与生态的良性循环。绿色信贷既包括以个人为对象的房屋节能改造贷款、新能源汽车购买贷款、绿色消费信用卡业务等,也包括以企业为对象的环保项目融资、节能建筑贷款、污染治理设备租赁等。由于债券体量较大、发行的交易成本较高,小规模主体可能倾向于选择绿色信贷。国际上,该融资形式需满足国际资本市场协会(ICMA)提出的绿色贷款原则(GLP),主要规定了贷款人应评估资金用途及其环境、社会效益与风险并对收益进行跟踪管理,以保持项目透明度。这即意味着银行等贷款机构需为其相关项目承担一定责任。我国 2007 年 7 月 12 日提出《关于落实环境保护政策法规防范信贷风险的意见》,标志着绿色信贷这一经济手段全面进入我国污染减排的主战场。我国绿色贷款保持高速增长,据中国人民银行公布的 2022 年二季度金融机构贷款投向统计报告,截至 2022 年二季度末,我国本外币绿色贷款余额 19.55 万亿元,同比增长 40.4%,比 2021 年年末高 7.4 个百分点,高于各项贷款增速 29.6 个百分点。其中,投向直接和间接碳减排效益项目的贷款分别为 8 万亿元和 4.93 万亿元,合计占绿色贷款的 66.2%。分用途看,基础设施绿色升级产业、清洁能源产业和节能环保产业贷款余额分别为 8.82 万亿元、5.04 万亿元和 2.63 万亿元,同比分别增长 32.2%、40.8%和 62.8%。对此,业内人士分析,绿色信贷增速不断加快,这反映出绿色信贷市场的需求巨大,市场主体均有迫切的绿色转型资金需求,而银行绿色信贷业务也逐渐成为信贷业务的重要增长点。

(二)绿色信贷的风险

商业银行的信贷风险是经济活动的风险在信贷领域的体现,是指因受到各种不确定性因素的影响,银行在信贷经营与管理过程中实际收益与预期收益目标发生背离,遭受信贷损失的一种可能性或概率的大小。绿色信贷风险的大小受到借款人的品格、经营能力、资本实力、抵押、经济环境等各种因素综合作用,如污染处理费用以及污染受害方的索赔行为对企业的整体经营成果和财务状况产生影响,进而增加借款企业的还贷压力,危及商业银行的贷款安全。

例如联合纤维系统有限公司(UFS)是一家在东南亚经营林业、纸浆和木片生产,以及建筑和房地产开发的上市公司,持有印度尼西亚公司 PT Kiani Kertas(基雅尼)股份。该公司计划建立一座大规模的现代化纸浆厂和配套基础设施。在技术上,现代化纸浆厂将更有竞争力也更为环保,其拥有能源和关键化学品方面的自给式基础设施,并设有较为先进的污水处理厂,因而获得了德意志银行和世界银行的绿色信贷支持。PT Kiani Kertas(基雅尼)纸浆厂计划以苏马林都林木种植园的树木为来源,每天采伐 525 吨以供应生产。

然而,该项目在实际开发过程中严重破坏了当地的生态环境,影响了当地居民的生存,且程度较为恶劣,非政府组织为此发起了反对运动并取得了胜利。德意志银行因此对 UFS 撤资,世界银行取消了 UFS 的申请。

另外,绿色信贷中还有操作风险。中国银行业监督管理委员会(简称"银监会")2007 年发布的《商业银行操作风险管理指引》中将操作风险界定为由于不完善或有问题的内部程序、员工和信息科技系统,以及外部事件所造成损失的风险,包括法律风险,但不包括策略风险和声誉风险。绿色信贷要求商业银行根据环保部门提供的信息,严格限制污染企业的贷款,及时调整信贷管理,同时将企业环保守法情况作为审批贷款的必备条件。但在绿色信贷的实际操作过程中,环境风险识别机制的缺失、绿色信贷风险管理人才的匮乏、污染企业的贿赂行为等都将产生较大的操作风险。例如上例中另一份针对 UFS 持有的南加里曼丹纸浆厂项目的评估报告中,评估人员指出 UFS 对于种植园开发相关的环境信息的提供极为有限,且与其他现有的估计数据相异,比如其很可能低估了种植区域内已被破坏的土地面积以及遭受火灾的潜在风险,而这将使项目可能面临追加成本乃至暂停建设进而违约的可能性。同时,报告也指出这一项目将直接威胁近 700 平方千米的天然森林,并对周边约 6 万人口的社区产生负面影响,而 UFS 并未提供详细的环境管理方案及与周边居民的协商办法。

绿色信贷中还存在声誉风险,声誉是商业银行通过持续努力、长期信任建立起来的宝贵的无形资产,声誉的无形性致使声誉风险防范难度巨大、日常监测困难,且具有突发性、传播快、波及广等特点,商业银行通常将声誉风险看作对其经济价值的最大威胁。由于与环境污染型企业相关联,商业银行面临为所提供贷款的企业的环境污染行为承担声誉风险的可能性。随着政府和社会公众对环境问题的日益重视,环境友好型企业将有很大的发展潜力与空间,这同时将有利于提供绿色信贷的商业银行增加经营利润、提升品牌形象,进而赢得未来发展的竞争优势。

三、绿色保险

(一)绿色保险的内涵

绿色保险是指与环境风险管理有关的各种保险,是绿色金融体系的重要组成部分。其中,由保险公司对污染受害者进行赔偿的环境污染责任保险最具代表性,其重要功能是通过保险机制实现环境风险成本内部化,助力解决环境污染损害赔偿、环境承载力退化和生态保护问题,减少气候变化等环境问题对经济社会的冲击破坏。近年来,在相关政策的支持下,保险业在服务绿色发展方面进行了一系列初步探索。中国保险行业协会数据显示,2018—2020 年,保险业累计提供绿色保险保额达 45.03 万亿元,支付赔款 533.77 亿元。其中,2020 年绿色保险保额达 18.3 万亿元,同比增长 24.9%。

以环境污染责任险为代表的绿色保险起源于欧美工业化国家,美国早在 20 世纪 70 年代就推出了环境责任保险,迄今为止,主要发达国家的环境污染责任保险制度已经进入较为成熟阶段,并成为其通过社会化途径解决环境损害赔偿责任问题的主要方式之一。主要有两种模式:第一种是强制环境污染责任保险,如美国针对有毒物质和废弃物的处理企业可能引发的损害赔偿责任实行强制保险制度;美国规定工程的承包商、分包商和咨询设计者都需要投保相应的环境污染责任保险,才能取得工程合同等;瑞典依据《环境保护法》,要求从事相关活动的人或组织,应按照政府或政府指定机构制定的价目表按年度缴纳保险费等。第二种是自愿与强制相结合的环境责任险模式,即以自愿保险为主、强制保险为辅。一般情况下,由企业自主决定是否就环境污染责任投保,但法律规定必须投保的,则应依法投保。如英国法律要求被保险人投保的环境强制责任保险有油污损害责任保险和核反应堆事故责任保险等。

(二)绿色保险的风险

绿色保险的风险主要体现在政策风险。绿色保险的现实险种中,以保险公司对污染受害者进行赔偿的环境污染责任保险最具代表性(简称"环责险"),这类险种以企业发生污染事故对第三者造成的损害依法应承担的赔偿责任为标的的保险。有效运用这种保险工具,对于促使企业加强环境风险管理,减少污染事故发生,迅速应对污染事故,及时补偿、有效保护受害者权益方面,都可以产生积极的效果。简单来说,一旦企业因突发意外污染事故造成损失,可通过保险赔偿的方式将损失降到最低,有利于分担企业经营风险,并提高自身污染防治能力。2007年,环责险在我国启动试点,至今已有十余年,但企业参保情况始终不理想,有些地方保险公司的工作人员拿着政府的文件,逐家企业做工作,才让一些客户接受了环责险。更多的企业还是对突发性污染事故的发生抱有侥幸心理,一家企业的环保部门负责人道出了企业不愿投保环责险的另一个现实原因:"环责险保的是突发性污染事故造成的损失,而对企业来说,更多的污染是渐进式污染造成的。"但渐进式污染对环境的影响存在滞后性,如由于工业及生活废气的排放造成大气温室效应不会"立竿见影",然而渐进式污染并不在承保范围内。环责险作为绿色保险的品种之一,其实施的风险很大在于缺乏法律层面的有力支撑,尚未形成完整的法律体系;其次,保险公司存在承保范围狭窄、承保能力不足、经营成本高、风险评估和损失鉴定难度大等问题;再次,公众环保意识不足,企业缺乏投保动力,相关配套制度不够完善。

国外的绿色保险发展中,最大的风险来自项目风险信息无法量化。1976年,美国国会颁布《资源保护和回收法》(RCRA),主要针对危险废物的管理和处置进行规范,要求危险废物设施对其运行中产生的突发性和渐进性污染所造成的第三方人身伤害和财产损失负责。1980年,国会通过了另一项重要法案,《综合环境反应补偿与责任法》(又称"超级基金法"),以解决危险物质泄漏的治理及其费用负担。在《资源保护和回收法》(RCRA)实施初期,众多国内保险公司与外国再保险人联合向相关企业提供环境污染保险以使之满足财务保证要求,但该法案规定的承保范围使得准确的风险评估变得相当困难,从而承保人和再保险人事实上有较大的风险暴露。随着《综合环境反应补偿与责任法》(CERCLA)出台,其中两项规定使保险公司更加难以提供承保:其一,对因清理废物场所而造成的任何损害或人身伤害,责任方应履行严格责任;其二,即便相关方已采取了当时可行的最佳技术或程序,若未来出现新技术使得当时的处理显得不够妥当,法案允许进行事后追责,这相当于要求保险公司对未来才可能发现的责任进行承保。该法案还规定,当危险废物问题来源不明时,所有相关方(包括废物生产方、场所所有方、清理操作方和运输方)都需承担连带责任。但这一规定对保险公司无法操作,原因是,事前保险公司由于无从知道其他相关方是否符合操作规范,难以估计事故可能性和损失规模;事后当损害的产生与投保人完全无关,特别是其他潜在责任方已失去偿付能力或破产时,由于投保人负有连带责任,保险公司往往被视为"提款机",被法庭判决须偿付所有责任方的损失。下面我们通过案例来进行解读。

1980—1984年,保单索赔数目激增。仅1984年内,美国财产和灾害保险公司共赔付210亿美元,净损失接近40亿美元,成为自1906年地震以来保险业首次在相关业务中遭受净损失。在此期间内的两件轰动性污染事件无疑也进一步加深了保险公司的担忧:1984年印度博帕尔毒气泄漏事故中,农药厂氰化物泄漏造成了2.5万人直接死亡,55万人间接致死,另外有20多万人永久残废,居民的患癌率及儿童夭折率也因污染而长期高于其他城市;1976年意大利塞维索化学污染事故同样对环境及居民造成了剧烈且持久的危害。这些事故提示承保人,其在相关法案下所面临的赔付规模极有可能是难以估量的。此后,保险公司和再保险人大量退出环境污染责任险(EIL)市场,诸多污染处理企业因无从投保而难以满足法案的财务保证要求,一度被迫关停。

本案例中,较为突出的风险之一是政策和法律风险。政策变动和法律裁决的不确定性使得保险公司的承保范围实际上更大,往往超过其制定的费率水平所对应的条款内容。就政策或法案的规定而言,保险覆盖范围、责任形态和追究期限均对承保风险有重大影响,例如,保单期限若基于出险而非索赔,只要引起索赔的事件是发生在保险期间,即便索赔在十年或二十年后提出,保险人都应赔偿被保险人的损失等。就法律裁决而言,由于尺度存在不确定性,且环境事件的总体损失可能极高,绿色保险承保人也遭受较大风险。

此外,绿色保险中也存在操作风险和信用风险。由于不同行业、规模的企业环境污染程度或者潜在的环境风险不同,且企业对环境污染以及对群众身体健康的影响具有潜伏期和累积性,因此对这类风险的识别和量化难度大,责任认定困难,再加之初期业务量小,历史损失数据缺失,风险概率难以确定。另外,绿色保险也面临道德风险问题,即企业是否在投保后严格遵守环境保护等相关规范,可被归为信用风险。

四、碳金融

(一)碳金融的内涵

碳金融泛指所有服务于限制温室气体排放的金融活动,包括直接投融资、碳指标交易和银行贷款等。以碳指标交易为例,2005年,欧盟排放交易体系(EU-ETS)成立,以碳排放配额(EUAs)为主要标的物,采取总量交易的形式。配额总量由政府主管部门设定,确定纳入限排名单的企业通过按一定标准的免费分配或有偿的拍卖获得EUAs,而实际排放低于所得配额的企业可以在碳交易市场出售,超过则必须购买EUAs来实现减排任务,否则将面临严厉的惩罚。在2012年前,EU-ETS采取国家分配方案(NAP),即欧盟各成员国按照欧盟排放交易指令中确定的标准和原则,自行确定本国的碳排放权总额,以及向企业分配的具体方法,制定NAP并向EU-ETS管理委员会上报。但由于各成员国往往高估经济增长与产能扩张速度,提出过高的EUAs需求,而欧盟委员会对分配方案的审核也并不严格,总体上予以接受,故导致了EUAs大量富余。

随着全球碳交易的不断发展,碳交易市场参与主体不断增加,碳金融覆盖面不断增加。除直接参与交易的控排企业及机构外,商业银行、资产管理公司等金融机构开始增加围绕碳交易的支持服务。碳交易参与主体的丰富及金融服务手段的繁荣,促进了碳金融概念的扩容。发展至今,碳金融泛指服务于限制碳排放的所有金融活动,既包括狭义碳金融,也包括在碳市场之外为减碳控排行为提供融资和支持服务的所有金融活动;广义碳金融则主要通过为碳资产提供新的变现途径,进一步提升碳市场流动性并优化交易结构,并通过支持服务修正参与者的碳价预期管理,强化碳市场的价值发现功能。碳金融工具多种多样,根据对应市场及用途大致可分为运用于二级市场的交易工具、运用于融资市场的融资工具及运用于支持市场的支持工具,创新的交易工具包括碳期货、碳期权、碳远期、碳掉期。

当前我国区域及全国碳市场碳价波动较大,实际不利于碳市场提效作用发挥。区域碳市场方面的"潮汐现象"严重,各区域碳市场成交日期集中于履约期前后,各年度成交量最大的两个月占全年成交量比重多在50%以上,并导致区域碳价波动较大。全国碳市场在启动后也延续了这样的特征:2021年全国碳市场交易主要集中于三个时间段,分别为7月开市之初、9月末碳配额最终核定发放期及11月后临近履约期。交易量波动不利于碳价稳定,开市之初市场成交热情高涨,碳价在50元/吨以上,8、9月交易热情回落,碳价一度临近40元/吨上下,12月中旬集中交易再度跌至40元/吨以下,12月末履约压力增大,碳价飙至50元/吨以上。

(二)碳金融风险

碳金融活动中的风险主要表现为市场风险、物理环境风险(气候风险)和政策风险。在碳金融场景中,碳排放与企业生产活动直接相关,而企业生产很大程度上依赖于宏观经济状况和全球能源供求。因此,以碳交易为代表的碳金融活动中,市场风险更多受到宏观因素影响。物理环境风险则主要表现为气候、环境变化对交易市场带来外生冲击,触发应急政策从而引发市场风险。此外,碳市场对政策变动也较为敏感,配额总量和分配方式等因子的调整可能带来政策风险。下面通过案例进行解读。

例如,2008年国际金融危机爆发。EU-ETS中标的物EUAs供应过剩的问题与危机相叠加,由此产生了一定的市场风险。金融危机下,各经济主体受到较大冲击,生产活动减少,对碳排放权指标的需求也相应减少。与此同时,很多为短期套现的中间商也纷纷抛出手中的EUAs。此前,EUAs的价格的稳定水平约在20~30美元/吨,但从2008年9月开始,EUAs的价格开始不断下滑,至2009年2月跌破15美元/吨。此外,市场风险还体现在由环境冲击和其他关联市场引发的价格波动上。2006年7月,炎热干燥的气候导致欧洲电力需求激增,而水电资源匮乏,核电资源也因高温导致维修频繁而短缺,不得不依靠煤炭大量发电,导致排放量上升,进而使电力公司对排放额需求上升,EUAs的现货价格被哄抬。而后,随着德国利用天然气发电上网,天然气与煤炭发电之间的成本差额逐渐缩小,9月起天然气现货价格崩溃,EUAs的价格受其影响也急剧下降。

另一方面,EU-ETS的具体执行规则也在不断改革,带来政策风险。例如,上文中提到的国家分配方案(NAP)后被国家履行措施(NIM)取代,即由其制定欧盟整体的排放配额总量,并向各国分配,要求各成员国遵照执行,这必然使总量水平有所变化。在这一改革同时,配额的分配原则也由基于历史数据的事前分配机制改为动态调整机制以优化配置,并减少免费分配的比例,增大用于拍卖的份额,其中电力行业自2013年起不再分配免费的配额,而全部需要通过拍卖获得。从长远来看,这一系列改革举措对碳交易体系的有效性有积极影响,但在短期内,诸多规则变化对供求两端都有直接或间接的影响,势必导致一定市场波动。国外学者的研究也证明了这一点。海德堡大学经济学系教授克里斯蒂安·康拉德(Christian Conrad)和斯蒂芬(Steffen H.)等人研究了排放许可相关政策公布对高频的碳价格在周期性、波动集群的影响,结果表明相关政策的公布在碳市场反应较为迅速,可造成短时间内的碳价格剧烈波动。

第三节 绿色金融风险的识别

基于上述对绿色金融风险的分类及情景描述,我们对现实生活中常见的绿色金融产品风险有了一定的感性认识,随之而来的关键问题,便是如何识别这些风险,如何量化这些风险,这些将是绿色金融风险管理中非常重要的工作。本章我们主要讨论具体的绿色金融风险辨识方法,下一章主要介绍常用的风险测度工具。

一、绿色金融风险识别的内容和原则

基于一般金融风险的识别方法,绿色金融风险识别是指运用相关知识、经验、技术和方法,对经济主体在经济活动中所面临的绿色金融风险类型、受险部位、风险源、严重程度等进行连续、系统、全面的识别、判断和分析,从而为度量风险和选择合理的管理策略提供依据,这个识别过程是一个动态的行为或过程。对此,我们可以从以下两方面进一步理解。

首先,辨识绿色金融风险的类型和风险源是识别金融风险的首要任务,由于不同类型的风险会存在不同的传播方式,量化的工具也各有不同,绿色金融风险识别的关键在于厘清导致环境风险和绿色金融自身的风险,追溯它们的根源和驱动因素。风险的产生往往是过程性的,即由外部自然环境、市场状态、微观主体操作等各类风险因素不断积聚,经历从量变到质变的转化,最终构成外显的金融风险。因此,只有全面、准确地辨识风险类型,找出风险源,才能准确度量风险大小和选择合理的风险管理策略。

其次,绿色金融风险辨识是一项连续复杂的系统工程。由于风险诱因多样化,既有自然物理的客观性风险因素,也有金融活动自身的规律性因素,风险之间可能会互相关联或放大,基于此,金融机构对于风险的识别具有更大的难度,从局部到整体、从外界到内部的各个层面上往往都面临着不同的风险类型和风险源,不同层次上的各类风险又纵横交错,异常复杂。可以说,金融机构各个部门所面临风险的冲击是全面的。由于金融风险存在于金融机构各个部门,所以金融风险识别不仅仅是风险管理部门的任务,还需要其他部门的参与和配合。而且金融机构所面临风险具有动态变化性。经济主体的运作环境时刻都在变化,导致金融风险的各类驱动因素也随之变化。在经济主体的发展过程中,新风险不断产生,而旧风险则或消失、存续、转化产生新的特征。

在第二章中,我们讨论了绿色金融风险的两种类型,据此在绿色金融风险识别中,首先要区分所面临的风险究竟是由于自然环境物理风险引起,还是金融活动自身特点造成的问题,进而对于绿色金融风险的溯源和传递机制进行明确的区分。为确保金融风险识

别活动的有效性和可靠性，在绿色金融风险识别中应遵循以下四个基本原则。

（1）动态性原则。在绿色金融活动中，不论是金融机构还是融资主体，尤其是所投资的项目主体，其财务状况、市场环境、物理自然环境等各种可能导致风险的驱动因素时常处于变化之中，例如原材料的市场价格、市场利率水平波动、突发的气候变化及自然灾害、绿色产业政策调整等，都属于风险的诱导因素。随着外部风险环境的变化，经济主体面临的金融风险的类型、受险部位、严重程度等都可能发生改变。因此，风险管理部门应当根据实时信息随时关注金融风险的变化，连续地辨识金融风险，并及时调整金融风险管理策略。

（2）准确性原则。对绿色金融风险的识别，要通过建立风险传递树对风险传递的环节详细描绘。金融机构面对投资项目前，应通过专家咨询法、类比法、模拟法、情景法、现场调研等方法辨别潜在的各种风险类型、风险部位和风险源，为后续风险管理提供针对性和科学性。其次，应确保收集信息数据的真实性、可靠性，并构建科学的指标选取，对于投资量大、周期长的项目应按照"一事一议"原则构建指标体系，以此初步测算各环节对金融风险的影响，这样既能避免过分高估金融风险提高金融风险的管理成本，造成过度管理，又能避免过分低估则导致管理不足，带来更大的潜在风险。在这一过程中，需要兼顾定性分析与定量分析，才能得出较为合理的结论，在后面几章会对分析方法进行详细的介绍。

（3）系统性原则。经济主体经济活动的各个环节、各项业务都可能带来一种或多种绿色金融风险，对其中任何一个环节的忽视都可能导致绿色金融风险管理效果不及预期，因此需要采取全面的考察。除了对经济主体经济活动的每一环节、每一项业务进行独立分析外，由于各个环节、各项业务之间联系紧密，往往存在不同程度的互相影响，其面临的风险可能因此被增强或减弱，经济主体面临的整体金融风险可能大于，也可能小于其单个金融风险的总和。风险管理部门应根据实际情况及时调整资产结构，从系统角度出发，充分考虑系统内部关联，充分分散风险，将整体风险控制在可接受范围之内。

（4）经济性原则。上一章谈到，风险的认识和管理最终是为了资产的保值增值。对于金融机构而言，开展绿色金融风险的辨识、分析和防范是为了资金的安全性，但该项活动仍然需要花费人力、物力和时间等，因此对于绿色金融风险的管理活动，要关注经济性问题，需要时常分析管理成本和收益，金融风险管理收益的大小则取决于因风险管理而避免或减少的损失大小。绿色金融活动涉及的政策、项目、营商环境都在不断变化，风险管理的应对能力需要不断提升。但随着金融风险辨识活动的精细化、深入化，辨识和分析的边际成本将越来越高，而其带来的边际收益会逐渐减小，过度细化的风险管理将使投入资源的成本高于潜在收益，反而为金融机构带来损失。因此，在实践中需要权衡成本和收益，以选择和确定最佳的辨识程度和辨识方法。

二、绿色金融风险识别的主要方法

风险识别是在风险事故发生之前的行为，目的是能够系统、连续地认识所面临的各种风险以及分析风险事故发生的潜在原因，其过程包含感知风险和分析风险两个环节。风险辨识是指经济单位在风险事故发生的前后，运用各种方法发现所面临的风险以及分析风险事故发生的潜在原因和后果，可以分为宏观领域中的决策分析（可行性分析、投入产出分析等）和微观领域的具体分析（资产负债分析、损失清单分析等）。在实际金融活动中，一般金融风险识别常用的方法包括生产流程分析法、风险专家调查列举法、资产财务状况分析法、分解分析法、失误树分析法、环境分析、保险调查、事故分析等。这些识别方法是从金融活动的不同环节或不同层面展开，比如针对决策环节、项目的生产环节、宏观经济环境环节等。绿色金融风险的来源大多是通过自然物理风险，如自然灾害、气候变化、资源趋紧、生态破坏或环境污染等，传导至金融领域后，结合这些特点我们梳理了四种使用较广泛的金融风险辨识方法，针对绿色金融活动的特征介绍其应用。

（一）资产暴露分析法

该方法针对绿色金融活动投融资的项目展开，主要对资产在自然环境暴露下的问题开展风险分析评估，根据实践经验，通过预先设计好的清单全面列示一个企业可能面临的风险种类，从而实现风险辨识，避免忽视风险源。表3-1展示了一个可以应用于辨识绿色金融风险的资产暴露风险清单。

表3-1 用于辨识绿色金融风险的资产暴露风险清单

涉及资产	实物资产	
	无形资产	
损失暴露	直接的损失暴露	(1) 无法控制和无法预测的损失（如自然灾害毁坏房屋建筑）；(2) 可控制或可预测的损失（如绿色转型带来资产搁置）；(3) 一般的财务风险（如利率的波动）
	间接的损失暴露	(1) 宏观层面：经济衰退、通货膨胀、汇率波动等；(2) 中观层面：产业链断裂、产业转型等；(3) 微观层面：企业破产、资产减值、产品滞销、额外费用、管理失误等
	第三方责任	(1) 违约责任：合同当事人因违反合同义务应承担的责任（如企业绿色债务违约责任）；(2) 侵权责任：行为人由于过错依法应承担的法律责任（如私自排污责任、玩忽职守责任）

资料来源：刘新立（2006），作者改编。

（二）财务报表分析法

该方法以企业的财务报表为基础，视每一会计科目为风险单位，对其加以分析和识别。其中，资产负债表用于识别企业绿色金融风险暴露体的种类，如银行资产端的绿色债券、险企负债端的绿色保险产品等；损益表用于识别企业业务盈亏风险的来源，如绿色投资的收益、转型产生的营业外支出等；现金流量表用于识别企业现金流量风险的来源，如绿色投资产生的现金流量等。这种方式信息易得、准确，有助于实现全面的绿色金融风险识别，尤其是财务报表能够对长期的资产或负债加以区分，对往往包含较长期限的绿色项目投融资而言具有天然的适用性。

以绿色信贷为例，主要从两个层面进行分析：首先，要看授贷项目整体的经营情况分析，分析投向的绿色项目财务基本面是否良好，主要是分析公司的财务"金三角"指标，即企业的增长性、盈利性、流动性判断经营的基本面。这里所说的增长性是指收入规模的增长,流动性是指营运资产的周转率、现金流状况。对于绿色项目,投资周期较长,短期回报率并不高,此时考核更要关注企业的销售收入、利润和现金流,特别关注企业的可持续运营能力,短期要维持足够的现金流支持项目的运转。可以这么说,对于绿色项目的健康发展应更注重财务金三角的平衡。增长性反映了项目运行的可持续性,盈利性体现了绿色项目存在的价值,流动性代表了项目管理单位的管理水平。这三个指标事实上也能够反映金融机构的资金风险。

其次,要通过关键的会计科目去判断项目潜在的风险。这种风险与传统的企业会计项目风险评估工作一致,通过深挖三张会计报表的几个关键数据,进而对一个公司的基本情况做出判断。通过利润表看公司赚不赚钱(净利润)与产品的盈利能力(销售毛利率)。通过现金流量表看公司赚的钱能否收回来(经营活动现金净流量)。通过资产负债表看公司的偿债能力,有无债务风险(资产负债率、流动比率、速动比率)。通过对于这些关键会计指标的分析,基本判定一个项目的潜在风险是否可控,间接反映授贷资金的安全性。

对于金融性企业,我们要从风控的角度来确定利润的含金量如何。对坏账的计提是否充分,对不良贷款的拨备是否充足,经营假设是否足够保守,与同业相比不良率有无异常等。当然,直接看每年分红占利润的比例也是一个不错的选择。

(三) 尽职调查法

尽职调查主要是指,通过现场调研和其他渠道尽可能地获取、核实、分析研究有关借款方及有关信贷业务、担保方面的情况,揭示和评估信贷业务可能存在的风险,并提出应对措施,为贷款决策提供依据。尽职调查包括现场调查和非现场调查。非现场调查包括搜寻调查、委托调查等。现场调查包括现场会谈和实地考察。现场调查阶段是尽职调查中的关键阶段。现场调查讲究计划性,在现场调查时,需对于借款方的财力情况和抵押物的情况有一个清晰、全面的认识,包括其抵押物所属方位、抵押物性质、抵押物使用方式的变更等都有及时准确的了解。同时,也只有全面掌握了借款方的调查情况后,才有可能对其提供资料的真实性、准确性和完整性做出全面判断,也才有可能对其发展前景有一个正确的认识,从而准确地报送授信审批额度和项目合作规划。

对于绿色金融相关风险的现场调查,主要是指在环境风险事故发生之前或之后对标的进行全面、详尽调查,以直接识别其面临的潜在物理风险,可获得第一手资料。通过现场调查的方式识别所融资需求项目的风险敞口、认识资产的脆弱性与转型的可能性,从而清晰辨识风险。事前调查者应通过相关背景资料的查阅确定调查内容,如分析项目所在地的水文、空气、生态环境质量和项目污染排放情况及所采取的环保措施等。现场调查法的优点在于:通过实地考察能够在较大程度上确保所得资料和信息的可靠性;加深风险管理人员与基层人员之间的相互沟通、了解和联系,更有效地利用双方的经验和知识,合作实现绿色金融风险的准确识别;容易发现潜在风险,有利于将风险控制在萌芽阶段。相应地,该方法的缺陷主要在于:需要花费大量的人力和物力实施调查,成本较高;没有固定的方法可循,往往需要调查者具有敏锐的观察力和经验知识,方能从现场情况中把握关键信息等。

(四) 情景分析法

情景分析法,通过分析不同情景辨识引致风险的关键因素及其影响程度。这是绿色金融活动中最为常用的方法。一个情景就是对拟要考察的风险主体未来某种状态的描绘。情景分析主要包括情景构造和情景评估，前者是分析的基础，主要方法包括历史模拟情景法、典型情景法和假设特殊事件法，要求选取和设计有针对性的情景和变量。例如，英格兰银行审慎监管局（PRA）的绿色保险业压力测试（IST）中包括了关于气候变化的三种情景，均以联合国政府间气候变化专门委员会第五次评估报告中所描述的不同转型路径为依据：（1）短期内快速、无序向低碳经济转型；（2）长期、有序转型，将气温上升幅度控制在《巴黎协定》所要求的 2℃ 以下；（3）未来气候政策失败，假设至 2100 年气温相比前工业化时代水平升高 4℃，以物理风险为主，不涉及转型风险。

在具体应用情景分析法进行风险辨识时通常需要经历筛选、监测和诊断过程。筛选是依据某种程序将具有潜在危险的绿色金融产品、过程、现象或个人进行分类选择的风险辨识过程；监测是针对某种险情及其后果，对产品、过程、现象或个人进行观测、记录和分析的显示过程；而诊断则是根据症状或其后果与可能的起因之间的关系进行观测、评价和判断，以发现可疑的起因并对症下药。在实际应用中，筛选、监测和诊断是紧密相连的。

情景分析法优点在于可以识别和测定绿色资产组合所面临的最大可能损失，使决策者能充分考虑不利情景的影响，重视评估偶然事件，特别是极端事件的危害，这对于以自然灾害与极端气候事件为重要成因来源、具有"厚尾性"特征的绿色金融风险而言尤其不可忽视。该方法的主要缺陷一方面体现在操作过程上，依赖于有效情景的构造和选择，而有效情景的构造和选择需要良好的判断能力、丰富的经验和技能。这在面临多变量和复杂情况时尤为突出，往往需要相关领域的专家加以评估。另一方面，从结果来看，情景分析不能给出不同情景实际发生的可能性，只是指出了特定情景产生的损失大小。

（五）宏观环境分析法

绿色金融在发展过程中，具有明显的政策导向性，这对于金融机构在进行绿色金融资金运营产生了直接影响。现阶段，我国环保技术的发展尚处于初级阶段，环保项目成本较高，公众环保意识较为薄弱。因此，很大一部分环保项目的发展对国家政策性补贴的依赖性较强，国家绿色金融扶持政策的完善性、执行落实情况、国家财政能力对绿色项目支持的持续性等，均对绿色金融发展产生直接重要影响。

金融政策中的汇率政策调整涉及市场竞争，会放大银行绿色金融资金运营风险，针对长期业务，金融机构通常规定为浮动利率，每年根据实际利率的变化进行调整。然而，如果利率出现的波动幅度较大，势必会影响客户资金成本，从而打击其债务融资的积极性。同时，汇率水平的波动较大，还会造成与国际金融机构在开展绿色金融业务合作中，所持有的外汇资产、负债价值存在较大的不稳定性。除此之外，绿色金融是当前一种新兴金融业务，市场各类金融机构之间的竞争较为激烈，不仅需要面对同类商业银行的竞争，同时还需要面对非银行的金融机构的业务争夺，激烈的市场竞争不仅会造成利润的瓜分，同时也会放大银行绿色金融资金运营风险。例如银行为争夺客户，存在人为降低客户准入、客户评级等标准，操作规程执行不规范等行为。

基于上述风险特点，在进行绿色金融风险识别中，可以构建政策环境分析的框架和思路，即"政治-法律-监管-金融市场"四维框架。首先进行政治风险识别，主要关注投资属地关于绿色发展政策的政治动向、相关政策法规的出台等，政治风险一旦发生，其损失往往是巨大且难以挽回的,例如可能的国有化措施、外汇管制、外贸壁垒设置等。其次,进行法律风险识别,主要分析生态环保法律的变化、新的立法出现、标的公司的经营活动违反法律、合同协议有法律漏洞、公司遭受诉讼等。再次,识别监管风险,对于国家、地方或行业监管者变更法规条例,改变市场规则会对企业产生直接影响。法规条例的改变往往意味着市场环境的改变,或者对公司业务某些方面的限制,这都容易造成公司的竞争压力增大。最后,针对金融市场风险分析,主要是指由于金融市场价格的变动(如汇率、利率、股价等),或者是金融市场本身的变动(如交易规则等),影响所投资公司的收入、费用、资产、负债、股价等的计量价值,从而影响公司的筹资成本、筹资能力、盈利能力和公司价值,这一分析对于从事碳金融企业影响最大。针对专门从事生态环保的上市类公司,尤其要识别两方面的金融市场风险:一方面,企业的资产、负债、收入、费用等相关项目,可能与金融市场关系密切,甚至以金融资产的形式体现。此时,这些项目就有金融市场的风险敞口。另一方面,公司的股票本身就是一种金融资产,自然要面临金融市场的风险。对于前一类金融市场风险,商业风险模型在财务风险模块中有详细的阐述。对于后一类风险,也就是公司股票本身的风险,在此要尤其注意。需要防范两种情况:一是公司股价剧烈波动,股价无论是火箭发射还是高台跳水,对于公司都不是好现象;二是防止公司股价过低,因为一旦股价过分低于其价值,公司就会面临被恶意收购的危险。

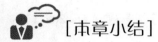

本章基于一般金融活动风险的特点,结合绿色金融风险的特征,对绿色金融风险进行了分类,介绍了在绿色金融活动中相关的市场风险、信用风险、政策风险、操作风险和项目风险的内容及其相互联系,并借助案例对绿色债券、绿色信贷、绿色基金及碳金融四个现实应用场景的风险表现等进行了描述和分析。最后,详细介绍了识别绿色金融风险应把握的原则,以及实际金融活动中可能涉及的五类方法,包括资产暴露分析法、财务报表分析法、尽职调查法、情景分析法和宏观环境分析法等。

[习题与思考]

1. 论述绿色金融风险的分类标准和常见分类有哪些。
2. 结合现实案例,尝试归纳绿色基金风险的特点。
3. 分析地方流域治理项目中存在哪些绿色金融风险。
4. 比较企业绿色投融资项目和政府绿色投融资项目在风险识别方面的异同点。

陈红,郭亮.金融科技风险产生缘由、负面效应及其防范体系构建[J].改革,2020(3):63-73.

陈诗一,李志青.中国企业绿色透明度报告(2019)[R].复旦大学绿色金融研究中心研究报告，2020.

陈诗一，李志青.中国上市银行绿色透明度研究（2019）[R].复旦大学绿色金融研究中心研究报告，2019.

高扬，李春雨.中国绿色债券市场与金融市场间的风险溢出效应研究[J].金融论坛，2019，26(1)：59-69.

洪艳蓉.绿色债券运作机制的国际规则与启示[J].法学，2017(2)：124-134.

李婷，李成武，何剑锋.国际碳交易市场发展现状及我国碳交易市场展望[J].经济纵横，2010(7)：76-80.

刘新立.风险管理[M].北京大学出版社，2006.

绿色金融工作小组.构建中国绿色金融体系[M].中国金融出版社，2015.

南京建工产业集团违约分析[R/OL]，中债资信.2019. https://ishare.ifeng.com/c/s/7oSSA8jPD68.

饶淑玲.绿色金融的气候风险管理[J].中国金融，2020，(9)：68-69.

史晓琳.构建我国商业银行碳金融内部风险管理长效机制[J].金融论坛，2010，15(S1)：21-26.

苏冬蔚，连莉莉.绿色信贷是否影响重污染企业的投融资行为？[J].金融研究，2018(12)：123-137.

王昕彤，刘瀚斌.气候投融资风险测度工具的比较研究[J].上海保险，2021(1)：48-53.

王遥，王文涛.碳金融市场的风险识别和监管体系设计[J].中国人口·资源与环境，2014，24(3)：25-31.

王颖，张昕，刘海燕，张敏思，田巍.碳金融风险的识别和管理[J].西南金融，2019(2)：41-48.

杨可昕，田翠香.绿色债券信用风险的成因及防范策略分析[J].可持续发展，2020，10(5)：742-748.

张金清.金融风险管理[M].复旦大学出版社，2011.

张金清.金融风险管理实务[M].复旦大学出版社，2017.

张新爽.商业银行绿色信贷风险管理研究[D].吉林财经大学，2016.

中金研究院，中金公司研究部.碳中和经济学：反推式变革的七个思考[R].中金研究院研究报告，2021.

周羿含.EU ETS与国内碳交易价格波动特征研究[D].暨南大学，2018.

朱云伟.银行业绿色金融实施现状研究——以中国工商银行为例[J].现代金融导刊，2020(2)：33-37.

Green Bond Black Hole Leaves Investors Exposed[R/OL], International Finance Review. https://www.ifre.com/story/1588361/green-bond-black-hole-leaves-investors-exposed-f0mfpbrnvc

Green Investment Group. Green Investment Handbook[R/OL]. https://www.greeninvestmentgroup.com/who-we-are/measuring-our-impact.html，2018-11-28.

Howard Kunreuther, Problems and Issues of Environmental Liability Insurance[R/OL], The Geneva Papers on Risk and Insurance, 1987.7, Vol.12, pp.180-197.

NGFS. Overview of Environmental Risk Analysis by Financial Institutions[R/OL]. https://www.ngfs.net/sites/default/files/medias/documents/overview_of_environmental_risk_analysis_by_financial_institutions.pdf, 2020-09-10.

Standards Applicable to Owners and Operators of Hazardous Waste Treatment, Storage, and Disposal Facilities: Liability Coverage[R/OL], Federal Register, 1985.8, Vol.50.

Turning Up the Heat — Climate Risk Assessment in the Insurance Sector[R/OL], https://www.bis.org/fsi/publ/insights20.pdf.

Yujun Cui, Sean Geobey, Olaf Weber, Haiying Lin, 2018. The Impact of Green Lending on Credit Risk in China[J], *Sustainability*, 10(6), pp. 2008.

第四章 绿色金融风险的测度方法

[学习要求]

- 了解绿色金融风险测度的基本原理
- 熟悉绿色金融风险测度的常用工具和使用方法
- 比较不同绿色金融风险测度工具的异同点

[本章导读]

按照金融风险管理的一般流程,绿色金融风险管理可分为识别风险、测量风险、处理风险以及风险管理的评估和调整四个步骤。识别风险后的关键便是风险量化测算,不论是政府监管部门、金融机构还是项目单位,都希望对可能面临的绿色金融风险进行量化测算,以便于采取有效的应对措施。为了更好刻画风险的程度,人们常常运用数学统计的方法进行测算,例如使用久期、凸性、beta 等,这些指标都是从不同的角度反映了投资价值对风险因子的敏感程度。日常见到的金融风险评估报告也常用这些指标刻画金融产品的风险值。在测量方法方面,国内外不同机构近年来都研究开发了不同的绿色金融风险量化测量方法,这些方法研究角度和操作流程会产生不同的测度结果,进而对风险管理策略产生影响。本章通过对绿色金融风险测度原理、工具和方法的介绍,以及比较不同工具的使用方法和适用场景,帮助读者学习绿色金融风险测度的主要内容和指标,为后续绿色风险管理提供很好的方法学依据。

第一节 绿色金融风险测度的原理

风险测度、时间价值和资产定价被并称为是现代金融理论的三大支柱。风险测度是指通过不同的风险相互作用的估算来评价项目可能结果的范围,基本内容是确定哪些实践需要制定应对措施。风险测度涉及对不同的风险之间相互作用的评估,用这个评估分析项目可能的输出,这样首先就需要决定哪些风险值得做出反应。风险测量的精确性,很大程度上决定了金融市场风险管理的有效性;合理风险测度指标的选取,是提高风险测量质量的有效保障。金融活动中,要想形成科学的风险管理,首要工作便是科学度量风险,选择合适的风险度量指标和科学的计算方法则是度量风险的基础。绿色金融风险主要围绕节能环保、生态低碳等绿色发展主题展开,自然物理风险的诱导、项目运行自身的不确定性都有其作为绿色发展的独有特点,对其进行有效测度显得更为重要,在绿色金融活动中建立有效风险管理体系的前提便是构建具有自身特点的风险度量指标体系。

为了度量金融风险,本质就是对将来的损失程度作出估计——即金融资产的损失概率(特定时期内遭受损失的风险单位数除以整体单位的数量)和损失幅度(衡量损失严重程度的一个量,指在一定时期内某一次事故发生时,可能造成的最大损失数值)。经过多年的风险测度的探索,金融风险测度理论的发展大致经历了三个阶段:首先是以方差和风险因子等为主要度量指标的传统风险测度阶段;其次是以现行国际标准风险测度工具在险价值(VaR)为代表的现代风险测度阶段;最后是以期望损失(ES)为代表的一致性风险测度阶段。总结三个发展阶段中的主要统计指标,主要为方差、在险价值、期望损失,这三个指标的内涵和理论是支撑我们理解绿色金融风险测度的重要依据。另外,为刻画风险感知的及时性,金融资产的久期和凸性等灵敏度指标常用以表征风险的灵敏度,这类方法常被称为灵敏度方法。下面我们基于金融风险测度中常用的指标、工具和计算方法,以及绿色金融活动的特点对风险测度的不同理论进行阐述。

一、绿色金融风险的方差分析

方差分析的原理是利用因市场风险因子变化而引起的资产组合收益的波动程度来度量资产组合的市场风险,即统计学中方差或标准差的概念在风险度量中的应用。假设某种金融资产收益率 r 为随机变量,该资产的风险可用收益率的方差 σ^2 或标准差 σ 来度量,σ 越大说明该金融资产面临的风险越大。但方差这类风险敏感性度量指标只能描述收益的不确定性,即偏离期望收益的程度,并不能确切指明证券组合的损失的大小。所以,它们只是在一定程度上反映风险的特征,难以全面综合地度量风险,因此只能适用于特定金融工具或在特定范围内使用。

绿色金融相关资产由于大多为公共环保事业和节能低碳类项目,资产本身具有显著的外部性,其资产价值体现需要较长周期,项目的价值评估不仅包括自身商业价值,还包括外溢的社会价值,在长时间的资金流动中,如果外界环境出现冲击或政策环境发生变化,会对绿色金融活动造成影响,如信贷资金可能无法按期收回、绿色保险可能出现费率提高等现象。因此,绿色金融价值的多元性,使得涉绿资产受外界影响的波动性更大,易直接造成绿色金融资产的估值在不同期限内波动性较大,相较传统金融资产的收益率方差也更大。具体而言,金融机构在配置绿色资产时(即向相关企业发放绿色信贷或绿色债券等绿色金融产品),往往涉及绿色基础设施建设的信贷或债券产品的收益风险更小,而涉及绿色技术研发,波动性可能更大。

二、绿色金融风险的在险价值分析

在险价值 VaR(Value at Risk),是指在一定概率水平(置信水平)下和一定持有时间内(如一周或一月内),持有某种证券或投资组合可能遭受的最大损失。VaR 的两个基本要素是置信水平 c 和时间段 T。通俗而言,即假定"对某项资产有 X% 的把握,在今后 N 天内损失不会大于 V",那么"X%"即为置信水平 c,"N 天"即为时间段 T,"V"即为在险价值 VaR(见图 4-1)。VaR 在概率统计意义上是一个特殊的分位数(quantile 可简称为 q，$q=1-c$)。设 L 为损失变量，或 $L=-$ 收益(当收益为负时，L 为正)，在险价值分析方法建立在对投资收益或损失情况分布的建模结果基础上，是风险敞口的直接体现。

$$P(L \geqslant VaR_{c,T}) = 1 - c$$

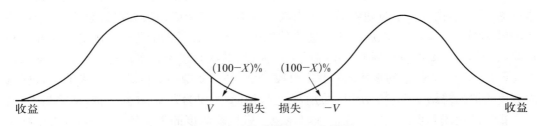

图 4-1　在险价值(VaR)示意图

在绿色金融风险实践中，在险价值 VaR 分析常常被用以衡量突发性环境和自然气候事件(如台风、地震、洪水、爆炸等)对绿色金融资产价格的冲击程度。在风险测量时，金融机构可运用长期自然灾害造成影响的历史数据进行建模，分析投放的绿色信贷或绿色债券产品在遭受突发性环境和气候事件后可能的损失(即风险敞口)，测算可能出现的绿色保险的赔付数额。由于气候变化引发的灾害风险具有累积性和突发性，一旦发生风险冲击，对金融资产在 N 天内的影响比较深远，测算出的 VaR 相应时间段 T 一般较长，因此，绿色金融资产的在险价值测算需要在时间尺度上进行概率测算。

三、绿色金融风险的期望损失分析

期望损失，又称尾部均值(Expected Shortfall，ES)，或条件在险价值(Conditional VaR)、预期尾部损失(Expected Tail Loss，ETL)，是指在损失超过 VaR 的条件下，投资组合遭受的平均损失(即损失的期望值)。根据金融风险相关理论，ES 就是投资组合在给定置信水平决定的左尾概率区间内可能发生的平均损失，因此被称为 Expected Shortfall。ES 对于损失 X 的分布没有特殊的要求，在分布函数连续和不连续的情况下都能保持一致性风险测度这一性质，使 ES 不仅可以应用到任何的金融工具的风险测量和风险控制，也可以处理具有任何分布形式的风险源，而且保证了在给定风险量的约束条件下最大化预期收益组合的唯一性。

$$ES_{c,T} = E(L \mid L > VaR)$$

前述在险价值分析的基础之上，期望损失分析方法主要应用于不同的绿色金融场景(如生态修复、污水处理、节能低碳技术研发、灾害防治等)中的对应绿色金融资产(如绿色信贷、绿色债券、绿色保险、绿色基金)的损失或赔付情况。

四、绿色金融风险的灵敏度(久期和凸性)分析

由于绿色金融市场受政策环境、物理冲击等因素影响，资产风险的灵敏度方法，主要通过基于 Taylor 展开式的资产组合价值随市场因子变化的二阶形式来对风险进行测度。

$$\Delta P \approx \frac{\partial P}{\partial t}\Delta t + \sum_{i=1}^{n} \frac{\partial P}{\partial x_i}\Delta x_i + \frac{1}{2}\sum_{i,j=1}^{n} \frac{\partial^2 P}{\partial x_i \cdot \partial x_j}\Delta x_i \cdot \Delta x_j$$

$$\Delta P = P(t+\Delta t, x_1+\Delta x_1, x_2+\Delta x_2, \cdots, x_n+\Delta x_n) - P(t, x_1, x_2, \cdots, x_n)$$

其中，Δx_i 表示各类市场风险因子 x_i 的变化，$\frac{\partial P}{\partial t}$ 表示资产组合对时间 t 的灵敏度系数，$\frac{\partial P}{\partial x_i}$ 和 $\frac{\partial^2 P}{\partial x_i^2}$ 分别表示资产组合对风险因子 x_i 的一阶和二阶灵敏度——它们分别对应于两个常见的灵敏度指标，即久期和凸性。其中，久期即加权平均的形式计算的债券的平均到期时间：

$$D_M = \frac{\sum_{t=1}^{T} \frac{tCF_t}{(1+y)^t}}{P}$$

上式中，t 为金融资产产生现金流的各个时期，T 为其期限，CF_t 为 t 期现金流量，y 为金融资产的到期收益率，P 为金融资产的现值。

久期的另一种内涵则是对债券现值求其到期收益率的一阶导数：

$$DD = \frac{dP}{dy} = -\sum_{t=1}^{T} \frac{tCF_t}{(1+y)^{t+1}} = -\frac{D_M \times P}{1+y}$$

上述两种久期分别被称为麦考利久期（Macaulay Duration，D_M）、美元久期（或货币久期，Dollar Duration，DD）。另外，我们还定义了修正久期（Modified Duration，MD），它与上述两种久期的关系为：

$$MD = \frac{D_M}{1+y} = -\frac{DD}{P}$$

久期可以看作是金融资产价格对利率波动敏感性的一阶估值，主要测算绿色金融资产受金融政策影响的风险，但当 dy 较大时，一阶估计误差较大，可利用二阶导数——凸性进行更为精确的估计：

$$C = \frac{1}{P}\frac{d^2 P}{dy^2} = \frac{1}{P}\frac{1}{(1+y)^2}\sum_{t=1}^{T} \frac{t(t+1)CF_t}{(1+y)^t}$$

利用上述两概念，可估计在利率等金融变量波动下的金融资产价格变动情况，即实现风险测度：

实际价格：$P = f(y_0 + \Delta y)$

久期估计价格：$P = P_0 - MDP_0\Delta y$

久期和凸性估计价格：$P = P_0 - MDP_0\Delta y + \frac{1}{2}CP_0(\Delta y)^2$

通过上述分析，我们试图将金融风险测算因子在绿色金融活动中的含义进行阐释，拓展绿色金融场景中的表现。总结而言，在绿色金融市场中，这一方法可对绿色债券、绿色信贷等金融产品风险的波动性进行测度：一方面，绿色金融资产的利率等金融变量（因子）波动程度往往更为剧烈，使用灵敏度方法能够对风险实现更为精确的测度和分析；另一方面,在金融实践中,久期、凸度法常被用于金融机构资产、负债的匹配中,直接对应于绿色金融风险中的流动性风险。由于现有各种风险测度指标均存在一定的局限性,新的风险测度理论和建立在其之上的新的风险测度指标(性能优良、便于计算、合理检验)是今后值得深入研究的重点和方向,尤其是针对环境问题引发的绿色金融风险的度量与分析。运用数学统计方法表征风险测度,可以量化投资组合中的风险程度,支持绿色金融风险管理实践。

第二节 绿色金融风险测度工具的介绍

上节我们了解了绿色金融风险的常用表征指标,但绿色金融活动全周期的风险测度是一项综合性强、复杂度高的工作,涉及许多研究、尽调、协调的环节,还涉及一些国际共识,例如基于对气候变化问题的合作,国际上在论述绿色金融风险时,普遍认为需将气候影响因素测度纳入相关投融资活动的风险管理中,形成了较稳定的风险评估方法。本节我们归纳比较一些大型国际组织(如欧盟)、国际多边/双边金融机构(如世界银行)、发达国家的政策性银行(如英国绿色投资银行)、科研院所(如清华大学、中央财经大学等)以及一些非政府公司或组织(如Carbon Delta,碳三角洲公司)围绕气候变化风险传递的实践案例,在技术层面形成的较为丰富的工具或分析方法。

一、欧盟:构建完整的气候风险评估流程

金融市场在缓释气候风险方面可以发挥重要作用,并主要通过三大机制来实现。第一,纯粹的保险机制。第二,市场机制和金融工具,例如,通过投资组合再平衡、资产价值重估或金融衍生品工具,将风险重新分配给更有能力应对或承受相关损失的行业或实体。近年来,与气候风险相关的典型案例是绿色金融和ESG投资增长。目前,欧洲尚未偿还的绿色债券余额已超过5 000亿欧元,债券发行量连续多年达到20%~30%的增速,目前市场对其他绿色金融工具(如绿色证券化)的需求强劲,欧洲ESG基金也体现了非常快速的上升势头,2015年以来资产总量增长了170%。第三,衍生品对冲机制。当面临巨大的系统性风险时,传统再保险模式可能就变得不合时宜,此时需要依靠市场对冲机制。在许多国家,衍生品市场在对冲气候物理风险上发挥了重要作用,巨灾债券(Catastrophe Bonds,也被称为保险关联证券或ILS)可通过将相关保险风险证券化,并将其转移到更为广泛的资本市场来帮助保险行业应对气候风险。欧盟碳排放交易体系(EU Emissions Trading System,ETS)在应对气候转型风险时起到了至关重要的作用。

2022年7月,为落实《巴黎协定》的目标和欧盟相关气候目标,欧洲央行将在公司债券购买、抵押品框架、披露要求和风险管理方面引入气候变化因素,旨在减少资产负债上涉及气候变化的金融风险,有助于维护欧元系统价格稳定,并支持经济绿色转型。在气候投融资活动的风险测度方面,欧盟提供了一整套相对成熟的技术工具——气候风险评估工具(Climate Risk Assessment,CSA)。这是一套包含标准、评估方法、行业指南的技术工具,旨在对投融资项目在各个阶段的风险进行评估,并提出相应的减缓或适应气候变化

的措施。该工具通过向欧盟各成员国发放涵盖气候变化情景、传播、驱动因素、应对举措等多个方面的"欧盟关于利用气候变化影响、脆弱性和风险信息制定国家适应政策的调查",并利用已有文献回顾、专家研讨、利益相关方交流、协同建模、综合指标法等手段,详细地对各国气候投融资风险进行评估,进而帮助投资者识别有助于低碳转型的投资机会,引导资金更加有效地投向具有正向气候效益的项目。具体做法如下。

首先,评估气候物理风险,主要指自然灾害带来的风险。对于欧洲金融系统来讲,气候物理风险驱动因素包括洪水、缺水压力和包括野火在内的高温压力。金融系统承受的物理风险大小不仅取决于风险大小本身,还取决于经济实体对这类风险的敞口水平。对金融系统的气候物理风险的评估应结合该机构具体的地理位置和气候物理风险本身的数据。其中,银行业在物理风险方面的风险敞口基本维持在合理水平,但财务状况脆弱的中小银行存在一定的尾部风险;保险业问题集中于气候物理风险变化对财险产品可保性和可负担性的精算问题。

从银行业角度出发,以银行对欧洲非金融企业的风险敞口为切入点,报告发现主要气候物理风险是洪水、水资源短缺、高温和野火。这些企业的风险暴露也因灾害的分布和其本身的地理位置差异而各不相同。大约30%的欧元区银行体系信用风险暴露于因自然灾害产生的高风险或不断增加的风险中;整个银行业对面临气候物理风险的公司的风险敞口高达80%且分布相对集中(住宿、食品、运输和仓储);近10%的欧元区银行体系对非金融机构的风险暴露受到多个气候物理风险因素的影响。平均而言,资本较少和利润较低的银行更容易接触高气候物理风险的公司。这表明气候相关风险一旦发生就有可能会放大银行业的脆弱性。另外,虽然这些非金融企业三分之二的风险暴露具有抵押品,但这些抵押品在风险来临时也同样面临着减值风险。

其次,评估气候转型风险,主要指经济体系为应对气候变化进行调整过程中可能导致的风险,测量企业碳足迹(二氧化碳排放量和/或排放强度)是评估气候转型风险的常用方法,对欧元区银行业和保险业来说,虽然对高排放行业的敞口有限,但行业内的排放强度差异很大,且仍会因碳价格的上涨而蒙受亏损;对欧元区投资基金来说,由于投资高碳排放的占比更大,未来投资组合需进行相当大程度的优化。

银行的气候转型风险来自企业融资过程中的信用风险和市场风险。分析表明,银行体系面临的气候转型风险集中且主要为信用风险。银行对欧元区气候政策相关行业的贷款敞口约占非金融机构贷款总额的一半,其中超过三分之二的敞口在房地产行业,其次是能源密集型行业。虽然加权排放强度(排放量与企业收入的比率并按银行贷款加权)可以大致反映出银行贷款会向污染较少的行业倾斜,但是我们仍需要企业层面的排放数据来揭示跨行业差异之外的行业内异质性来进一步加强转型风险评估。测算表明,如果企业不减少排放,欧元区银行体系可能会在碳价格出现波动时承受超出预期的尾部风险。未来,这种影响可以通过企业更渐进或更有效的减排来控制。

基金等非银金融机构也由于持有证券从而对高排放公司具有较高的风险敞口,对欧盟投资基金组合的分析表明,欧盟基金对气候政策相关行业的风险敞口相当大,总额达1.4万亿欧元,占其资产的22%,其中一半以上投资于能源密集型行业,凸显出它们对转型风险的潜在脆弱性。

保险公司主要通过持有股权和公司债券产生风险暴露,分析表明,保险公司对电力行业、石油与天然气行业以及汽车生产行业的持股量相对较大,此外,由于保险公司对基金的投资金额约占投资总额的30%,保险公司的风险暴露也可能通过其对基金的投资而产生,但是保险公司投资的基金中具有ESG属性的基金在保险公司持有的份额略高于市场平均水平。

最后,采用宏观情景视角下的气候风险演变设立前瞻性的定量分析工具,用以测量气候变化对金融体系的影响。最为典型的工具便是设置绿色金融发展网络(Network for Greening the Financial System, NGFS),NGFS气候情景为欧洲央行和监管机构将气候风险纳入金融稳定监测提供了基础。NGFS气候情景的时间涵盖2020—2100年,包括有序转型、无序转型、温室世界三个路径。情景的区分是为了突出不同条件下气候转型风险或气候物理风险所造成的后果之间较鲜明的对比。

有序转型情景假设全球气温较工业化前上升不超过2℃。在此情形下,《巴黎协定》得到有效执行。至2030年,全球碳排放量每年减少3%,碳排放价格逐步上升。企业逐步调整自身商业模式并开发绿色技术,家庭逐渐改变自身消费行为,实现低碳经济稳妥转型。无序转型情景强调了因拖延实施气候变化政策所带来的风险。在此情形下,《巴黎协定》的目标虽然实现,但由于政策执行太晚且过于仓促,造成每吨二氧化碳的排放价格急剧上升至700美元,从而造成更高的气候转型风险。温室世界情景假定的是2015年《巴黎协定》失败的情形。在此情形下,只要现行的气候政策得到执行,碳排放将持续稳步上升,导致2100年全球气温中位数上升约3.5℃,而碳交易价格的上升微不足道,居民没有显著改变自身经济活动。由于未向低碳经济转型,由极端天气所代表的气候物理风险将对世界经济产生重大影响。所有情景都包含了较为复杂的二氧化碳清除(Carbon Dioxide Removal, CDR)技术可得性的若干假设。其中,有序转型情景假设CDR技术可用,无序转型情景假设CDR技术部分可用,而温室世界情景假设CDR技术没有取得重大进展。

二、世界银行:制定系统性的评估框架

世界银行集团成立于1945年,1946年6月开始营业,由国际复兴开发银行、国际开发协会、国际金融公司、多边投资担保机构和国际投资争端解决中心五个成员机构组成。世界银行集团主要通过国际复兴开发银行(也即"世界银行")和国际开发协会两大下属机构参与气候投融资。2020年这两大下属机构气候相关投融资规模达到172亿美元,其中89.64亿美元用于气候适应类项目,占比52%;82.64亿美元用于气候减缓类项目,占比48%。在项目评估中,它们将气候风险和效益的评估管理融入了其投融资活动实施及统计监测的不同环节。由世界银行于2016年8月制定发布,并于2018年10月正式生效的《环境和社会框架》(The Environmental and Social Framework, ESF)被应用于世界银行所有的气候投融资项目中。这一政策规范着力于构建一套完整的便于世界银行及借款者(国家)评估气候投融资风险与效益的框架。在这之下,有一整套《环境与社会标准》(Environmental and Social Standards, ESS)。其中共有环境和社会风险及影响的评估和管理、劳动和工作条件、资源效率和污染防治、社区健康和安全、土地征用、土地使用限制和非自愿移民安置、生物多样性保护和生物自然资源的可持续管理、金融中介机构以

及利益相关者参与和信息披露等共计十套子标准。对应于上述标准,世界银行提供了相应的气候风险评估方法,并将有关方法工具化。以第一套子标准(ESS1)——"环境和社会风险和影响的评估和管理"为例,它向借款者(国家)给出了用于进行环境和社会评估并记录评估结果的一系列不同方法和工具,包括但不限于:环境和社会影响评估、环境和社会审计、累积性影响评价、环境和社会管理框架等多个层面。利用此类工具,在气候投融资的规划期间,便可初步评估项目可能面临的风险等级,进而便于世界银行和借款者(国家)对项目的气候投融资风险形成充分认识,进而有利于对风险进行管理。

三、英国绿色投资银行:着重进行情景比较

英国是较早开展绿色金融的西方国家。金融市场参与主体和种类繁多的非政府组织是推动英国绿色金融发展的主要力量,英国政府是在绿色金融发展到一定阶段后才逐步参与其中的。多年来,英国政府强调绿色金融发展要坚持市场化原则,只要是市场能自发完成和实现的功能,政府就尽量不介入或少介入;政府主要通过支持私人部门活动鼓励和发展绿色金融。2012年10月,英国政府出资38亿英镑成立绿色投资银行(GIB)。2013—2016财政年度,GIB参与了英国48%的绿色项目,有效解决了绿色基础设施项目建设中的市场失灵问题,引导大量私人投资投向绿色产业,在风险评估方面主要依据以《绿色投资手册》为核心的一系列政策和技术工具体系文件实现气候投融资。总的测度方法是:通过将项目影响与替代结果(情景)进行比较,得出项目产生的绿色影响(通过温室气体排放改变量、能源需求改变量等指标反映)。其中的替代结果被称作"基线"。在此基础上,手册给出了分行业的特定量化标准、与燃料及电力相关的排放因子、排放量计算指南等内容。这一系列内容为评估、监测和报告项目的气候(绿色)影响力以及相关风险提供了一套有效的方法。具体流程和特点如下。

作为全球最成功的绿色投行,英国绿色投资银行(GIB)的快速发展和高效运作离不开其严格的绿色评估体系和细致的风险流程控制。GIB的风险管理采取自上而下的管理方式,围绕其基本宗旨、目标和原则,形成其独特的风险偏好规则、各部门管理政策和流程等。风险管理、内部合规和审计部各司其职,针对不同的风险情景,通过路径设计、成因分析、自我评测、建立单一风险因素登记等工具,从可能性和影响力两个维度来管理风险。GIB主要面临五大风险类别:投资风险、绿色风险、运营风险、声誉风险、流动性风险。GIB主要管理最重要的前三大风险因素(投资风险、绿色风险、运营风险)。

GIB确保每一个投资项目都满足以下至少一项绿色目标:减少温室气体排放;促进自然资源的有效利用;有利于对自然环境的保护;有利于维护生物多样性;促进环境可持续性发展。为了达成这一目标,GIB成立了专门的绿色投资部门,并开发出针对这五项绿色目标和GIB优先投资领域相对应的绿色评级标准,级别从A+到E不等。

GIB独特的绿色评级标准是结合了客观数据、GIB投资原则和行业专家意见的结果。如果项目没有通过绿色投资部门的评估,不论投资回报率多高,都无法通过。每一个投资项目在前期审核和投后管理阶段,都会接受该部门对其严格的管理评级和持续监控,项目方案书中必须包括该项目在五项绿色目标中的评级结果和相应分析,并一一列出从可能性和影响力两个维度衡量出的绿色风险,以及相应的控制措施。

绿色投资部门还制定了标准的《绿色投资手册》,包括针对 GIB 三大优先投资领域的、详细的尽职调查应遵循的绿色评估流程和相应指导,可见 GIB 将一切绿色风险标准进行了精准的量化管理,这在全球都尚属领先。未来,GIB 希望将这套管理流程标准化、国际化,并推广应用到更广泛的绿色投资领域(比如绿色债券评级),让更多的投资者采纳。

四、瑞士再保险:优化拓展传统巨灾模型

瑞士再保险公司是瑞士最大的专业再保险公司,仅次于慕尼黑再保险公司的第二大国际再保险公司,其核心业务是为全球客户提供风险转移、风险融资及资产管理等金融服务,尤其是气候灾害带来的风险管理服务。该保险公司统计 2022 年上半年全球自然灾害造成的总经济损失高达 720 亿美元,这个数字虽远低于 2021 年同期的 910 亿美元,但其中因天气原因造成的灾害比重有所提升。瑞士再保险研发了针对气候物理风险造成的巨灾形成的模型(见图 4-2)[1]。

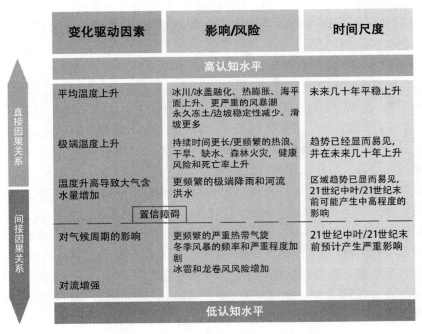

图 4-2 一个典型的巨灾模型

除了从发生频率与破坏强度来审视灾害,还引入了时间尺度和置信度两个变量,使保险业在应对气候变化时承受的金融风险得到更有效度量。时间尺度有助于了解已经发生的变化,并对潜在变化做出预测。而置信度在其中的运用能够反映气候变化对气候变量概率分布和可信程度的影响(见图 4-3)。

---

[1] 转引自托马斯·霍周等.保险业面临的气候风险及其评估.清华金融评论.2020. https://mp.weixin.qq.com/s/h2IVg-HYKfL03ODN9W1sdg.

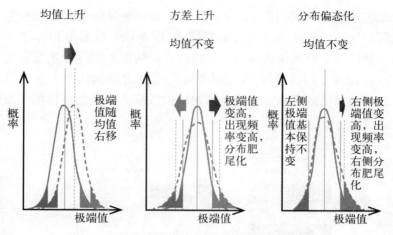

图 4-3　气候变化对气候变量概率分布的潜在影响

同时,由于人们对不同气候物理风险的认知水平存在差异,对某些气候系统关系复杂的相互影响理解有限,往往会产生置信障碍。在模型里充分考虑上述不确定因素(见图 4-4),可以减小误差、提高认知和预测水平。

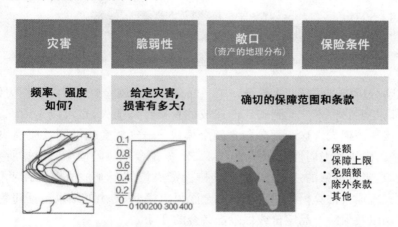

图 4-4　按驱动因素、风险、时间尺度和认知水平对气候变化影响分类

五、清华大学：开发全方位分析风险的测度框架

中国金融学会绿色金融专业委员会主任、中国人民银行货币政策委员会委员马骏教授带领清华大学绿色金融发展研究中心(RCGFD)团队开发了两套测度框架[1],运用压力测试、情景分析等模型分别对金融机构所面临的气候转型风险和物理风险进行分析,从而量化气候投融资风险。

气候转型风险模型包括五个模块(见图 4-5)。第一步是设置气候情景。第二步是评估行业和宏观经济影响——基于上述设置好的气候情景,利用模型评估在基准和转型情

---

[1] 转引自马骏等.气候转型风险和物理风险的分析方法和应用——以煤电和按揭贷款为例.清华金融评论.2020. https://mp.weixin.qq.com/s/YT_zHkJmw40rN46EfUh6lg.

景下行业和宏观经济指标的发展与变化。第三步是分析对微观企业的财务影响——把行业和宏观经济层面的影响具体化为微观层面，即企业各种财务指标承受的影响与变动上。第四步是评估金融机构的风险——标的企业的财务指标发生变化之后会影响其金融风险的指标，进而形成对与其有金融业务往来的金融机构的一系列风险。第五步是分析系统性金融风险的影响——单个金融机构风险指标变化会转化成系统性监管指标的变化。

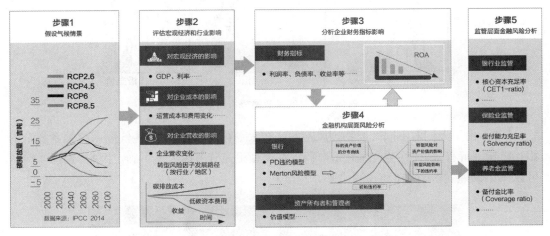

图4-5　气候转型风险分析框架示意图[1]

物理风险分析模型包括两大部分。第一部分是巨灾风险模型。灾害损失估算模型得出的结果可以是实物性资产受到破坏而造成的直接经济损失，也可以是因灾害而停工减产导致的间接经济损失。这一部分包含四个模块——气候变化加剧效应模块、历史灾害模块、资产暴露模块和脆弱性分析模块。第二部分是金融风险模型。根据所要研究的问题，模型可以是银行贷款的违约率模型、支持投资决策的企业估值模型或者保险精算模型。将上述灾害损失估算模型的产出输入金融风险模型，得出的结果包括违约率、企业估值（股价）变动以及保险产品定价或保险准备金的变动。

六、碳三角洲公司：形成着眼估值变动的风险值模型

碳三角洲公司是一家专注气候变化情景分析的环境金融科技和数据分析公司，目前是MSCI（明晟）的子公司。它开发了一套名为"气候风险值模型"的风险度量手段，提供具前瞻性及以回报为基础的估值评估，以衡量气候变化对公司估值的潜在影响。该工具协助金融机构，包括投资经理、银行、资产拥有者及保险公司，通过特定证券模型识别在气候变化最坏情景下资产的风险状况，同时协助机构发掘创新的低碳投资机会，帮助投资者更为便捷地分析其投融资活动中与气候相关的风险和机会。对于气候物理风险分析，该模型建构了包含七个极端天气危害的气候情景，同时涵盖了平均和剧烈的自然气候变化

---

[1] 转引自马骏等. 气候转型风险和物理风险的分析方法和应用——以煤电和按揭贷款为例. 清华金融评论. 2020. https://mp.weixin.qq.com/s/YT_zHkJmw40rN46EfUh6lg.

风险值;对于气候转型风险分析,它通过专利分析[1]评估监管风险和低碳转型技术机遇。在此基础上,通过与前述工具相似的传导机制,最终实现对气候变化带来的冲击对股票、公司债券等金融机构的投资估值的变动程度的度量,进而评估每个投资对与气候相关的投资组合风险和机会的贡献,从而实现对相关气候投融资风险的精确测度。目前,这一工具的分析对象已经囊括了超过 22 000 家公司和 300 000 股股票及债券,其测度方法也在进一步拓展和优化过程中。

第三节 绿色金融风险测度工具的比较

一、各类测度工具与分析方法的特征梳理

根据上文介绍的不同类气候投融资领域的测度工具与分析方法的介绍,可以发现,目前国内外主要针对气候变化引发的金融风险形成了较为成熟的工具和方法,相应的思想、框架、指标体系、情景设置等都可以应用在绿色信贷、绿色债券等框架中,为了更好地理解相应的方法,我们有必要进行比较分析,可得到下表 4-1 的结果。

表 4-1　各种气候投融资的测度工具与分析方法的特征梳理

机构/组织	测度依据	测度模型	方法类型	测度风险来源	测度层面	测度维度	测度效果
欧盟	气候风险评估工具		方法学指南	转型风险物理风险	宏观层面	国家层面绿色(环境)风险	不精确;仅能提供指导性意见
世界银行	环境和社会框架	环境与社会标准	方法学指南	转型风险物理风险	宏观层面	国家层面绿色(环境)风险	不精确;仅能提供指导性意见
英国绿色投资银行	绿色投资手册	情景比较	方法学指南	转型风险	微观层面	项目层面绿色(环境)风险	不精确;仅能提供指导性意见
瑞士再保险	—	巨灾模型	工具	物理风险	微观层面	承保风险	精确量化与测度
清华大学	气候转型风险/物理风险分析框架	情景分析压力测试	工具	转型风险物理风险	微观层面	信用风险(贷款违约率)、市场风险(股票、债券估值)、承保风险	精确量化与测度

---

〔1〕 专利分析:对专利说明书、专利公报中大量零碎的专利信息进行分析、加工、组合,并利用统计学方法和技巧使这些信息转化为具有总揽全局及预测功能的竞争情报,从而为企业的技术、产品及服务开发中的决策提供参考的企业分析与评估方法。

续 表

机构/组织	测度依据	测度模型	方法类型	测度风险来源	测度层面	测度维度	测度效果
碳三角洲公司	气候风险值模型	情景分析在值风险（VaR）模型	工具	转型风险 物理风险	微观层面	市场风险（股票、债券估值）	精确量化与测度

二、各类测度工具与分析方法的比较评述

通过对几种气候投融资风险的测度工具进行对比，我们可以发现，尽管这些工具与方法都具有一致的出发点，也基于相似的底层逻辑，但由于开发主体存在较大差异，致使各类工具的服务对象、测度维度、测度效果等层面各不相同，从而在发展路径、未来空间等方面显现出一定的分化趋势。下文即讨论它们的共性与差异。

（一）共性特征

（1）开发目的相同。开发这一系列测度工具的出发点均是使得相应终端用户应对气候变化时承受的金融风险得到更有效的度量，进而更有利于气候投融资的实施与监管。

（2）基本原理相近。它们的基本原理都是将气候风险转化为可测的"金融数字"，均从气候变化产生的冲击本身出发，随后分析这一冲击条件下被投资主体资产等暴露在风险下的程度（风险敞口），沿微观与宏观层面的传导渠道，测度金融机构金融绩效指标的下降程度，即得以对金融风险进行一定程度的量化。

（二）差异与优劣

（1）开发主体不同。气候风险评估工具、《环境和社会框架》《绿色投资手册》分别由欧盟、世界银行、英国绿色投资银行这三类国际组织或政府机构提出，具备浓重的官方特征。而改进后的巨灾保险模型、气候转型风险/物理风险分析框架、气候风险值模型则分别由金融机构（保险公司）、科研院所、新兴金融科技公司开发，不具官方色彩。

（2）服务对象不同。开发主体性质的差异必然带来服务对象的区别。对于欧盟和世界银行这类重要的国际组织，它们肩负着为成员国提供发展性贷款和投资的使命，因而，其发布的相关工具用于衡量某国家或地区宏观层面的气候投融资风险。英国绿色投资银行提出的指南更多着眼于本国国内的气候投融资项目本身。而其他三种工具均主要为金融机构服务。另外，瑞士再保险改进的巨灾模型仅适用于保险公司。

（3）风险类型不同。就气候风险的来源而言，欧盟的气候风险评估工具、世界银行的《环境和社会框架》、清华大学的气候转型风险/物理风险分析框架以及碳三角洲公司的气候风险值模型均针对物理风险与转型风险两类，而《绿色投资手册》与改进后的巨灾模型分别仅关注转型风险与物理风险。对于终端主体承受的风险（即相应工具的测度维度）来说，欧盟、世界银行、英国绿色投资银行提出的手段并不关注具体的金融风险类型，仅讨论绿色/环境风险这类泛化的风险；与之形成对比的是，其他三种工具均着眼于相对具体的风险类型，如瑞士再保险关注承保风险，碳三角洲公司的模型分析市场风险（股票、债券估

值),而清华大学的框架则讨论得更加完整而全面(囊括了上述两者的内容)信用风险(贷款违约率)、市场风险(股票、债券估值)、承保风险等。

(4) 时间范围不同。前三类方法论只能形成事前的评估。而后三种工具能够实现对事前、事中、事后的风险测度,进而有利于投资方与被投资方在投融资全过程中进行防控风险的决策。

(5) 效果呈现不同。前三类方法论自身的性质、对终端主体承受风险的讨论以及分析范围决定了其无法精确地量化风险,仅能对投融资活动的开展提供指导性意见。后三类工具则能够实现对金融风险的精确测度;当然,它们输出的结果则根据方法本身的差异而有所不同,例如:清华大学的气候转型风险/物理风险分析框架偏重输出具体的财务指标,而气候风险值模型则主要输出投资组合的气候风险值(方差等)。

总的来说,对于前三类更偏重"方法学指南"的分析手段而言,提高测度风险的准确程度似乎是当务之急,同时,相较于欧盟与英国绿色投资银行的方法论,世界银行发布的《环境和社会框架》对风险来源的覆盖范围最为全面,除独立讨论两类气候风险以外,还涵盖了多种环境风险乃至社会风险,更具有普适性,尽管囿于发布机构自身的性质,其分析视角局限在相对宏观的层面,但依然瑕不掩瑜,多有值得借鉴之处。来自瑞士再保险、清华大学、碳三角洲公司的三种分析方法属真正意义上的测度工具,精确性显然得以大大提升。由于财产、责任保险及巨灾保险的特性,瑞士再保险的测度框架中仅讨论了来源于物理风险的可能情形;而由碳三角洲公司发布的分析工具对转型风险的来源讨论不够,评估维度也尚未涵盖贷款、债务等带来的违约风险以及承保风险;比较而言,来自清华大学的模型适用面更广,能够得到较为全面的分析结果,是更加优秀的测度手段。

本章对绿色金融风险管理的核心环节——风险测度进行了介绍。通过对本章的学习,读者能对绿色金融风险测度的理论依据形成深入的认识。在此基础上,结合对已有各类风险测度工具及其测度方法的概览,读者可以对不同绿色金融风险测度工具的运用场景进行判断,主要了解了针对气候变化引发的一系列风险测度工具,并比较辨析了各类测度手段的差异、共性、优势、劣势,以及合适的应用场景,最后对绿色金融风险测度的功能进行了介绍。

[习题与思考]

1. 总结金融风险测度的不同理论特点。
2. 常用金融风险测度工具有哪些?请对其特点进行分析。
3. 试用一种风险测度工具分析现实生活中的绿色金融风险。
4. 自绘表格总结绿色金融风险各测度工具的优劣势。

陈诗一,李志青.中国企业绿色透明度报告(2019)[R].复旦大学绿色金融研究中心研究报告,2020.

陈诗一,李志青.中国上市银行绿色透明度研究(2019)[R].复旦大学绿色金融研究中心研究报告,2019.

国泰君安证券.欧央行《气候相关风险与金融稳定》报告介绍:"碳中和",欧洲如何测度气候风险[R].国泰君安证券研究报告,2021.

刘新立.风险管理[M].北京大学出版社,2006.

马骏.论构建中国绿色金融体系[J].金融论坛,2015,20(5):18-27.

马骏,孙天印.气候转型风险和物理风险的分析方法和应用——以煤电和按揭贷款为例[J].清华金融评论,2020(9):31-35.

碳信托.如何应对绿天鹅事件——助力中国金融市场备战气候转型风险[R/OL]. https://www.carbontrust.com/zh/ziyuan/ruheyingduilutianeshijian-zhulizhongguojinrongshichangbeizhanqihouzhuanxingfengxian,2020-10-24.

托马斯·霍周等.保险业面临的气候风险及其评估.清华金融评论.2020. https://mp.weixin.qq.com/s/h2IVg-HYKfL03ODN9W1sdg.

王昕彤,刘瀚斌.气候投融资风险测度工具的比较研究[J].上海保险,2021(1):48-53.

张金清.金融风险管理[M].复旦大学出版社,2011.

中金研究院,中金公司研究部.碳中和经济学:反推式变革的七个思考[R].中金研究院研究报告,2021.

European Commission. National Climate Change Vulnerability and Risk Assessments in Europe,2018. https://doi.org/10.2800/348489.

Green Investment Group. Green Investment Handbook[R/OL]. https://www.greeninvestmentgroup.com/who-we-are/measuring-our-impact.html,2018-11-28.

NGFS. Overview of Environmental Risk Analysis by Financial Institutions[R/OL]. https://www.ngfs.net/sites/default/files/medias/documents/overview_of_environmental_risk_analysis_by_financial_institutions.pdf,2020-09-10.

The World Bank. The Environmental and Social Framework[R/OL]. https://projects.worldbank.org/en/projects-operations/environmental-and-social-framework.

第五章 绿色金融的风险评级

[学习要求]

- 熟悉常见的绿色金融风险评级体系内容
- 了解国际常见金融风险评级机构和体系内容
- 了解绿色金融风险评级的发展趋势
- 分析绿色金融评级对风险管理的作用

[本章导读]

风险级别一直是投资理财中最为关键的内容,金融机构在推介产品和服务的时候,常常会标注相应的风险级别,不同的投资者一般具有不同的风险承受能力,金融产品的风险评级对投资者就显得尤为重要。在绿色金融风险管理的过程中,利益相关方对绿色金融的机构、产品和服务进行评级同样是重要的环节,通过对金融机构、金融产品与服务质量的评级,帮助投资者在绿色金融投融资的初期就能对所涉及的资产风险形成基本判断,从而有助于优化投资决策,降低损失风险,更好保障绿色金融业务平稳开展。目前,国际上关于这一主题已形成较多有价值的实践,大多从公司治理、业务经营、资金运用、资产负债管理、偿付能力管理、其他方面六个维度评定综合风险水平等级,从而全方位、多角度、全流程地反映项目的经营风险,提高管理机构监管的风险预警能力,提升风险管理的前瞻性。本章通过对国内外几种常见的风险评级体系的介绍,帮助读者了解实务界中绿色金融风险评级的特点,进而形成有效管控风险的管理框架。

第一节 绿色金融的评级体系介绍

一、绿色金融产品和机构的评级对象

(一) 常见金融产品风险评级介绍

2007 年以来,中国证监会陆续在基金销售、创业板、金融期货、融资融券、股转系统、私募投资基金等市场、产品或业务中建立了投资者适当性制度,明确投资者基本分类、产品分级底线标准,规范经营机构义务,强化监管与自律要求,主要目的就是针对"投资者的可承受力"设置产品的风险评级,减少盲目投资情况。在现实生活中,我们常常在银行或

证券公司的营业大厅看到许多理财产品的介绍,一般都包括年化收益率或风险标注,即使支付宝、腾讯理财通等平台的理财产品,每个产品也都标注了风险等级,其中有的被标注了中风险,有的被标注了中低风险,相应的预期年化收益率也各有不同。这些风险评级较好地引导投资者进行理性投资。那么,这些风险等级如何划分,对投资收益有怎样的影响,这些问题都是投资者十分关注的话题。作为金融产品的新兴品种,绿色金融产品风险评级又是怎么做的呢?为此,我们可以先通过了解身边的理财产品风险评级,分析普遍意义上的金融产品是如何进行风险管理的。

一般来说,目前常见的理财产品可以划分为五个风险等级:低风险、中低风险、中风险、中高风险和高风险,一般用 R1、R2、R3、R4、R5 来标示。对应的投资人等级也分为谨慎型、稳健型、平衡型、进取型和激进型等五种类型。

(1) R1 级(谨慎型):该级别理财产品一般由银行保证本金的完全偿付,产品收益随投资表现变动,且较少受到市场波动和政策法规变化等风险因素的影响。产品主要投资于高信用等级债券、货币市场等低风险金融产品。

(2) R2 级(稳健型):该级别理财产品不保证本金的偿付,但本金风险相对较小,收益浮动相对可控。在信用风险维度上,产品主要承担高信用等级信用主体的风险,如 AA 级(含)以上评级债券的风险;在市场风险维度上,产品主要投资于债券、同业存放等低波动性金融产品,严格控制股票、商品和外汇等高波动性金融产品的投资比例。

(3) R3 级(平衡型):该级别理财产品不保证本金的偿付,有一定的本金风险,收益浮动且有一定波动。在信用风险维度上,主要承担中等以上信用主体的风险,如 A 级(含)以上评级债券的风险;在市场风险维度上,产品除可投资于债券、同业存放等低波动性金融产品外,投资于股票、商品、外汇等高波动性金融产品的比例原则上不超过 30%,结构性产品的本金保障比例在 90% 以上。

(4) R4 级(进取型):该级别理财产品不保证本金的偿付,本金风险较大,收益浮动且波动较大,投资较易受到市场波动和政策法规变化等风险因素影响。在信用风险维度上,产品可承担较低等级信用主体的风险,包括 BBB 级及以下债券的风险;在市场风险维度上,投资于股票、商品、外汇等高波动性金融产品的比例可超过 30%。

(5) R5 级(激进型):该级别理财产品不保证本金的偿付,本金风险极大,同时收益浮动且波动极大,投资较易受到市场波动和政策法规变化等风险因素影响。在信用风险维度上,产品可承担各等级信用主体的风险,在市场风险维度上,产品可完全投资于股票、外汇、商品等各类高波动性的金融产品,并可采用衍生交易、分层等杠杆放大的方式进行投资运作。

上述的金融产品分级主要是针对投资者资金的安全性角度来分析,在金融活动中,许多投融资环节都会在正式开展活动前强调"投资要根据普通投资者风险承受能力和金融产品或者服务的风险等级建立适当性匹配原则",简言之,在投资者购买金融产品时,金融机构需要对其进行风险测评,并按照风险承受能力将普通投资者由低到高至少分为五种类型,基于对于投资者的风险评级,可以对金融产品或者服务的风险等级按照风险由低到高划分为五个等级。这意味着,未来投资者购买基金产品时需要与自身风险承受能力相匹配。也就是说,金融活动所签订的金融投资协议或金融活动要求最低风险承受能力类别的投资者不得购买高于其风险承受能力的金融产品,这便是金融产品进行分级的意义和价值。绿色金融产品同样也需要一定的风险评级,如绿色信贷、绿色债券、绿色保险等,都需要对投资者告知一定的风险评级。

(二) 融资企业和金融机构风险评级介绍

绿色金融风险评级,不仅要考虑投资者购买金融产品和服务的可承受性,还需要标注这类新金融活动所投资标的、项目和企业的风险信息,也就是说,我们讨论的绿色金融风险评级,主要分析的是资金所投向的绿色领域或绿色项目是否合理、是否具有可持续性、是否有盈利模式,以及金融机构自身运营的风险性。由于金融机构在对金融产品的风险评级工作中,很大程度需要依赖对拟投资项目的质地有很准确的判断,因此,除对金融产品的风险评级外,还应该分析金融产品背后的标的设计、融资模式,进而分析金融机构自身或所投企业主体的风险评级,特别是企业的信用风险,在绿色项目标准没有取得共识的背景下,尤为值得特别注意,主要有以下五类表现:

(1) 凭空捏造绿色项目以及相关支撑材料,以从银行骗取信贷资金;

(2) 以小(单个的微绿色项目)博大(整个企业变成绿色企业)或者化整为零(将一个绿色项目分解成若干小项目),获取不同银行信贷与发债资金;

(3) 假绿色之名融资,但实际资金并未投到绿色项目;

(4) 人为制造项目灾害,骗取保险赔偿;

(5) 虚构财务数据,获得 IPO 资格,或隐瞒负面环境新闻与环保处罚信息,误导投资者。

上述五类风险,需要在金融活动之前设计风险量化表,并进行打分。基于此,针对绿色金融所投资公司的信用风险进行评级,主要内容一般可分业务状况和财务风险两个方面。在业务状况方面,评级机构通过综合考虑公司所属的国家风险和行业风险,以及公司在市场中的竞争地位,对其产品和服务进行打分。在财务风险方面,评级机构基于一般财务分析规律,主要关注公司的运营现金流与债务比(FFO/Debt)和债务与息税折现摊销前利润比(Debt/EBITDA)等较为关键的指标,结合几个辅助性财务指标考察公司的现金流和财务杠杆状况。

基于上述这两项评价指标,便可产生公司的基准评级。但正如前文所述,这两方面的评价还不能反映公司的治理特性,因此,在基础评级的基础上,还要针对公司自身的治理效能进行评价,以评估其运营的可持续性。评级机构还会通过六项因素对基准评级进行调整,这六项因素包括多样性/组合效应、资本结构、财务政策、流动性、公司管治、可比评级分析。经过这六项调整,就可以得到对一家公司的治理状况评价,一般情况下这也将是机构或个人投资者对该企业的信用评级。但如果这家公司是某集团子公司或政府相关企业,那么评级机构还会在个体信用状况的基础上考虑集团或政府对公司的潜在支持,并进行相应的调整。

在绿色金融活动中,基于上述对所投资公司的分析,一般投资者在面对绿色金融产品的时候,可以使用"金融产品+标的公司"双评级机制,即让投资人在风险预判的时候,不仅了解所购买的金融产品和服务的风险,还能了解资金所投项目、公司自身治理的风险。

对于金融产品和服务风险而言,主要针对的分析对象是发行提供这些产品和服务的机构,如银行、保险公司等。其风险评级主要涉及定量指标和定性指标两类评价方法。定量指标可包括绿色金融业务总额占比、绿色金融业务总额占全金融业务的份额占比、绿色金融业务总额同比增速、绿色金融业务风险总额占比等四项主要指标,这四项指标均从纵向(若干季度该机构平均情况)、横向(占当期全部参评机构比重)两个维度进行反映。定性指标包括执行国家及地方绿色金融政策情况、机构绿色金融制度制定及实施情况、金融支持绿色产业发展情况等三项主要指标,特别是后两者,详细考虑了绿债持有、发行和承销情况、银行绿色金融发展战略和规划,气候和环境风险压力测试信息披露,气候和环境风险管控,支持境外绿色产业、项目发展的资金规模、利率、投向等情况。而对于绿色金融所投向公司的风险量化分析,综合前述关于公司风险的分析,设计风险评级体系如表5-1所示。

表5-1　绿色金融产品所投公司的风险评级指标体系

序号	重度	权重	风险水平
1	公司治理	22%	
2	业务经营	14%	风险水平等级为低：得分≥85分
3	资金运用	22%	风险水平等级为中：60分＜得分＜85分
4	资产负债管理	14%	风险水平等级为高：得分≤60分
5	偿付能力管理	14%	
6	其他方面	14%	
加分项			设置"履行环境社会治理(ESG)责任情况"作为加分项,对开展绿色保险、普通型保险较多的法人机构,给予适当加分

二、国际相关风险评级体系和机构介绍

目前,国际上对绿色金融的风险评级体系,主要是依托项目或公司的ESG(环境、社会和公司治理)表现评价层面展开,也就是针对金融活动涉及的企业方、项目方这一层次进行分析(上一节提到的评价内容之一),也就是我们常见的评级体系,即构建企业的ESG方面的评价内容,形成"环境-社会-治理"评级框架,可持续力机构在2020年度《Rate the Raters》报告指出,多达65%的投资者会将ESG评分作为企业表现的参考标准之一。对于投资者而言,要充分掌握企业的ESG表现,评估企业的环境社会贡献,需要具有公允力的ESG评级产品对项目或公司进行打分,形成对企业绿色化的评判结果。目前,国际主要的评级机构包括明晟、道琼斯、富时罗素等知名机构或指数。下面对各机构的评级体系进行介绍。

(一)明晟(MSCI):全面的风险评价体系

明晟,即摩根士丹利国际公司,同全球50家著名的资产管理公司开展系列合作,致力于对全球7 500家公司(包括子公司在内的13 500家发行人)和65万多只股票和固定收益证券进行评级,是全球领先的ESG与绿色金融评级和研究机构。

MSCI 评级方式的指标体系非常全面,通过分析测算项目或企业在环境、社会、治理方面的成效,进而评估潜在的绿色金融风险。其评级框架主要包含 3 个大类 10 项主题 37 项关键指标,详见表 5-2。

表 5-2 MSCI 评级指标体系

大类指标	主题	关键指标
环境	气候变化	碳排放量
		产品的碳足迹
		为环境保护提供资金
		是否加剧气候变化的脆弱性
	自然资源	对水资源的压力
		对生物多样性与土地利用的影响
		原材料的采购
	污染和废弃物	有毒的排放物和废弃物
		包装材料及其废弃物
		电子垃圾
	和环境相关的发展机会	清洁技术的发展机会
		绿色建筑的发展机会
		可再生能源的发展机会
社会	人力资本	劳动力管理
		健康和安全
		人力资本开发
		供应链劳动力标准
	产品责任	产品的安全和质量
		化学品的安全性
		金融产品的安全性
		隐私与数据安全
		责任投资
		健康与人口风险

续　表

大类指标	主　题	关　键　指　标
社会	和利益相关方是否存在冲突	易引起争议的采购事件
	和社会责任相关的发展机会	涉及通信行业的机会
		涉及金融行业的机会
		涉及医疗保险的机会
		涉及营养和健康行业的机会
治理	公司治理	董事会
		薪酬
		所有权
		会计准则
	公司行为	商业伦理
		反垄断实践
		税收透明度
		腐败和不稳定性
		金融体系的不稳定性

上述表格中的评级数据主要有三类来源：(1)来自政府及非政府组织专业数据库，例如CDP(碳信息披露项目)等；(2)上市公司公开信息披露，包括财务报告、可持续发展报告等；(3)来自全球和当地新闻机构、政府以及非政府组织等渠道。针对上述的37项关键指标，MSCI依据各个议题再进一步对上市公司的风险暴露和风险管理进行综合打分：针对风险暴露，主要分析企业多大程度上暴露了行业实质性风险；针对风险管理，主要分析企业如何管理每项实质性风险。同时，其指标权重也会视所在行业情况而定，该权重的高低主要反映两方面情况：一是该项指标对于行业的影响强度；二是该行业受该指标影响的持续时间。

(二)道琼斯(DJI)：关注企业的可持续发展

1999年，标普的指数部门基于企业可持续发展评估开发出了道琼斯可持续发展指数，该指数具有悠久的发展历史，是全球公认的绿色金融与社会责任及可持续发展领域的评级参考标杆。表5-3介绍了道琼斯可持续发展指标体系。该体系直接将可持续金融等作为企业治理的重要组成部分，既评估了一般企业的日常环境保护绩效，也涵盖了金融机构的绿色金融发展情况。

表 5-3　DJI 评级指标体系

大类指标	主　题	关键指标/说明
环境	运营生态效率	直接温室气体排放
		间接温室气体排放
		能源
		耗水量
		废弃物
	气候战略	管理激励
		气候变化战略
		气候情景分析
		气候相关目标
		低碳产品
		温室气体排放
		内部碳定价
	产品管理	产品设计规则
		生命周期分析
		产品效益
		有害物质
		承诺
		产品生命周期结束
		环境标签和声明
治理	可持续金融	金融机构在应对可持续发展挑战,促进向低碳经济过渡以及促进可持续发展方面可发挥关键作用。在识别和解决日益严重的环境挑战及相关风险时,金融机构可通过利用其在金融创新中的专业知识而受益。在对金融机构的绿色金融评级中需要考虑所有业务运营中的创新产品(批发/企业/投资银行/零售银行/资产管理/财富管理/证券交易所/保险承销)

(三)富时罗素(FTSE Russell):针对不同行业开展针对性评级

富时罗素是隶属于伦敦证券交易所的指数编制公司。目前,富时罗素已运营指数超过50年,覆盖全球25个交易所和98%的可投资证券市场,有3万亿美元的资金跟踪其指数。富时罗素围绕ESG主题的评级方法包含3个维度14个主题,每个主题下有10~35个指标,总计300个指标。截至2021年,FTSE ESG评级和数据模型涵盖约800只A股、1800只中国上市公司证券(包括A股、港股、中概股等)。目前,FTSE的可持续投资系列指数包含九类指数产品。其中,最为国内上市公司所熟知的是富时罗素ESG指数(FTSE ESG指数系列)与富时社会责任指数系列(FTSE4Good指数系列),FTSE ESG指数系列旨在帮助投资者在保持行业中立的前提下,为其ESG投资提供一个广泛的基准。该指数系列使用了富时罗素ESG评级和数据模型来调整其组成部分的市值权重,包括47个发达和新兴市场的4000多只证券。FTSE4Good指数则完全基于ESG评级结果从优选取成分股,只有ESG评级较好的公司才能入选。FTSE4Good指数系列于2001年推出,是首个度量符合全球公认企业责任标准的公司表现的指数系列。

FTSE ESG评级根据14项主题评价,每家企业平均应用125个指标,仅使用公开资料(包括公司季报和企业社会责任报告等)。富时罗素与每家企业单独联系,以检查是否已找到所有相关的公开信息。对于每家受评企业,富时罗素会根据其所在行业的不同,选取不同的指标及权重进行评级(见表5-4)。

表5-4 富时罗素评级指标体系

大类指标	主 题	大类指标	主 题	大类指标	主 题
环境	生物多样性	社会	顾客责任	治理	反腐败
	气候变化		健康和安全		企业治理
	污染物和资源		人权和社区		风险管理
	供应链		劳工标准		税务透明度
	水安全		供应链		

此外,该评级结果还会根据风险暴露程度和信息披露程度两个维度进行加权打分,形成更为完善的结果。

三、国内较有影响力的评级体系和机构

与国外评级体系和机构主要关注所投资公司不同,我国关于绿色金融的评级主要围绕金融机构的评级展开,将金融机构自身的绿色发展、绿色创新等作为评级的主题内容,以测评这类金融机构发展绿色金融业务的能力和风险控制水平。近年来随着上市公司信息披露制度的完善,还有一些社会组织作为第三方借鉴国外的ESG指标体系进行评估。下面对国内这类针对绿色金融的评级体系和机构进行介绍。

(一)中国人民银行:针对银行机构的评价体系

中国人民银行在2018年发布了《银行业存款类金融机构绿色信贷业绩评价方案(试行)》,针对银行业金融机构开展包括但不限于绿色贷款的评价,还可拓展应用于绿色证

券、绿色股权投资、绿色租赁、绿色信托、绿色理财等业务,进一步优化绿色金融激励约束机制,该评价方案针对的是绿色金融业务绩效,是从考核银行完成的绩效指标角度开展的评价。2021年5月,央行进一步发布《银行业金融机构绿色金融评价方案》[1],鼓励银行业金融机构积极拓展绿色金融业务,加强对高质量发展的绿色低碳发展的金融支持,统筹开展绿色金融评价。该方案提出的绿色金融评级主要也是针对金融机构,评价指标包括定量和定性两类,其中,定量评级指标权重占80%,定性评级指标权重占20%。定量指标包括绿色金融业务总额占比、绿色金融业务总额份额占比、绿色金融业务总额同比增速、绿色金融业务风险总额占比等4项。具体指标和细分权重如表5-5所示。

表5-5 《银行业金融机构绿色金融评价方案》的定量指标评价体系

指标	评分基准	权重
绿色金融业务总额占比(25%)	纵向:最近三期(指季度,下同)该银行业金融机构绿色金融业务总额占比平均值	10%
	横向:当期全部参评银行业金融机构绿色金融业务总额占比平均值	15%
绿色金融业务总额份额占比(25%)	纵向:最近三期该银行业金融机构绿色金融业务总额份额占比平均值	10%
	横向:当期全部参评银行业金融机构绿色金融业务总额份额占比平均值	15%
绿色金融业务总额同比增速(25%)	纵向:最近三期该银行业金融机构绿色金融业务总额同比增速平均值	10%
	横向:当期全部参评银行业金融机构绿色金融业务总额同比增速平均值	15%
绿色金融业务风险总额占比(25%)	纵向:最近三期该银行业金融机构风险绿色金融业务总额占比平均值	10%
	横向:当期全部参评银行业金融机构风险绿色金融业务总额占比平均值	15%

其中,还需说明的是,绿色金融业务总额是指评价期内参评机构各项绿色金融业务余额的加权总和。绿色金融业务总额 $=\sum_{i=1}^{n}\lambda_{i}G_{i}$,其中,$\lambda_{i}$ 代表加权系数,G_{i} 代表绿色金融业务余额。当前,绿色金融业务总额包含两项内容,如表5-6所示。

---

[1] 中国人民银行关于印发《银行业金融机构绿色金融评价方案》的通知,http://www.gov.cn/zhengce/zhengceku/2021-06/11/content_5616962.htm。

表 5-6 《银行业金融机构绿色金融评价方案》定量指标评价
体系中绿色金融业务的涵盖范围及计算权重

当前绿色金融业务涵盖范围	计算权重(λ_i)
绿色贷款余额	1
绿色债券持有量	1

定性指标包括执行国家及地方绿色金融政策情况、机构绿色金融制度制定及评价实施情况、金融支持绿色产业发展情况等 3 项,分别占 30%、40%、30%的权重,详见表 5-7。

表 5-7 《银行业金融机构绿色金融评价方案》的定性指标评价体系

指标类别及权重	指标内涵	占比	评分规则
监管部门外部评价(100%)	执行国家及地方绿色金融政策情况	30%	综合考虑银行业金融机构绿色金融政策落实情况评定得分
	机构绿色金融制度制定及实施情况	40%	参考绿色债务融资工具投资人公示等结果,综合考虑银行业金融机构绿色金融发展战略和规划、治理,气候和环境风险压力测试信息披露,气候和环境风险管控、贷款审批、绩效考核,绿色债券发行与承销情况、产品服务创新,金融科技创新,非绿色金融业务或棕色资产情况,其他绿色金融相关制度的制定、实施、更新等情况评定得分
	金融支持绿色产业发展情况	30%	综合考虑银行业金融机构支持境内外绿色产业、项目发展的资金规模、利率、投向、审批程序、尽职调查、放款计划、贷后管理、台账管理等情况评定得分

关于指标数值的具体采集和计算方法,定量指标采用官方统计数据,并通过模型计算,数据源主要是中国人民银行调查统计部门提供的绿色贷款余额数据,债券登记托管机构提供的绿色债券持有数据;定性指标则由中国人民银行结合银行业金融机构日常管理、风险控制等情况确定。根据国家考核方案,中国人民银行负责 24 家主要银行的评价工作,中国人民银行分支机构负责辖区内银行法人的评价工作。评价工作从 2021 年第三季度(7月1日起)开始适用,每季度评价一次。绿色金融评价结果纳入央行金融机构评级等中国人民银行政策和审慎管理工具。

(二)中国工商银行:率先构建压力测试模型

在全球环保标准日益趋严,企业面临环境风险不断加大的情况下,中国工商银行在 2015 年研究发布了环境风险对商业银行信用风险的压力测试研究报告,为量化环境风险率先提供了一种创新的工具和方法,帮助金融机构实施企业客户环境风险评估。2015 年 4 月,工商银行在于伦敦举行的绿色金融会议上发布了题为《环境因素对商业银行信用风

第五章 绿色金融的风险评级

险影响压力测试》的研究报告，本次会议由20国集团工商界活动(B20)、伦敦市和联合国环境规划署(UNEP)共同主办。在工商银行的研究报告中，主要针对银行开展绿色金融面对的企业或项目开展评价，既提供了理论框架也给出了分析方法，有助于帮助银行了解日益严格的环保标准对企业负债状况的影响程度，以及对企业的偿还能力的影响，甚至可能会对金融机构在股东和存款人心目中的声誉产生影响。该报告选取了火电和水泥行业在高、中、低压力情景下进行测试，测评环境因素对企业客户财务表现和信用评级的影响。

工商银行开发的压力测试框架，主要聚焦从行业维度开展环境风险压力测试。这是因为同一行业的企业面临相同的政策环境、行业运行规律和市场环境，生产技术、资源耗费和排放等指标相似并具有可比性，而不同行业的运行规律、技术水平和盈利模式差异较大，面临的环境风险压力及承压能力均不相同，因此，选择行业维度具有较强科学性和准确性。优先选择高污染、高能耗行业进行压力测试。因为高污染行业是国家环保政策关注的重点行业，国家提高环境标准首先受到影响的就是高污染、高能耗行业，因此他们面临的环境风险较高，压力也最大。另外，结合实际情况和压力测试的目标设置环境风险压力情景。例如，欧洲金融机构在进行压力测试研究时，重点考虑极端天气对物理资产的影响，以及气候变暖政策因素可能对高碳排放行业的影响。在中国，结合国家建设生态文明、美丽中国、减少排放、治理污染等一系列政策不断出台，选择环境标准提高作为压力场景具有现实的意义。传统的压力测试之所以将注意力更多地集中在极端情景发生的影响，是因为对于一般宏观经济波动所带来的风险已经在财务制度上建立了较为完备的应对策略，而对于环境风险来说却并没有覆盖。下面我们以水泥行业的绿色信贷压力测试为例，介绍中国工商银行对于环境压力测试的具体内容(见专栏5-1)。

专栏 5-1

工商银行开发的环境压力测试框架介绍

1. 环境压力分析

对于"两高"项目环保政策标准的提高，可能导致部分水泥企业环境成本增加，财务风险加大，根据对与水泥相关的政策标准的梳理，有关变动大致包括以下三类：一是大气污染物排放标准限值提高。将颗粒物(PM2.5)排放限值提高至 $30\ mg/m^3$、$20\ mg/m^3$，分别比原标准提高40%和33%；将氮氧化物(NO_x)排放限值由 $800\ mg/m^3$ 收严到 $400\ mg/m^3$（一般）和 $320\ mg/m^3$（重点），分别比原标准提高50%和60%。二是水泥窑协同处置成为企业平衡环保压力和增长压力的新途径。海外水泥巨头如拉法基、豪瑞和西麦斯燃料替代率均在10%以上，而国内由于垃圾分拣机制不健全，水泥协处技术不成熟且投资压力大，龙头企业平均收益率仅在4%～5%，较高的华新水泥替代率达到13%左右，与国际同业相比差距较大。三是排污税费标准提高。多年以来，各地治理环境污染主要以征收排污费为主。就征收标准来看，东部地区（如北京、天津、上海）明显提高了收费标准，而中西部地区基本都是执行国家标准。考虑到上述治理方式存在随意化和标准不统一的弊病，国家发改委、原环境保护部等部门在

2018年初联合发布了《关于停征排污费等行政事业性收费有关事项的通知》,规定自2018年起在全国统一停征排污费,改为由企业根据排污量按季缴纳环境保护税。综合考虑环保标准和费改税后企业环境成本的变化,估计企业排污费总额增加2~3倍。

2. 压力情景

水泥行业压力测试情境设置主要考虑两大因素:其一,根据2013年原环保部水泥行业环保标准以及国家发改委最新下发排污费征收标准等有关政策,主要选取治污、水泥窑协调处置和排污三大政策变化因素。其二,企业环保成本投入的估算。考虑工商银行水泥企业客户绝大部分是行业中上游企业,估算过程中的相应参数值依照"良好企业"等级设定。

3. 压力测试主要结果

总体而言,水泥行业进入低速增长阶段,去产能压力仍然存在。环保标准提高将对水泥行业形成较为明显的财务压力。设置轻度、中度、重度压力情景下,AA级(含)以上的客户的信用等级向下迁移率分别为48%、62%和81%。

4. 政策建议

一是防范中小型水泥企业因环保改造压力导致的风险。二是持续跟踪水泥行业去产能进程可能带来的信用风险。三是脱硫脱硝除尘等环保市场空间巨大,建议择优开拓。四是关注水泥行业并购重组,抓住水泥行业发展机会、拓展优质客户。五是关注工业固废市场发展和政策变化,加大水泥协处项目支持力度,推进工商银行金融组合产品。六是抓住企业走出去中的水泥环保产业链投放机会。

对客户的信贷风险预警指标的筛选既要体现商业银行信贷风险的一般性,又要考虑绿色信贷风险的特殊性,同时以科学性、系统性、预测性及可操作性为原则。需要指出的是,我国绿色信贷风险控制是在国际社会上普遍实行的"赤道原则"框架下提出的,基于目前我国商业银行信贷风险预警研究所采用的指标体系基础上,结合绿色信贷特点,参照赤道原则所列示的在社会和环境评估文件中会涵盖的潜在社会和环境问题的示例清单以及国际金融公司制定的《环境和社会可持续性绩效标准》,在已有的信贷风险预警指标体系中加入环境风险指标,最终形成我国商业银行绿色信贷风险预警指标体系框架。其中,新加入的环境风险指标包括社会环境风险指标和自然环境风险指标两类,主要的内容如下。

社会环境风险指标用于识别和评估绿色信贷项目的开展对社会造成影响的可能性及其严重程度,具体包括四个指标:一是环保法律法规合规性。该指标是指项目所在国法律法规对绿色信贷项目的影响,主要评估项目与环保法规的相符性。二是项目对社区或易受伤害团体健康安全及治安影响。该指标是指项目活动、设备和基础设施建设中因例行和非例行情况给当地社区或易受伤害团体的健康和安全所造成的潜在危害,包括虫害病菌、温室气体排放、异味、噪声等污染物的排放及社区或易受伤害团体因此面临的疾病。三是劳工工作环境及条件。绿色信贷项目所属企业应公平对待员工并为其提供安全和健康的工作条件以增强运营效率。该指标的评估内容包括绿色信贷项目对项目所在国就业和劳工法的遵守、工作场所条件和雇用条款等。四是受影响人士对项目的态度。该指标应用受项目影响人士对项目所持的态度来衡量,项目实施者应通过项目相关信息及时披露及沟通,使项目对受影响人士造成的不利影响降到最低。

自然环境风险指标用于识别和评估绿色信贷项目的开展对生态环境造成影响的可能性及其严重程度,具体包括四个指标:一是项目占地情况。项目中存在对聚集场所、牧场和耕作等区域的土地征用,这将导致征用土地内部群体丧失其对资源的传统或受到认可的使用权。二是项目对生物多样性及栖息地影响。生物常会由于其生活地区遭到破坏而间接受到影响,该项评估内容包括绿色信贷项目对动植物的影响程度及对生物栖息地的影响范围等。三是项目污染物排放量。该指标用以衡量项目实施过程中污染物排放的外部性影响。四是资源与能源利用效率。该指标是指生产单位产品对资源与能源的消耗,通过减量化、再利用、资源化方法,提高资源能源的利用效率,进而减少对于自然环境的破坏。

根据商业银行绿色信贷预警指标体系,财务指标主要用以关注绿色信贷企业的各项运营数据,非财务指标主要关注绿色信贷企业的宏观环境及其对自然和社会的影响程度,而从已经确定的商业银行绿色信贷风险预警指标风险权重来看,非财务指标权重为24%,其中环境风险指标仅为3.6%(社会环境风险指标为2.4%,自然环境风险指标为1.2%)。从两种情形下的非财务风险预警指数来看,尽管非财务风险指标权重低,但非财务风险预警指数却远高于财务风险预警指数,加入环境风险指标也未对非财务风险预警指数以及综合预警指数产生较大影响。产生该结果的原因在于,目前我国商业银行对于绿色信贷风险的关注重点仍然集中在财务指标部分,即主要考虑到绿色信贷项目给银行带来的经济效益,对社会和环境效益部分的关注度不足。就绿色信贷项目中特有的环境风险而言,这种不重视将导致无法较好反映商业银行在某一绿色信贷项目中实际面临的环境风险,一旦国家环保部门加大对出现破坏资源、污染环境等信贷项目的整治,将造成贷款银行的不小损失。

(三)商道纵横:聚焦上市公司的ESG评估

商道纵横是中国较为领先的企业环境和社会责任领域的独立咨询机构,旗下商道融绿团队结合全球ESG与绿色金融标准以及中国市场特点,专为中国企业评估开发了有效的ESG与绿色金融评级方法,并积累了大量数据,其数据库涵盖了沪深300和中证500的共800只投资标的。自2016年起,每年发布《环境、社会及公司治理报告操作手册》及行业ESG(环境、社会和公司治理)手册,对上市公司的ESG报告质量、量化绩效、实质性议题展开分析,指导在中国上市的公司实现高质量ESG管理。这些评级指标除了囊括一系列环境指标(环境管理指标,如环境管理体系、环境管理目标、企业和员工环境意识、节能和节水政策等;环境信息披露指标,如能源消耗、节能、耗水、温室气体排放等)、发展指标(员工管理、供应链管理、产品管理等)、财务指标(财务健康程度、信息披露情况、纳税透明度、董事会独立性、高管薪酬等),还重点将负面信息加入了绿色金融的评级体系中,如环境污染负面事件(水污染、大气污染、固废污染等)、社会与公司治理负面事件(商业道德、社会关系、公司财务等),形成负面信息监控体系,有助于投资者和社会进一步辨识其可能存在的绿色金融风险情况。

(四) 社会价值投资联盟(CASVI)：关注企业的绿色责任行为

社会价值投资联盟(以下简称"社投盟")，是中国首家专注于促进绿色金融和可持续发展金融的国际化新公益平台，由友成企业家扶贫基金会、中国社会治理研究会、中国投资协会、吉富投资、清华大学明德公益研究院领衔发起，近50家机构联合创办。社投盟主要关注企业层面的绿色责任执行情况，通过目标(驱动力)、方式(创新力)、效益(转化力)三个维度，对企业绿色金融进行评级，从而帮助绿色金融活动更加理性。其评级体系由筛选子模型和评分子模型两部分构成。

(1) 筛选子模型是企业价值和绿色发展评估的负面清单，按照5个方面(产业问题、财务问题、环境与事故、违法违规、特殊处理)17个指标，对受评对象进行"是与非"的判断。

(2) 评分子模型包括3个一级指标、9个二级指标、27个三级指标和53个四级指标，详见表5-8。

表5-8 社会价值投资联盟的指标评价体系

一级指标	二级指标	三级指标	四级指标
目标 (驱动力)	价值驱动	核心理念	使命、愿景、宗旨
		商业伦理	价值观与经营观念
	战略驱动	战略目标	可持续发展战略目标
		战略规划	中长期发展规划
	业务驱动	业务定位	主营业务定位
		服务受众	受众结构
方式 (创新力)	技术创新	研发能力	研发投入
			每亿元营业总收入有效专利/论文数
		产品服务	产品服务突破性创新
			产品服务契合社会价值的创新
	模式创新	商业模式	营利模式
			运营模式
		业态影响	行业标准制定
			产业转型升级
	管理创新	参与机制	利益相关方识别与参与
			投资者关系管理

续　表

一级指标	二级指标	三级指标	四级指标
方式（创新力）	管理创新	披露机制	财务信息披露
			非财务信息披露
		激励机制	企业创新奖励机制
			员工股票期权激励计划
		风控机制	内控管理体系
			应急管理体系
效益（转化能力）	经济转化	盈利能力	净资产收益率
		营运效率	总资产周转率
			应收账款周转率
		偿债能力	流动比率
			资产负债率
			净资产
		成长能力	近三年营业收入复合增长率
			近三年净资产复合增长率
		财务贡献	纳税总额
			股息率
	社会转化	客户价值	质量管理体系
			客户满意度
		员工权益	公平雇佣政策
			员工权益保护与职业发展
			职业健康保障
		安全运营	安全管理体系
			安全事故
		合作伙伴	公平运营
			供应链管理

续　表

一级指标	二级指标	三级指标	四级指标
效益（转化能力）	社会转化	公益贡献	公益投入
			社区能力建设
	环境转化	环境管理	环境管理体系
			环保支出占营业收入比率
			环保违法违规事件及其处罚
			绿色采购政策和措施
		绿色发展	综合能耗管理
			水资源管理
			物料能耗管理
			绿色办公
		污染防控	三废（废水、废气、固废）减排
			应对气候变化措施及其效果

第二节　我国绿色金融评级的发展趋势

一、我国银行业绿色金融评级趋势

自 2021 年 7 月 1 日中国人民银行发布《银行业金融机构绿色金融评价方案》生效之后，2018 年发布的《银行业存款类金融机构绿色信贷业绩评价方案（试行）》同时废止。从央行发布的绿色金融评价方案与体系的对照中，可以总结我国未来绿色金融评级的发展趋势（为便于叙述，下文分别用新版和旧版指代上述两个政策文件）。

第一，新版评价方案扩大了纳入范围。这从文件标题就能看出，旧版是绿色信贷业绩，对象是银行业存款类金融机构，新版扩大为绿色金融业务，对象扩大为所有银行业金融机构（法人）。考虑到界定标准、数据可获得性等因素，新版暂时只是从境内绿色贷款延伸到境内绿色债券，但文件也提出未来可能还会继续扩大绿色金融业务的范围。

第二，新版评价方案拓展了评估结果应用场景。旧版表述是："评价结果纳入银行业存款类金融机构宏观审慎考核"。新版对此做了拓展，评价结果纳入央行金融机构评级等中国人民银行政策和审慎管理工具，还鼓励中国人民银行分支机构、监管机构、各类市场参与者积极探索和依法依规拓展绿色金融评价结果的应用场景。此外，新版鼓励银行业金融机构主动披露绿色金融评价结果,旧版里"(地方的评价结果)未经人民银行研究局核准,评价结果不得公开发布"这一表述在新版中没有再被提及,笔者认为这也可以解读为政策鼓励多用、用好绿色金融评价结果。

第三,定量指标加大了纵向评价权重。新旧版本的量化计算模型没有变化,依然是根据基准值和标准差来计算,变化较大的是纵向指标和横向指标的权重调整。旧版的纵向指标和横向指标总占比分别是20%和80%,新版调整为40%和60%。这意味着纵向指标对评价结果的影响大大提高了。纵向是银行自己和自己比,横向是银行自己和同业比。由此推断,新版评价方案更鼓励银行取得自身进步,降低同业比较对评价结果的影响。此外,新版去掉"绿色贷款增量占比"(环比增长),保留"绿色信贷余额同比增速"(同比增长),更强调年际变化。

第四,定性指标评价内容更全面细致。与定量指标相比,定性指标的评分规则有较大幅度的调整。纳入了银行绿色金融制度制定和实施情况、支持绿色产业发展情况两项新指标,前者会考虑银行绿债持有、发行和承销情况,还会考虑银行绿色金融发展战略和规划、气候和环境风险压力测试信息披露、气候和环境风险管控等情况;后者则首次把支持境外绿色产业、项目发展的资金规模、利率、投向等情况也纳入定性评价。

二、我国保险业绿色金融风险评级趋势

在传统的保险业务中,保险公司主要分为人身险和财产险两大类。近年来,随着污染治理力度加大,根据中国保险行业协会定期公开数据,对国内各类保险公司进行绿色风险评级。

险企除提供环境污染责任保险外,也为投保企业提供附加服务,形成"保险+服务+科技"的模式:保险公司对投保企业的环境风险管理服务贯穿于投保、承保、日常风险监测、理赔管理等全流程服务。险企通过运用互联网平台,引入第三方环保服务机构,为投保企业提供事前风险评估、事中隐患排查、事后损害鉴定等环境风险防控机制,初步实现"保险+服务+科技"的联动。如中国平安运用KYR,对风险事件进行提前预警;人保财险应用"天智平台""PICC电梯卫士"等实现风险筛查,2018年为近1 400家企业提供环境风险隐患排查与评估服务,发现约9 600个风险隐患并提出约14 000条改善建议。

在应对气候变化方面,国际上有许多监管机构都敦促银行开展内部气候风险压力测试并提高风险管理能力,目前法国、英国等均已开展了相关压力测试的实践。2020年第四季度,法国审慎监管与处置局(ACPR)对法国银行和保险公司实施了自愿原则下的第一阶段气候风险压力测试;作为"双年探索性情境"的一部分,英格兰银行已于2021年下半年对英国七家大型银行进行了气候风险压力测试。

无论是通过情境扩张以评估转型风险带来的违约概率迁移,还是要求银行对客户及其风险敞口进行逐一分析,其目的都是促使银行发新的压力测试方案以应对气候风险。欧洲中央银行(ECB)也于2022年对所有主要机构开展了气候风险压力测试。目前外界对这一压力测试的具体内容还所知甚少,但通常认为这将是迄今为止参与银行数量最多的压力测试。ECB的一份全行业压力测试分析显示,在未来三十年内,许多公司贷款风险敞口所受的物理风险远远大于转型风险。因此可以预见的是,该压力测试将同时覆盖

物理风险与转型风险,这也意味着将要执行 ECB 压力测试的主要机构需要从多领域着手准备。

(1) 收集不同客户的位置数据(如用作房地产融资的楼宇、公司的生产场所等)作为模拟物理风险影响的基础。

(2) 分析不断增加的物理风险将如何影响客户的资产估值和信用评级。

(3) 扩展模型情境(或称"卫星模型"),特别是分行业构建违约概率转型模型,从而模拟转型风险的影响。

(4) 集中分析重大贷款风险敞口,以更好地了解物理风险和转型风险对客户资产估值和信用评级的影响机制。

未来,保险业将鼓励和支持保险机构参与环境风险治理和应对气候变化体系建设。《关于构建绿色金融体系的指导意见》提出,鼓励保险机构充分发挥防灾减灾功能,积极利用互联网等先进技术,研究建立面向环境污染责任保险投保主体的环境风险监控和预警机制,实时开展风险监测,定期开展风险评估,及时提示风险隐患,高效开展保险理赔。鼓励保险机构充分发挥风险管理专业优势,开展面向企业和社会公众的环境风险管理知识普及工作。

第三节 绿色金融评级对风险管理的作用

金融机构承担着防范风险的主体责任,也是第一道关口。针对投资标的评级对金融机构的重要性不言而喻,独立、客观、公正的评级发挥了防范信用风险、提高市场效率的作用,也为现代企业制度的建设提供良好的条件,有利于资本市场的公平、公正、诚信。

信用评级是商业银行确定贷款风险程度的依据和信贷资产风险管理的基础。每年中国人民银行官网都会公布年度《中国金融稳定报告》。这份报告会对中国金融系统的稳健性进行全面体检和评估。主要针对国内金融机构进行评级,评级结果划分为 1~10 个级别,级别越高,代表金融机构的风险越大。央行的这类评级行为对金融机构来说,无疑是一种巨大的压力存在。一旦评级结果得到 8 级(含)以上的分数,意味金融机构将在金融政策支持、业务准入、再贷款授信等方面,会受到金融监管机构更为严格的约束。因此,对于一家金融企业来说,是否拥有一个强有力的风控部门和一批有实力、高水平的风控人才,对提高金融企业自身的竞争力,防范和化解潜在金融风险,将会产生非常直接的影响。特别在当下,全球贸易保护主义抬头趋势明显,美国挑起的经贸摩擦对全球金融市场造成不小的冲击。此外,世界主要发达经济体货币政策的调整,引发对全球货币流动性紧缩的担忧,并对新兴市场经济体形成外溢效应。全球经济形势不明,金融风险防范时刻放松不得。

绿色金融这类新兴金融业态会存在种种不稳定的风险因素,金融企业风控部门更担负着防范金融风险的重要职责。通过绿色金融评级,可帮助金融机构做好风险防范和管理,将潜在的金融风险扼杀在萌芽阶段,维护金融企业的健康、良性运转,提升企业在金融市场的竞争力,实现目标客户资产的保值和升值。绿色金融评级结果是对绿色金融风暴露程度及绿色金融风险管理措施与成效的重要反映。

首先,绿色金融风险、气候风险、环境风险三者的暴露程度往往是绿色金融评级体系中的定量和定性指标。例如,在中国人民银行发布的《银行业金融机构绿色金融评价方案》中,"绿色金融业务风险总额占比"是重要的定量指标之一,它最为直接地反映了金融机构绿色金融风险的敞口;多个指标体系中涉及的环境负面事件指标也能反映受评企业在环境和绿色发展层面存在的问题和风险点。其次,绿色金融评级体系中的多个指标都是对绿色金融风险管理措施及其成效的直接体现。例如,指标体系中出现的关于绿色金融产品质量、创新程度以及企业财务健康程度等方面的评价即可充分反映绿色金融风险管理的质量。因此,绿色金融评级与绿色金融风险管理直接挂钩,评级结果可倒逼企业和金融机构加强风险防范,实现更有效的风险管理。

另外,绿色金融评级体系能够鼓励金融机构更加积极开展与绿色金融相关的业务创新,而金融产品种类的丰富恰恰能够极大地分散各类绿色金融风险。以《银行业金融机构绿色金融评价方案》为例,最大的突破是扩大了评价范围,从绿色贷款延伸到多种金融产品,如绿色证券、绿色股权投资、绿色租赁、绿色信托、绿色理财等。这反映了当下银行绿色金融业务的发展趋势。2016年以来,我国绿色金融产品创新如雨后春笋般涌现,不少银行顺势而为,把绿色金融从单一的绿色信贷扩展到更多绿色金融服务,整合为一揽子绿色金融解决方案。新版评价方案将会对银行开展与绿色金融相关的业务创新形成正反馈激励。特别是新版方案纳入了包括绿色金融债、绿色企业债、绿色公司债、绿色债务融资工具、绿色资产证券化、经绿色债券评估认证机构认证为绿色的地方政府专项债券等在内的多种绿债产品,对绿债市场是重要利好,也将促使银行业金融机构以更大的积极性配置风险程度较低的绿债资产,以提升评价得分。这些转变都体现了评级对风险管理的促进作用。

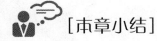

本章主要介绍了进行绿色金融风险评级的背景和意义,详细介绍了常见的几种金融风险评级方法和内容。绿色金融风险评级对象一方面包括金融产品和服务,另一方面还包括针对绿色金融产品和服务所投资的企业,形成了基于"金融产品服务—金融投资企业"的"双评级"体系,并对绿色金融产品和服务产生的风险进行了分类介绍。同时,本章对国内外常见的评级机构业务和评级流程进行了介绍,结合案例分析了现实评级操作中的特点,特别是对评级指标类型和内涵进行了介绍,最后对绿色风险评级如何助力优化风险管理进行了介绍。

 [习题与思考]

1. 根据金融风险评级,我国绿色金融风险存在哪几类评级体系?评级内容与方法包含哪些?涉及的评级机构有哪些?
2. 比较归纳国内外常见的金融风险评级机构的实践特征。
3. 以制造类企业融资方案为例,分析利用绿色金融评级如何充分防范绿色金融风险?

[参考文献]

李志青,符翀.ESG 理论与实务[M].复旦大学出版社,2021.

马蔚华,宋志平.可持续发展蓝皮书：A 股上市公司可持续发展价值评估报告 2021[M].社会科学文献出版社,2021.

马晓微,陈慧圆.绿色信贷风险评估[J].中国金融,2015(10)：23-25.

商道融绿,A 股上市公司 ESG(环境、社会和公司治理)评级分析报告(2020)[R/OL],http://vr.sina.com.cn/2021-07-28/doc-ikqciyzk8121512.shtml.

FTSE Russell,Sustainability and ESG Indexes[R/OL],https://www.ftserussell.com/data/sustainability-and-ESG-data/sustainability-ESG-indexes,2021.

MSCI,ESG Ratings Methodology[R/OL],https://www.msci.com/our-solutions/ESG-investing/ESG-ratings,2017.

S&P Global,The S&P Global Corporate Sustainability Assessment Methodology Updates 2021[R/OL],https://portal.csa.spglobal.com/survey/documents/CSA_2021_Methodology_Updates_Overview.pdf,2021.

第六章 绿色金融风险的监管

[学习要求]

- 了解我国关于绿色金融风险监管的政策和目标
- 熟悉我国银行业和保险业绿色金融风险监管政策
- 熟悉绿色金融风险监管中的社会参与机制

[本章导读]

近年来,银行不良贷款攀升、互联网金融风险凸显、非法集资出现蔓延势头。各领域潜在金融风险层出不穷,金融风险的形式也日益复杂,作为新兴金融的绿色金融,也相继发生了骗贷骗补、资金难收回的问题,亟待监管方式与时俱进。中国证监会原主席肖钢曾表示,加强绿色金融监管,应注重统一风险的监管规则,实现绿色金融发展与金融业去杠杆协调,防止绿色项目杠杆率过高、资本空转和"洗绿"问题。绿色金融因其融资方式多样、融资主体多元,项目见效周期长、绿色技术的迭代不断翻新,需要更加有效的科学监管,防范潜在风险。通过本章学习,我们将从政府监管角度了解绿色金融风险的监管机构与监管目标、了解国内外关于绿色金融风险监管的做法和成效,并熟悉我国绿色金融风险监管的未来趋势,同时了解社会方如何参与绿色金融风险的监管。

第一节 绿色金融风险的监管机构与监管目标

一、顶层设计——监管部门集中发声加大绿色金融风险监管力度

(一)金融监管基本内容

一般而言,金融监管是政府通过特定的机构,如中央银行、证券交易委员会等对金融交易行为主体作的某种限制或规定。本质上是一种具有特定内涵和特征的政府规制行为。金融监管可以分成金融监督与金融管理。金融监督指金融主管当局对金融机构实施的全面性、经常性的检查和督促,并以此促进金融机构依法稳健地经营和发展。金融管理指金融主管当局依法对金融机构及其经营活动实施的领导、组织、协调和控制等一系列的活动。

金融监管的传统对象是国内银行业和非银行金融机构,但随着金融工具的不断创新,

金融监管的对象逐步扩大到那些业务性质与银行类似的准金融机构,如集体投资机构、贷款协会、银行附属公司或银行持股公司所开展的准银行业务等,甚至包括对金边债券市场业务有关的出票人、经纪人的监管等。在宏观经济视野中,一国的整个金融体系都可视为金融监管的对象。金融监管的主要内容主要包括:对金融机构设立的监管;对金融机构资产负债业务的监管;对金融市场的监管,如市场准入、市场融资、市场利率、市场规则等;对会计结算的监管;对证券业、保险业、信托业的监管;对投资黄金、典当、融资租赁等活动的监管。其中,对商业银行的监管一直是监管的重点,主要内容包括市场准入与机构合并、银行业务范围、风险控制、流动性管理、资本充足率、存款保护以及危机处理等方面。以上这些监管机构和监管重点内容都会在绿色金融活动的监管中同样存在。

(二)绿色金融风险监管相关政策

绿色金融风险监管的顶层文件主要是2016年8月中国人民银行、财政部等七部委联合发布的《关于构建绿色金融体系的指导意见》,该文件明确了绿色金融体系概念,并就市场运行和监管制度、绿色金融产品创新以及绿色金融风险防范方面提出了一系列激励措施和约束机制,构建了政府、金融机构、环保企业等多方参与协同的绿色金融政策体系的顶层设计。

2016年8月31日,中国人民银行、财政部、国家发展和改革委员会、原环境保护部、中国银行业监督管理委员会、中国证券监督管理委员会、中国保险监督管理委员会联合印发了《关于构建绿色金融体系的指导意见》(银发〔2016〕228号,以下简称《指导意见》),其中对于风险防范进行了专章规定(见专栏6-1)。

专栏6-1

九、防范金融风险,强化组织落实

(三十二)完善与绿色金融相关监管机制,有效防范金融风险。加强对绿色金融业务和产品的监管协调,综合运用宏观审慎与微观审慎监管工具,统一和完善有关监管规则和标准,强化对信息披露的要求,有效防范绿色信贷和绿色债券的违约风险,充分发挥股权融资作用,防止出现绿色项目杠杆率过高、资本空转和"洗绿"等问题,守住不发生系统性金融风险底线。

(三十三)相关部门要加强协作、形成合力,共同推动绿色金融发展。人民银行、财政部、发展改革委、环境保护部、银监会、证监会、保监会等部门应当密切关注绿色金融业务发展及相关风险,对激励和监管政策进行跟踪评估,适时调整完善。加强金融信息基础设施建设,推动信息和统计数据共享,建立健全相关分析预警机制,强化对绿色金融资金运用的监督和评估。

各地也相继开展了关于绿色金融风险监管的探索。2021年3月1日全国首部绿色金融领域的法律法规——《深圳经济特区绿色金融条例》(简称"《绿金条例》")经深圳市人大常委会会议表决通过正式对外发布,为落实金融机构保护生态环境的社会责任,防范投资风险,完善金融机构对投资项目的评估和管理制度,《绿金条例》创设了绿色投资评估制度：针对投资项目总额达 5 000 万元或年温室气体排放量预期超过 3 000 吨的项目，要求金融机构开展投资前评估和投资后管理，在投资环节严把绿色关。另外，为了防范风险，强制性环境信息披露是《绿金条例》的重要亮点之一，《绿金条例》借鉴国际绿色金融前沿实践经验，突破现有规定，要求在特区内注册的金融行业上市公司、绿色金融债券发行人和已经享受绿色金融优惠政策的金融机构履行环境信息披露的责任，并明确规定环境信息披露的内容、形式、时间和方式等要求。事实上，监管部门鲜有对非上市的银行、公募和私募基金等金融机构环境信息披露的强制性要求。《绿金条例》突破性地要求部分上述金融机构披露环境信息，并根据现实情况，提出分规模、分步骤实施，为监管部门、金融机构和实体企业履行相关要求提供了缓冲。经过近些年来的快速发展，我国绿色金融风险的监管制度设计卓有成效，并形成了以下四个方面的发展重点与趋势。

一是不断加大了现有绿色金融激励与约束政策的力度。提高针对绿色信贷、绿色债券的贴息与风险补偿；在宏观审慎评估中扩展绿色金融相关指标并提高其权重；适当放宽绿色资产作为再贷款抵（质）押品的要求；鼓励银行扩大绿色信贷的抵（质）押品范围；加强对绿色投融资的窗口指导；为绿色企业（项目）发行股票、债券提供独立便捷的通道。同时，通过上述工具的反向操作，提高非绿色项目，特别是涉及"两高一剩"项目的融资门槛。此外，加快明确不同企业、项目、金融机构的环境信息披露要求，提高市场的绿色透明度；对主动开展环境风险分析的金融机构给予更为深入的指导与帮助，鼓励金融机构将相关风险纳入整体风险管理框架。

二是创新运用金融政策工具。使用再贷款、再贴现等工具定向支持绿色企业的融资，研究将"支绿再贷款"业务日常化；研究能使资金直达实体绿色企业的创新型货币政策工具；在风险可控的前提下，降低绿色信贷的风险权重，开展放宽绿色信贷监管指标要求的地区试点；针对绿色金融表现良好的银行，定向降低其存款准备金率要求，支持、鼓励其发行永续债补充资本；将金融机构利息收入免征增值税的范围扩大到绿色信贷。近段时间来，央行的"绿色资产购买计划"或"绿色 QE"在国际上得到了广泛的讨论，我国也可进行初步的研究，在市场流动性不足的时期进行尝试。

三是引导产品与服务创新。鼓励银行开发绿色消费类贷款产品；借鉴抗疫主题绿色债券发行的成功经验，引导机构发行复苏主题绿色债券；鼓励国家绿色发展基金等绿色投资主体开展促进经济复苏的专项投资，或成立专项子基金；开辟特别渠道或开发特定工具，为国外资金投资中国绿色项目提供便利；使用外汇资产、社保基金开展 ESG 投资，引导市场投资取向；培育专业化的绿色金融认证、评价、中介等服务机构。

四是为市场提供基础性方法、工具，开展监管机构自身能力建设。加快制定国内统一的绿色项目分类标准，并注意与国际标准接轨，以便投融资者清楚知悉项目是否有利于绿色复苏；在各地搭建绿色项目库，方便投融资需求的对接；研究宏观金融系统层面与微观金融机构层面的环境与气候变化风险，开展相关压力测试、情景分析；为金融机构提供标准化的环境与气候变化信息披露方法、相关风险分析方法；协助金融机构探索基于内部模型调整绿色资产风险权重和经济资本占用的方法；完善金融机构的绿色业绩评价体系；逐步将环境与气候变化因素纳入央行与金融监管机构的政策框架及其传统的研究模型（如动态随机一般均衡模型，DSGE），开发新型研究模型（如综合评估模型，IAM）；强化绿色金融领域的数据统计工作，适当公开现有数据，以便及时验证已有政策的效果、改进未来政策的实施。

随着我国"碳达峰、碳中和"目标的提出，金融监管机构在促进经济绿色复苏过程中，应有四点特别注意。第一，各层级金融监管部门应明确绿色复苏的目标与具体方法，按照"碳达峰、碳中和"要求，制定发挥金融部门作用的路线图。第二，金融政策应积极与财政、产业、就业、科技等政策配合，发挥政策间的协同效应、互补效应。金融监管机构特别应与财政部门密切配合，多角度筹措用于绿色信贷贴息等政策的资金，同时避免由中央银行直接提供类财政资金。第三，对绿色技术创新活动，要重点支持。绿色技术创新是实现经济绿色转型的根本保障，能帮助经济在未来摆脱对绿色政策的依赖，但其短期收益有限，因此需要政策的重点支持。第四，避免"洗绿"的非绿色项目骗取各项优惠政策，避免支持盲目扩张、可能过剩的绿色产能。

国家在近年一系列对绿色金融风险的相关评估报告中也指出：市场运行中仍存在较高风险，主要体现在市场体系不完善，主要以支持绿色产业的信贷业务为主，市场形态单一；相关法律法规不完备，缺乏支撑绿色金融健康发展的制度性保障；信息机制不健全导致银行开展绿色信贷业务还存在较高风险。对政府和监管部门而言，发挥的更多作用是绿色金融的引导者、协调者和推动者作用，构建绿色金融资格准入管控机制，建立健全相关法规政策，细化绿色产业项目和活动、形成项目名录，加强企业信息披露制度，从政策上进行引导，为绿色金融健康运行创造良好秩序。

在金融监管方面，国家推动以自下而上创新为特色、法律法规和投资政策为引导、金融支持为重点的中国特色气候投融资体系建设，通过地方先行先试，建成一批不同类型、不同特色的气候投融资试点，催生一批气候金融和第三方综合服务的新兴业态，培育一批有竞争力的、气候友好型的新兴市场主体，探索一批以点带面的、可持续、可推广的气候投融资发展模式，是下一阶段可行的发展路径，也是绿色投融资风险管理的重要手段。

二、地方试点——试验区创新完善绿色金融监管政策体系

2017年6月国务院常务会议强调了加快绿色金融体制机制创新对调结构、转方式及促进生态文明建设的重要意义，提出要根据需要突出重点，有序探索推进，并决定在浙江、江西、广东、贵州、新疆5省（区）选择部分地方，建设绿色金融改革创新试验区，推动经济绿色转型升级，试点部门相继制定实施了绿色金融创新试验方案，着重完善绿色金融工作体系，创新绿色金融产品与服务，突出风险监管控制，引导辖内机构提升绿色金融服务质效。经过五年的发展，试验区设定的试点工作基本都达到成效，在体制机制方面建章立制，不断激发绿色金融创新活力，推动绿色金融基础设施建设，尤其是防控风险方面，试点地区因地制宜，确保试验区改革创新工作行稳致远。

（一）浙江："三张清单"控制绿色金融风险

为贯彻落实国务院第176次常务会议和中国人民银行等七部委印发的《浙江省湖州市、衢州市建设绿色金融改革创新试验区总体方案》精神，大力探索推进浙江绿色金融发展，浙江省推进绿色金融改革创新试验区建设领导小组办公室印发《推进湖州市、衢州市绿色金融改革创新试验区建设行动计划》，明确了未来五年的工作任务、主要目标和责任

单位,并配套制定了三张清单,即绿色项目清单、财政政策清单、金融产品和服务清单,全面推进湖州市、衢州市绿色金融改革创新试验区建设。在绿色金融风险的识别和控制方面,三张清单发挥了重要作用:

(1) 绿色项目清单主要作为绿色投融资项目指南,在项目收集阶段统一明确了绿色标准,梳理了今后五年准备实施的 1 800 余个绿色项目,总投资金额超 2 万亿元,突出环保、节能、循环经济、清洁能源、绿色交通、绿色制造等领域以及绿色发展新模式、新业态,促进资源要素向绿色项目流动。

(2) 财政政策清单则明确了对绿色产业基金、绿色信贷、绿色债券、绿色保险、绿色担保等方面的财政支持措施,通过政府财政资金的引入,降低其他资金进入的风险担忧。同时,探索建立了绿色金融改革创新的成果评价和激励机制,对绩效明显、率先出成果、出模式的地区予以政策倾斜。

(3) 金融产品和服务清单梳理了银行、证券、保险、基金、融资性担保、融资租赁、智慧支付等方面的第一批绿色金融产品和服务共 57 项,加强绿色产业、绿色项目的金融需求与绿色金融产品和服务供给的对接,提高金融机构服务绿色发展的精准性,推动"最多跑一次"在金融部门落实。重点提出了"要以金融服务实体经济为出发点,合理设计符合实际需求的金融产品,注重对绿色项目的金融支持,防止脱实向虚"。

在绿色金融风险的防范工作中,浙江湖州还率先制定了绿色金融统计制度、绿色银行评级体系、绿色专营机构评价办法和绿色项目指引目录。浙江衢州建立了绿色信贷风险补偿机制和保费补贴机制,并加强在司法等方面的保障,助推绿色金融发展。同时,两市还积极开展了绿色金融标准化体系研究工作,为识别、控制、监管金融的"绿色性"提供了保障。

(二) 江西:分阶段创新绿色金融产品风险管理

2016 年以来,江西在绿色信贷、绿色债券、绿色基金、绿色保险等方面开展了诸多探索,取得了一定成效。江西省绿色信贷的总量逐年增长,全省的绿色信贷余额超过 1 600 亿元,绿色信贷资产质量优良。江西还积极争取到了国际金融公司绿色贷款,此外,金砖国家新开发银行为江西省的节能减排和资源再利用项目提供 2 亿美元融资支持。

江西把握不同阶段的绿色金融风险特点,因时因地转化风险管理方法。我国绿色金融起步于"十三五"时期,推动绿色金融发展的主要动力是政策驱动,生态效益、环境效益的长期价值尚未显现,非绿风险尚未充分暴露,市场主体自主推动资源向绿色领域配置的动力不足。进入"十四五"时期,我国生态文明建设纵深推进,尤其是碳市场的建立将加速绿色效益向经济效益转变的步伐,自主发展绿色金融具备初步基础。要率先抓住发展中显现出的"绿色效益"及其向"经济效益"转变的机会,加快推进绿色金融支持生态产品价值实现,逐步形成自然资源资本的定价体系,形成具有江西特色的绿色金融发展路径。其次,通过优化调整绿色融资结构降低风险爆发。目前我国以间接融资为主的金融结构与未来实现碳达峰、碳中和目标所需的科技创新研发需求存在错配。基于银行对资金安全性与逐利性的考量,处于发展初期的新兴企业、科创类企业难以获得资本的认可与支持。要扶持新兴科技型、技术类企业的发展,催生更多私募股权投资(PE)、风险投资(VC)的需求,需要在绿色信贷发展相对稳定成熟之后,将政策奖励、制度引导等逐步向绿色股票、绿色指数等绿色金融产品倾斜,加大绿色直接投资引导力度。

江西重点在节能低碳方面拓展绿色金融边界,明确绿色金融产品标准。在我国绿色金融体系愈加完善的情况下,相关标准更加明确和聚焦,在国际上形成了比较一致的界定,但也一定程度上压制了绿色金融支持能源结构转型的能力。比如,一些高碳行业不属于绿色金融的支持范围,新颁布的《绿色债券支持项目目录(2021年版)》删除了多项与化石能源直接相关的目录项目,包括煤炭清洁生产、燃煤电厂超低排放改造等。在碳达峰、碳中和目标下,传统高碳行业的低碳转型改造是减碳的重要内容之一,转型金融与可持续金融更强调应对气候变化和低碳转型,可支持碳密集、高环境影响经济活动沿着清晰的路径向低碳和零碳过渡,支持省域经济绿色低碳转型。因此探索拓展绿色金融服务领域和边界,在发展绿色金融的同时,将转型金融、可持续金融作为绿色金融的有效补充。根据江西省"十四五"规划,江西省将继续实施"2+6+N"产业高质量跨越式发展行动,推动有色、石化、钢铁、建材、纺织服装、食品、家具等行业的升级改造。未来江西省将探索构建适合省内传统产业转型需求的转型金融或可持续金融的概念和标准,创新发展转型信贷、转型基金、转型债券等转型金融产品和服务,结合金融科技建立相应的转型项目库和数据库,更好支持江西经济绿色低碳转型升级,服务碳达峰、碳中和战略目标。

(三)贵州:打造"绿色信贷+4321风险分担机制"

2022年3月,贵州省绿色金融创新发展工作领导小组办公室制定了《贵州省绿色金融改革创新专项工作方案》,提出"积极探索绿色金融服务绿色发展新模式。支持和鼓励各地因地制宜自主创新、主动改革,积极探索绿色金融助推政府平台公司实体化转型发展的新路径新模式,积极探索绿色资源变绿色资产、绿色资产变绿色资本、绿色资本变绿色动能的绿色金融'三变'发展模式,大力推进绿色金融支持绿色转型发展由'后驱'模式逐步向'前驱'模式转变"。聚焦贵州特有的林业资源,开发绿色金融产品。但生态林业项目多数为轻资产项目,基本没有固定资产,土地以租赁方式获得,只能以项目未来收益权作为质押进行融资。林业收益受自然条件影响较大,自然灾害、病虫害都会导致项目的收益具有不确定性,因此需要增加担保或增信。但是,担保成本较高,而生态林业项目的收益并不高,难以承受高成本担保费用,导致生态林业项目很难获得资金支持。

为此,贵州创新绿色金融融资模式,项目采用"项目未来收益权质押+担保"的模式进行融资,采用"村集体公司+农户+加工厂"的营运模式,开展绿色金融创新。以清镇市元宝枫生态林业项目为例,融资主体为清镇市境内注册的74家村集体公司,每个村集体公司融资1000万元,采用这种方式,能够降低贵阳农商银行贷款集中度的问题,同时将普惠金融支持中小企业发展的模式运用到绿色金融支持的项目中,创新了融资模式。

为降低运营风险,当地创新绿色金融担保模式。由村集体公司形成的林权资产提供反担保,在林权资产未形成之前由贵州两山农林集团有限公司提供过渡期保证担保。在此基础上引入"4321"机制进行担保(即原保机构、省级再担保机构、银行、地方政府按照4∶3∶2∶1比例承担代偿责任),银行通过"4321"担保业务向融资主体发放绿色贷款。"4321"风险分担机制大幅降低了项目未来收益不确定性所带来的资金风险,实现项目增信,为项目的落地提供更强的保障。同时降低绿色项目融资成本。该项目的融资成本为4.5%,贵阳农商银行通过企业的未来收益权从央行获得再贷款,将后期贷款的利率降低到4.35%。由于当地枫树生长周期较长,6年后成树进入丰产期,根据自然生长周期,科学设定融资期限和还款方式,最终确定该项目贷款期限为"7+5"年,前7年还息,后5年逐年归还本金。这些举措大幅降低了银行机构、融资者、村民的风险担忧。

(四)广东:分情景开展风险控制

广州市花都区在建立绿色金融风险控制体系方面开展了许多工作,目前,广东工行、农行、中行、建行、交行五家大型银行将花都支行升格为分行,建设银行在花都设立全国首家绿色金融创新中心,兴业银行广州分行在广州开发区设立绿色创新特色支行,人保财险在广州绿色金融改革创新试验区设立保险产品创新实验室,多家银行机构建立了绿色信贷经营制度,规范绿色信贷的贷前、贷中、贷后全流程标准。

在创新绿色金融产品方面,广东的银行机构基于绿色项目缺乏抵押物等特点,围绕各类环境权益、合同能源管理未来收益权、污水处理收费权、特许经营权、生态公益林补偿收益权等创新融资产品,满足绿色发展的融资需求。如建设银行花都分行为南方航空公司发放了全国上市企业首单碳排放权抵质押贷款,保险机构创新推出绿色保险产品,创新试点"绿色产品食安心责任保险""绿色农保+""绿色农产品质量安心追溯保险""蔬菜降雨气象指数保险""药品置换责任保险"等新型绿色保险产品。其中在全国率先试点的"创新型药品置换责任保险",目前广州花都区已有83家药店为超过2.6万人次居民提供药品置换服务。

在畅通绿色融资渠道方面,广东银行机构采取发行绿色债券、发行绿色基金、绿色资产证券化、与融资租赁公司合作等方式,拓宽绿色企业融资渠道。截至2020年底,广东银保监局共批复辖内7家法人机构发行绿色金融债券288亿元,已发行178亿元用于全面支持节能、污染治理、清洁能源等六大领域。兴业银行广州分行协助广州地铁集团有限公司成功发行30亿元绿色资产支持票据,是市场首单"三绿"资产支持票据项目;中保投基金累计投资200亿元设立广业中保投绿色产业基金,支持污水、垃圾处理等项目建设。

在助力加快绿色交通网络建设方面,广东银保监局指导辖内银行机构发挥绿色交通信贷主力军作用,持续加大对航空、高铁、地铁、城市轨道、高快速路网、港口等绿色交通的信贷支持力度。中国银行广东省分行通过银团贷款支持包括广州地铁22号线工程、广州至汕尾铁路等在内的13个绿色交通重点项目,承贷份额超230亿元。在支持汽车行业绿色发展方面,通过推进绿色供应链金融率先在汽车行业落地,充分运用绿色金融政策和供应链金融创新产品,支持汽车产业链绿色升级,解决产业链上中小企业的融资需求,推动汽车产业链的平稳创新发展。在努力推进生态振兴发展方面,广东的银行业推出林业供应链贷款项目助力林业产业发展;推进绿色生态圈建设,广东的银行机构向北部生态发展区医药产业发放贷款余额超21亿元;通过实行信贷风险补偿资产贷款机制、采用PPP模式下的DBFOT方式、研发绿色产业园金融生态圈创新产品,助力练江流域综合整治。

同时,通过引入环境污染责任保险,有效地缓解政府环境治理的资金短缺问题。截至2020年12月末,广东自然保护、生态修复及灾害防控项目,垃圾处理及污染防治项目贷款余额分别达113.22亿元和652.06亿元。

(五)新疆:体制机制方面强化风险控制体系

哈密市是国务院确定的绿色金融改革创新试点地区之一,该地区为创造良好环境,鼓励金融机构设置绿色金融专营部门,开辟"绿色通道",优化信贷审批流程和服务,积极推进绿色环保项目建设,着重在风险管理的体制机制方面开展工作。

首先,在标准设置环节建立起多维度、全覆盖的区域特色统计制度,将统计内容由表内信贷扩展到为绿色产业融资的全部表内外科目,将填报对象由主要商业银行扩展到全部信贷类金融机构。将绿色信贷及社会责任履行情况纳入法人机构公司治理评估及监管评级体系,引导金融机构切实履行环境与社会责任。其次,发挥地方光伏发电优势,银行保险机构建立新能源项目"绿色清单",科学运用绿色标识,对清单内企业和项目优先给予融资支持。优化完善绿色金融发展配套政策体系,包括配合政府部门建立绿色信贷增信机制,支持建立绿色信贷风险补偿基金,对符合条件的贷款本息损失进行合理补贴。科学合理提高绿色金融风险容忍度。研究建立绿色金融监管考核指标体系,指导协会建立完善绿色金融评价机制。切实加大绿色金融评价成果运用。结合新疆地方的绿色金融发展实际,考虑绿色金融业务开展情况与高管履职评价、业务准入、监管评级等事项挂钩。加强跨部门环境与社会风险信息共享力度。

第二节　银行业与保险业的绿色金融风险监管

2022年6月,中国银保监会印发《银行业保险业绿色金融指引》(以下简称"《指引》"),主要目标是为了引导银行业保险业发展绿色金融,积极服务兼具环境和社会效益的各类经济活动,更好助力污染防治攻坚,有序推进碳达峰、碳中和工作。《指引》中特别强调了关于风险管理的要求,银行保险机构应将环境、社会、治理要求纳入管理流程和全面风险管理体系,强化环境、社会、治理信息披露和与利益相关者的交流互动,完善相关政策制度和流程管理。在《指引》第十四条中针对风险明确了监管要求:"银行保险机构应当制定针对客户的环境、社会和治理风险评估标准,对客户风险进行分类管理与动态评估。银行机构应将风险评估结果作为客户评级、信贷准入、管理和退出的重要依据,并在贷款'三查'、贷款定价和经济资本分配等方面采取差别化的风险管理措施。保险机构应将风险评估结果作为承保管理和投资决策的重要依据,根据客户风险情况,实行差别费率。"

银行保险机构对存在重大环境、社会和治理风险的客户实行名单制管理,积极行使作为债权人或股东的合法权利,要求其采取风险缓释措施,包括制定并落实重大风险应对预案,畅通利益相关方申诉渠道,建立充分、及时、有效的沟通机制,寻求第三方核查或分担风险等。下面针对出台的一系列政策进行解读分析。

在政策制度及能力建设方面,《指引》要求银行保险机构建立并不断完善环境、社会和治理风险管理的政策、制度和流程,明确绿色金融的支持方向和重点领域,对国家重点调控的限制类以及有重大风险的行业制定授信指引,实行有差别、动态的授信或投资政策,实施风险敞口管理制度。

在投融资流程管理方面,《指引》要求银行保险机构加强授信和投资审批管理,根据客户面临的环境、社会和治理风险的性质和严重程度,确定合理的授信、投资权限和审批流程。对在环境、社会和治理方面存在严重违法违规和重大风险的客户,应当严格限制对其授信和投资。

《指引》还显示，银保监会及其派出机构应当加强非现场监管，完善非现场监管指标，强化对银行保险机构管理环境、社会和治理风险的监测分析，及时引导其调整完善信贷和投资政策，加强风险管理。同时要加强对银行保险机构绿色金融业务的指导，在银行保险机构自评估的基础上，采取适当方式评估银行保险机构绿色金融成效，按照相关法律法规将评估结果作为银行保险机构监管评级、机构准入、业务准入、高管人员履职评价的重要参考。

早在2012年1月，原银监会发布了《关于印发绿色信贷指引的通知》，主要是为了推动银行业金融机构更好地服务实体经济，促进经济发展方式转变和经济结构调整。其中对于该金融活动中的风险进行了明确的界定："银行业金融机构应当有效识别、计量、监测、控制信贷业务活动中的环境和社会风险，建立环境和社会风险管理体系，完善相关信贷政策制度和流程管理。本指引所称环境和社会风险是指银行业金融机构的客户及其重要关联方在建设、生产、经营活动中可能给环境和社会带来的危害及相关风险，包括与耗能、污染、土地、健康、安全、移民安置、生态保护、气候变化等有关的环境与社会问题。"对于风险监管，在该通知的第四章的"流程管理"中进行了各环节的匹配和说明（见专栏6-2）。

专栏6-2

第四章　流程管理

第十五条　银行业金融机构应当加强授信尽职调查，根据客户及其项目所处行业、区域特点，明确环境和社会风险尽职调查的内容，确保调查全面、深入、细致。必要时可以寻求合格、独立的第三方和相关主管部门的支持。

第十六条　银行业金融机构应当对拟授信客户进行严格的合规审查，针对不同行业的客户特点，制定环境和社会方面的合规文件清单和合规风险审查清单，确保客户提交的文件和相关手续的合规性、有效性和完整性，确信客户对相关风险点有足够的重视和有效的动态控制，符合实质合规要求。

第十七条　银行业金融机构应当加强授信审批管理，根据客户面临的环境和社会风险的性质和严重程度，确定合理的授信权限和审批流程。对环境和社会表现不合规的客户，应当不予授信。

第十八条　银行业金融机构应当通过完善合同条款督促客户加强环境和社会风险管理。对涉及重大环境和社会风险的客户，在合同中应当要求客户提交环境和社会风险报告，订立客户加强环境和社会风险管理的声明和保证条款，设定客户接受贷款人监督等承诺条款，以及客户在管理环境和社会风险方面违约时银行业金融机构的救济条款。

第十九条　银行业金融机构应当加强信贷资金拨付管理，将客户对环境和社会风险的管理状况作为决定信贷资金拨付的重要依据。在已授信项目的设计、准备、施工、竣工、运营、关停等各环节，均应当设置环境和社会风险评估关卡，对出现重大风险隐患的，可以中止直至终止信贷资金拨付。

第二十条　银行业金融机构应当加强贷后管理,对有潜在重大环境和社会风险的客户,制定并实行有针对性的贷后管理措施。密切关注国家政策对客户经营状况的影响,加强动态分析,并在资产风险分类、准备计提、损失核销等方面及时做出调整。建立健全客户重大环境和社会风险的内部报告制度和责任追究制度。在客户发生重大环境和社会风险事件时,应当及时采取相关的风险处置措施,并就该事件可能对银行业金融机构造成的影响向监管机构报告。

第二十一条　银行业金融机构应当加强对拟授信的境外项目的环境和社会风险管理,确保项目发起人遵守项目所在国家或地区有关环保、土地、健康、安全等相关法律法规。对拟授信的境外项目公开承诺采用相关国际惯例或国际准则,确保对拟授信项目的操作与国际良好做法在实质上保持一致。

事实上,银行业监管机构对银行业的绿色金融风险的监管较早提出了明确的监管要求,要求涉及绿色信贷的银行机构应当根据国家环保法律法规、产业政策、行业准入政策等规定,建立并不断完善环境和社会风险管理的政策、制度和流程,明确绿色信贷的支持方向和重点领域,对国家重点调控的限制类以及有重大环境和社会风险的行业制定专门的授信指引,实行有差别、动态的授信政策,实施风险敞口管理制度。

具体操作措施方面,银行业金融机构应当制定针对客户的环境和社会风险评估标准,对客户的环境和社会风险进行动态评估与分类,相关结果应当作为其评级、信贷准入、管理和退出的重要依据,并在贷款"三查"、贷款定价和经济资本分配等方面采取差别化的风险管理措施。银行业金融机构应当建立有利于绿色信贷创新的工作机制,在有效控制风险和商业可持续的前提下,推动绿色信贷流程、产品和服务创新。

2014年6月,银监会办公厅印发了《绿色信贷实施情况关键评价指标》,要求各银行对照绿色信贷实施情况关键评价指标,组织开展本机构绿色信贷实施情况自评价工作。其中,对于风险管控设计了一系列显著指标,根据客户面临的环境和社会风险,制定分类标准,将其分为不同的类别。

(1) A类——其建设、生产、经营活动有可能严重改变环境原状且产生的不良环境和社会后果不易消除的客户。从事以下项目开发及运营的客户原则上应划入A类:核电站;大型水电站、水利项目;资源采掘项目;环境和生态脆弱地区的大型设施,包括旅游设施;少数民族地区的大型设施;毗邻居民密集区、取水区的大型工业项目等。

(2) B类——其建设、生产、经营活动将产生不良环境和社会后果但较易通过缓释措施加以消除的客户。从事以下行业的项目开发及运营的客户原则上应划入B类:油加工、炼焦及核燃料加工;化学原料及化学制品制造;黑色金属冶炼及压延加工;有色金属冶炼及压延加工;非金属矿物制品;火力发电、热力生产和供应、燃气生产和供应;大型设施建筑施工;长距离交通运输(包括管道运输)项目,城市内、城市间轨道交通项目。

(3) C类——其建设、生产、经营活动不会产生明显不良环境和社会后果的客户。根据客户及其项目所处行业、区域特点,明确环境和社会风险尽职调查的内容,确保调查全面、深入、细致。必要时可寻求合格、独立的第三方和相关主管部门的支持。

第三节　绿色金融风险监管的社会参与

　　2020年3月中办、国办印发了《关于构建现代环境治理体系的指导意见》，其中对于未来的环境治理体系，国家有了明确的构想，即"建立健全环境治理的领导责任体系、企业责任体系、全民行动体系、监管体系、市场体系、信用体系、法律法规政策体系，落实各类主体责任，提高市场主体和公众参与的积极性，形成导向清晰、决策科学、执行有力、激励有效、多元参与、良性互动的环境治理体系"。绿色金融作为环境治理的市场手段，也需要社会公众提升参与度和积极性。

　　根据2016年8月中国人民银行等七部委出台的《关于构建绿色金融体系的指导意见》，"构建绿色金融体系的主要目的是动员和激励更多社会资本投入到绿色产业，同时更有效地抑制污染性投资"。这说明，从根源上解决长期以来环境污染"外部成本无法内部化"以及环境保护"外部收益无法内部化"的双重发展困境，作为以公有制为主体的社会主义市场经济体制，理应将各种资本引导到有助于环境保护和控制污染的绿色产业中，但受各种因素制约，资本市场等金融体系却迟迟无法展开"绿色革命"，致使出现污染性投资"严重过剩"而低碳清洁投资却"严重不足"的供给侧结构性弊病。为了解决这一弊病，政府开展干预责无旁贷，为此，我们出台了一系列提高污染投资成本的政策，并制定减税、补贴、配额等相应制度来促进绿色投资发展。但从普遍发展规律上看，政府对投资的绿色干预始终存在高成本、低效率的种种不足。反之，如果能真正发挥市场本身在绿色资源配置上的决定性作用，同时发挥政府的积极作用，无疑将使绿色发展事半功倍。正是在此背景下，基于市场经济原则产生的绿色金融应运而生，那就是将绿色发展的标准融入社会主义市场经济发展的金融血脉中，使得绿色发展成为金融资本市场中的新兴游戏规则，进而彻底扭转市场经济行为主体对节能环保的行为预期，形成绿色发展与经济金融发展的"激励相容"，解决污染投资过剩而绿色投资不足的症结。但环境问题因其成因外部性、效果综合性成为一项需要全社会携手共同治理的工作。因此，作为治理环境问题的重要手段，绿色金融，以及绿色金融风险，也需要全社会力量的参与。有效的绿色金融风险管理除包含政府的监管外，亦对社会治理提出了要求。如何形成有效的社会治理手段以控制绿色金融发展过程中的风险，下面将对绿色金融风险的社会治理机制进行简要的介绍。

一、社会资本参与公司治理

　　生态环境部2020年10月发布的《关于促进应对气候变化投融资的指导意见》中要求："坚持市场导向，充分发挥市场在气候投融资中的决定性作用。政府起引导作用，而金融机构和企业则是在模式、机制、金融工具等方面的创新起到主体的作用。"社会资本作为市场的积极参与者，以直接投资的方式在绿色金融活动中提供资金来源，这样的绿色投资也能在ESG原则的指引下，发挥治理绿色金融风险的作用。

　　大型企业，尤其是一些大型的跨国企业积极参与绿色市场，创新绿色金融模式。联合国贸易和发展会议在2010年发布的报告中指出，跨国公司等大型企业在低碳投资方面能够起到非常重要的作用。一方面,大型企业在生产、销售等企业活动中排放着大量温室气体,同时也往往拥有较为先进的技术和丰厚的资金,因而能够成为低碳技术和低碳经济的主要投资者。另一方面,气候变暖的趋势日益加剧,气候问题被愈发地重视,低碳领域在未来也有着非常高的投资潜力。尤其对于发展中国家而言,大型跨国公司的低碳投资往往伴随着一部分的技术转移,从而能够将更加高效、低碳的技术推广到发展中国家,有助于发展中国家、技术落后地区革新陈旧的、低效的技术和能源利用形式,从而从更广泛的范围内促进人类社会整体低碳发展的进程。ESG 框架下的企业自发投资进程恰恰能够缓释金融机构提供绿色资金不足的困境与政府的监管压力,进而对绿色金融风险起到侧面的治理作用。

二、非营利组织参与风险监管

在当今社会,政府、市场和非营利组织是构成现代社会的三个重要组成部分,非政府组织以其独特的优势承担着重要的社会职能,是当今社会不可或缺的一环。气候投融资的实践,与社会的各个环节紧密关联,也涉及整个社会经济的健康稳定发展。非政府组织因自身所具有的独特优势,在绿色金融的实践中能够弥补政府和市场的不足之处,从而更有效地促进绿色金融的活动进行。非政府组织在环境宣传与教育、信息整理与收集、促进国际环境合作、维护环境公平等诸多方面发挥了极大的作用,是减缓气候变化与环境事件发生、扩大绿色金融的推广范围、实现绿色与可持续发展方面的助推剂。它们的上述作为从长期来看恰恰能为绿色金融风险的治理助力。

具体而言,非政府组织的作用主要体现在宣传和教育方面,即通过各类的宣传活动,提倡低碳的生活理念和生活方式,提高全社会低碳意识,借助积极的宣传和示范作用来推进社会成员观念的转变。同时往往也承担着政府、企业、媒体及公众之间交流沟通的桥梁的作用。非政府组织与政府、企业和公众的广泛接触和交流,有利于把相关政策宣传给企业和公众,也能够为政府提供政策建议。

三、环境保险与公众参与

公众参与绿色金融风险防控的重要方式是环境保险。环境保险是金融机构项目融资环境风险管理的重要工具。这类保险主要是防止金融风险导致环境风险蔓延,影响周围公众。在贷款银行项目融资环境风险管理中,针对可控和不可控环境风险所造成的环境风险有两类管理手段,包括通过在贷款银行内部建立一套根植于业务流程的环境管理系统来管理环境风险,通过环境保险转嫁高强度和低频率的环境风险。

环境保险解决环境风险也是建立在金融机构内部控制手段实施的基础上的,只有内部控制手段相对完善,才能更加合理利用环境保险工具来管理环境风险,在充分对拟贷款项目进行完善尽职调查基础上,环境风险专家也才知道要购买何种环境保险,购买保险的目的是什么,并通过与保险公司的环境风险专家与团队的合作,来评估保险的可能性和保费的标准。

特别对于偶然的、意外的、不可控环境事故风险,由于其高强度和低频率特点,贷款银行的环境风险专家要尽可能通过在保险市场购买环境保险,将不确定的不可控的环境风险以保险费形式转化为一种确定的可控制的成本。

企业的环境风险管理,要对突发性事件重点关注,在环境风险的管理中务必重视意外的、未知的、突发的污染对第三方产生的损害,其保险给付主要是用于对突发事故对第三方损害的索赔,包括被保险财产的污染导致的第三方的场外人身伤害、财产损失以及消除污染费用。例如购买保险人的被保险财产曾经受到污染,虽然购买保险人已进行了污染清理,但购买保险人不知道清理过程中地下水是否受到渗透污染物的污染,因地下水迁移导致附近供水站点的环境风险,此时的环境保险就能够保护被保险人免受来自第三方诉讼的未知的巨大的灾难性的环境责任。

正是由于环境保险是管理高度不确定性环境风险有效工具,因此环境保险主要针对不可预测的环境风险投保,对于可以完全预测的未来保险是多余的,不确定性是环境保险的基本责任标准,并不对那些正常营运状态下的继续性或复合性污染所致的损失负责,任何不属于突然和意外发生的污染,如故意和恶意污染行为等,都属于除外责任。保险公司对非突然和意外的环境事故的排除,除了技术鉴定外,还将通过事故发生频率大小设定差别费率以及保险合同中的免赔条款和责任限额来限制投保人的环境行为。此时,公众参与就十分重要,专家、研究机构、第三方调查机构等能够帮助金融机构识别、判断、分析风险的来源、传递机制和效应影响。

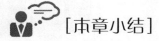

通过本章的学习,我们结合一般金融监管的内涵,阐释了绿色金融风险监管的主要内容和类型;通过对国家和试点地区的绿色金融风险监管政策和做法,熟悉了最新的政策文件内容和可复制可推广的模式;接着本章详细介绍了银行业和保险业在开展绿色金融业务时候的风险控制方法;最后论述了绿色金融风险监管中社会方参与的意义。

[习题与思考]

1. 绿色金融风险的常见监管机构及其监管目标都有哪些?
2. 总结我国绿色金融风险监管的政策特点及趋势。
3. 比较银行业和保险业中绿色金融风险监管的工具。
4. 试论述绿色金融风险的社会治理机制。

李志青,李瑾.气候投融资理论与实务[M].复旦大学出版社,2023.
欧阳剑环.三地银保监局突出监管引领　着力完善绿色金融工作体系[R/OL].光明网,https://m.gmw.cn/baijia/2021-05/28/1302325044.html,2021-05-28.
王新月,徐红艳.江苏"绿金30条"重磅出炉,这些高招实招为绿色金融发展按下"快进键"[N].现代快报,2021-11-04.

向家莹,汪子旭.监管部门集中发声 绿色金融发展驶入"快车道"[N].经济参考报,2021-11-24.

中国银保监会.关于开展银行业保险业"内控合规管理建设年"活动的通知[R/OL],http://www.cbirc.gov.cn/cn/view/pages/govermentDetail.html?docId=988829&itemId=861&generaltype=1,2021.

第七章 金融机构关于绿色金融风险的管理

[学习要求]

- 熟悉金融机构关于绿色金融风险的管理体系
- 掌握绿色金融风险报告编制的框架
- 了解国际金融机构对绿色金融风险管理的相关案例

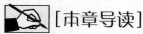[本章导读]

金融机构是绿色金融活动的主体,不仅面对政府部门的风险监管,更面临市场风险的影响,可以说是绿色金融风险的直接承受方,因此,面对绿色金融风险,金融机构应具有更加严格的防范管理要求。随着绿色信贷、绿色债券等蓬勃发展,金融机构、融资单位逐渐探索了一系列风险管控方法,例如我国的工商银行将气候风险作为环境风险的重要组成部分,依托环境风险管理体系全面加强气候风险管理,将气候风险要素嵌入各行业投融资政策及业务管理全流程,对气候风险较为突出的高碳企业采取合理的风险管控措施。本章将介绍金融机构进行绿色金融风险管理的常用体系和流程,重点阐述绿色金融风险管理报告编制的方法,以帮助实务领域在进行绿色领域投融资时进行风险预判。本章还将从市场角度讨论绿色金融风险管理的未来趋势和展望。

第一节 绿色金融风险的管理体系

一、市场关于绿色金融风险的管理原则

(一)市场对于金融风险管理的认识

金融风险管理指金融机构衡量和控制风险及回报之间的得失,内容主要包括对金融风险的识别、度量和控制。由于金融风险对经济、金融乃至国家安全的消极影响,目前在国际上,许多大型企业、金融机构和组织、各国政府及金融监管部门都在积极寻求金融风险管理的技术和方法,以对金融风险进行有效识别、精确度量和严格控制。在现代经济越来越依赖于金融业的情形下,金融风险管理也就成为工商企业和金融机构的核心竞争力之一,同时成为广大学术界,包括数学界、信息科学界、金融理论界和实务界共同研究和关

注的重要课题之一。在全球疫情和百年变局的影响下,世界经济与金融市场的环境和规则都发生了巨大的变化,当前金融市场大幅波动的频繁发生,催生了对金融风险管理理论和工具更加迫切的需求,经济学特别是金融学理论的发展为金融风险管理奠定了坚实的理论基础,同时现有的计算机软硬件技术的迅猛发展为风险管理提供了强大的技术支持与保障。根据目前金融机构对金融风险的管理实践,目前的风险管理过程,大致需要确立管理目标、进行风险评价和风险控制处置等三个步骤。

第二次世界大战以后,世界经济一体化的浪潮席卷全球。世界各国的经济开放程度逐渐提高,任何国家的经济发展、经济政策的制定都受到了外部经济环境的制约。20世纪70年代初,布雷顿森林体系的崩溃宣告了世界范围内的固定汇率制度的衰落。从此以后,公司以及个人就必须面对诸如汇率风险等各种各样的金融风险了。特别是在过去短短的几十年内,爆发了几次震惊世界的大规模金融危机,如 1987 年美国的"黑色星期一"大股灾、1997 年的亚洲金融风暴等。这些事件的发生给世界经济和金融市场的健康发展造成了巨大的破坏,人们意识到了针对金融风险管理是十分必要和紧迫的。

但早期金融理论认为,金融风险管理是没有必要的,莫迪利亚尼和米勒[1]在其 1958 年发表于《美国经济评论》上的划时代经典文献《资本成本、公司财务与投资理论》中就指出:"在一个完美的市场中,对冲或套期保值等金融操作手段并不能影响公司的价值。这里完美的市场是指不存在税收和破产成本,以及市场参与者都具有完全的信息。"因此,公司的管理者是没有必要进行金融风险管理的。类似的理论也认为,即使在短期内会出现小幅度的波动,但从长期来讲,经济运行会沿着一个均衡的状态移动,所以那些为了防范短期经济波动损失而开展的风险管理只会是一种对资源的浪费。这种观点认为,从长期来讲,是没有金融风险可言的,因此短期的金融风险管理只会抵消公司的利润,从而削减公司价值。然而,现实经济生活中,金融风险管理却引起了越来越多的来自学术界和实务界的关注。无论是金融市场的监管者,还是金融市场的参与者,对风险管理理论和方法的需求都空前高涨。主张应进行金融风险管理的各方认为,对风险管理的需求主要基于以下的理论基础:现实的经济和金融市场并非完美,通过风险管理可以提升公司价值。事实上,现实金融市场并不完美,其不完美性主要体现在以下几个方面:首先,现实市场中存在着各种各样的税收,这些税收会影响公司的价值。由此看来,莫迪利亚尼和米勒的理论假设在现实经济状况下并不合适。其次,现实市场中存在着交易成本。最后,在现实市场中,金融参与者也是不可能获得完全信息的。因此,对金融风险进行管理是相当可能且有必要的。

(二)市场关于绿色金融风险管理的原则

市场对于绿色金融风险的认识,主要是基于自然物理风险冲击对资产盈利的稳定性来理解。在绿色金融风险的管理中,金融机构最为在乎的是推动如何将环境气候风险这类金融体系外的风险进行量化,将其纳入资产的价值评估模型中,进而成为影响金融定价

---

〔1〕 莫迪利亚尼-米勒定理(Modigliani-Miller therom)简称"MM 定理",是现代公司理财理论的核心。简言之,在理想市场条件下,公司的财务政策不会影响公司的价值,MM 定理说明什么因素不会影响公司的价值,什么因素会影响公司的价值。

的重要因素。为避免和减少在投资风险管理中投资损失的发生,金融机构在进行绿色投资工作中应遵循以下几项原则。

(1) 经济性原则。投资风险管理人员在制定风险管理计划时应以总成本最低为总目标,即投资风险管理也要考虑成本,以最合理、最经济的方式处置安全保障目标。这就要求投资风险管理人员在绿色类项目分析时,对各类效益和费用进行科学分析和严格核算。

(2) 整体性原则。整体性原则要求投资决策者要从投资整体上来考虑各项风险因素。投资者在进行投资决策时,要对投资所涉及的全部内容有充分的了解和把握,深入分析影响整体投资的各项风险因素及各风险因素之间的互相关系,特别要对其所选择的特定投资品种风险的特殊性有全面的理解,全面预测投资期间这些风险因素变化可能造成的损失,充分考虑自己的最高风险承受能力,选择合适的投资对象,并采取合适的风险管理策略。同时,整体性原则要求投资风险管理不能局限于一时一事的风险,而应从投资的内容和时间的整体性上来把握风险因素及其变化。尤其是和气候变化相关的项目,更加要注意累积性风险的影响。

(3) 全程管理原则。在投资的不同阶段,具体的风险因素是不同的。因此,投资风险管理的另一个原则就是要求管理者必须时刻关注风险,针对不同的风险因素采用不同的风险管理方法。一般来说,投资风险管理可以分为三个阶段。第一阶段确定初始投资目标,目标确定,风险管理范围也随之确定;第二阶段确定相应投资策略,投资策略的每一步都与风险管理相关;第三阶段是操作过程中的风险管理。

基于上述原则,面对绿色金融,金融机构可以创新使用许多工具和服务手段来解决绿色金融面临的资金供给不足、期限错配、投融资成本居高不下、资产定价手段缺失等风险问题,也是规避气候变化、环境冲击对投融资领域带来的潜在风险的重要方式,比如鼓励采用混合融资、资产证券化等模式降低风险;或者开发绿色金融风险模型、建立绿色金融项目库、开展绿色信用评价,推动金融机构和企业主体提高认知和判断绿色金融风险,以及辨识绿色金融项目的能力;还有就是加强绿色投融资的"引进来"和"走出去",进一步探索与多边开发性金融机构和国外金融机构在绿色投融资领域的合作模式,这些机构在气候投融资风险防控、机制设置、产品创新等方面具有丰富的经验。同时,金融机构设计了目标责任评价考核体系以及统计体系,研究政府部门已出台的各类产业、投资、财税、价格、金融、信贷等绿色激励扶持政策,通过申请财政补贴、税收减免、担保增信等手段,降低气候投融资成本和风险。

二、绿色金融风险的管理目标

任何金融风险管理的目标都在于规避风险和创造价值,绿色金融风险管理同样如此。特别在"碳达峰、碳中和"重要战略愿景下,绿色金融在更多领域和行业内出现创新产品和服务,转型金融业逐渐显现。金融机构在保证自身投融资资产保值增值的前提下,更要增强社会责任能力,包括重点提升绿色金融风险管理能力,科学监测评估以气候风险为代表的涉及经济社会发展模式转型的绿色风险对金融体系的影响,有力、有序、有效地支持经济社会绿色低碳转型,充分达成绿色金融风险的管理目标。具体来看,主要有以下三点。

(1) 提升金融机构的能力建设。通过更有效的绿色金融风险管理,进一步助推绿色产业发展。完善的绿色金融产品体系和标准体系是更为有效的绿色金融风险管理体系的内在要求,如此能实现绿色金融、绿色产业等标准的国内统一和国际接轨,建立包括绿色信贷、绿色债券、绿色保险、绿色产业基金、绿色信托、绿色租赁、绿色资产证券化等在内的专业化、综合性产品和服务体系,满足企业多元化融资需求,并能够充分利用好碳减排支持工具,加大对清洁能源、节能环保、碳减排技术等重点领域的支持力度,进而促进绿色产业的蓬勃发展。

(2)拓展绿色金融服务的内涵。通过更有效的绿色金融风险管理,让绿色金融深度赋能农业、农村、普惠金融,进而放大小微企业和"三农"绿色低碳转型的实效。从本质而言,绿色金融和普惠金融面临相似的高信息不对称和高波动性所带来的风险,因此,实现有效的绿色金融风险管理更有助于金融机构贯通绿色金融与普惠金融的内在联系,找准绿色金融标准和规则与普惠金融发展的结合点,深化两者的融合发展实践,并利用数字技术破解绿色金融与普惠金融的信息不对称难题,盘活绿色资产,推动环境信息披露,降低普惠金融成本,从而推动小微和"三农"更快、更好地实现低碳转型。

(3)降低新兴金融场景带来的未知风险水平。通过更有效的绿色金融风险管理,降低乃至规避转型风险,促使高碳行业平稳转型升级。金融体系管理绿色金融风险的重要要求之一即是要立足我国"富煤、贫油、少气"的资源禀赋和传统高碳行业仍在国民经济中占据重要地位的现状,正确看待碳排放密集型市场主体、经济活动和资产项目绿色低碳转型的融资需求。更有效的绿色金融风险管理能够明确符合转型特征的活动分类及其技术指标,设计出更加丰富的转型金融工具,加大对传统高碳行业绿色低碳转型的支持力度,避免转型中出现的一系列产业链断裂、资金链断裂等重大风险,从而使高碳行业平稳转型升级。

三、绿色金融风险的管理流程

基于一般金融风险管理的经验,当前绿色金融风险管理大致包含三个步骤:确立管理目标、进行风险评价和风险控制及处置等。

(1)绿色金融风险管理的目标设定。绿色金融风险管理的最终目标是在识别和衡量风险的基础上,对可能发生的金融风险进行控制和准备处置方案,以防止和减少损失,保证货币资金筹集和经营活动的稳健进行,金融机构应结合金融产品和服务的特点明确风险管理的合适目标。

(2)绿色金融风险的评价。金融风险评价是指对包括金融风险识别、金融风险衡量、选择各种处置风险的工具以及金融风险管理对策等各个方面进行评估。具体环节为:① 风险识别。在进行实地调查研究的基础上,运用各种方法对潜在的、显在的各种风险进行系统的归类和实施全面的分析研究。② 风险衡量。对金融风险发生的可能性或损失范围、程度进行估计和衡量,并对不同程度的损失发生的可能性和损失后果进行定量分析。③ 金融风险管理对策的选择。在前面两个阶段的基础上,根据金融风险管理的目标,选择金融风险管理的各种工具并进行最优组合,并提出金融风险管理的建议。这是金融风险评价的最重要阶段。

(3)绿色金融风险的控制和处置。金融风险的控制和处置是金融风险管理的对策范畴,是解决金融风险的途径和方法。一般分为控制法和财务法。① 控制法。在损失发生之前,实施各种控制工具,力求消除各种隐患,减少引起金融风险发生的因素,将损失减少到最低程度。主要方式有避免风险、损失控制和分散风险。② 财务法。在金融风险事件发生后已经造成损失时,运用财务工具,对已发生的损失给予及时的补偿,以促使尽快恢复。图 7-1 显示了环境相关风险向绿色金融风险传导的机制〔1〕。

图 7-1　绿色金融风险的传导机制

第二节　绿色金融风险的报告编制

在环境学领域,涉及潜在环境风险时一般会进行预案管理,编制相应的风险评估报告,通过分析和预测项目存在的潜在危险、有害因素,项目运行期间可能发生的突发性事件,引起有毒有害和易燃易爆等物质泄漏、爆炸和火灾造成的人身安全与环境影响和损害程度,提出合理可行的防范、应急与减缓措施,以使建设项目事故率达到可接受水平,并使损失和环境影响达到最小。

金融机构控制绿色金融风险同样需要进行事先评估,对那些自然环境中产生的或者通过自然环境传递的,对金融资产产生不利影响同时又具有某些不确定性的危害事件,评估该类事件发生的概率以及不同概率事件后果的严重性,并决定采取适宜的对策。面对

---

〔1〕　转引自王昕彤,刘瀚斌.气候投融资风险测度工具的比较研究[J].上海保险,2021(1):48-53,此处作了部分改动。

自然环境因素诱发的绿色金融风险评价,主要是评价环境中的不确定性和突发性的风险问题,对金融资产发生影响的可能性及其产生的金融资产价值的后果。可以说,绿色金融风险的预先评估是十分必要且紧迫的,也是一种风险管理的标准化工作。基于已有的几类报告体系,结合金融风险的传递规律,本节进行了风险报告编制的思考。

一、报告编制的基本思路

随着金融机构、投资者、企业对绿色金融风险管理重视程度的不断加深,以及绿色金融信息披露程度的提升,许多金融机构内都设有绿色金融管理部门,把绿色金融风险的管理作为重要的工作内容,通过建立健全的风险报告体系,定期对公司所面临的风险状况进行检测,编制风险报告,确保各类绿色金融风险信息顺畅和及时地在公司内部以及金融市场中传递。

当前许多金融机构、项目公司针对绿色金融风险管理的报告编制框架较为缺乏,学术界认为报告编制体系尚属一个全新的课题。报告思路应该按照风险发生的过程展开,包括风险识别归纳、风险传递分析、风险影响预判和管理应急方法等内容。目前许多金融机构在编制相应报告的过程中,主要参考的是以下体系:(1)环境信息披露报告编制体系;(2) ESG 报告编制体系;(3)环境风险评估报告编制体系。目前,环境信息披露报告编制已逐渐成为上市公司强制信息披露的重要组成部分,ESG 报告编制亦成为上市公司信息披露体系的重要环节,(突发性)环境风险评估报告编制则主要在涉及污染、排放、环保等有关领域的企业中完成。这些都为绿色金融风险报告编制提供了参考。

二、报告的主要内容

编制一份关于绿色金融风险管理的报告,首先应该明确目标是什么,对于聚焦在节能环保领域的绿色金融活动,其相关的风险报告的内容,首先应当能够推动以下目标的实现。

- 满足监管机构、证券交易所建议或要求上市金融机构或企业对于绿色金融风险管理与信息披露、ESG 信息披露的要求,所披露的信息能供投资者分析公司绿色金融风险及管理绩效;
- 体现上市金融机构或企业对于绿色金融风险整体管理的闭环,体现环境、员工、客户、社区关系和公司治理等方面的经营结果;
- 作为标准化、可复用的沟通工具,上市金融机构或企业可借此与投资者、政府、客户、媒体等利益相关方进行交流,帮助公司积累社会资产、构建社会品牌。

基于已有的金融风险评估内容,我们认为一份完整的绿色金融风险管理报告,应当具备以下要素:公司业务基本情况与组织结构、公司绿色金融风险识别及管理概述、报告期内绿色金融风险关键定量绩效与评价表、报告期内企业开展绿色金融风险管理情况、报告编制说明及其他绿色金融风险管理报告相关信息,下文进行详述。

(一) 公司业务基本情况与组织结构

针对拟投资的项目、企业,围绕"公司业务情况与组织结构"要素,报告可分析披露下列内容:组织名称、组织结构、组织所提供的品牌、产品和服务、总部位置、经营位置、所有权与法律形式、服务的市场、组织规模等。

（二）公司绿色金融风险识别及管理概述

围绕"绿色金融风险管理概述"要素，内容一般应当包含：公司的绿色金融风险管理战略规划与目标、公司绿色金融风险管理的理念与模型、对以风险识别为代表的有关实质性问题的分析与回应等。在这一要素中，报告需对绿色金融风险进行分类识别、因地制宜的衡量、应对作出讨论。具体包括以下四方面。

（1）绿色金融风险管理规划与目标。说明公司希望实现风险管理与控制的程度、预期的资产受损程度、可选择的风险管理策略、可接受的风险管理成本等内容。

（2）绿色/环境风险与绿色金融风险的识别。在风险管理中，风险识别的主要内容包括感知风险（通过系统化的方法发现经济主体所面临的风险种类和性质）与分析风险（深入理解各种风险的成因和变化规律），可参考本书第三章的内容。

（3）绿色金融风险的度量。可参考本书第五章的内容。

（4）绿色金融风险的应对。当风险出现时，金融机构可以采取如下主要应对措施：① 风险偏好管理，即明确金融决策者对于项目风险的态度（爱好、厌恶、中立）；② 风险分解管理，即依据风险调整资本回报率最大化原则，将风险指标以风险限额的形式分解至公司的不同层面、不同业务线，从而将风险控制在可以承受的合理范围之内；③ 风险影响因素监测体系，即通过一系列金融指标评估风险承受能否与资本实力相匹配，这些金融指标包括项目经营成本、目标利润率、资金供求关系、市场利率水平、客户风险等因素；④ 风险缓释措施，即采用相关措施来降低风险的发生频率或影响程度，制定日常应急计划等。

（三）报告期内公司绿色金融风险关键定量绩效与评价表

对于"报告期内绿色金融风险关键定量绩效与评价表"要素，公司在报告编制过程中，需着重借鉴本书第四章、第五章中的相关内容，在对公司绿色金融风险管理作出总体性概述的基础上，通过具体的方式（如情景分析、敏感性分析、压力测试等）对公司在本报告期内的绿色金融风险展开系统性的定量评价与测度，并进行详尽展示。关于如何进行压力测试，此处简要介绍三点。

（1）压力测试的定义：将整个金融机构或资产组合置于某一特定压力情景下，然后测试该金融机构或资产组合在这些关键市场变量突变的压力下的表现状况，以考虑它们是否能经受得起这种市场突变。

（2）压力测试的原则主要包括全面性原则、实践性原则、审慎性原则，以及前瞻性原则。

（3）压力测试的流程：① 确定测试对象，制定测试方案；② 选择压力测试方法，并设置测试情景；③ 确定风险因子，收集测试数据；④ 实施压力测试，分析测试报告；⑤ 制定和执行应对措施。

（四）报告期内企业开展绿色金融风险管理情况

围绕"报告期内企业开展绿色金融风险管理情况"要素，报告需基于前一要素绩效评价的内容，对报告期内公司进行绿色金融风险管理的具体策略及成效进行列示；同时，报告还需对风险管理的不足进行讨论，对风险管理措施的优化、改进策略进行说明。

常见的风险管理策略主要包括以下六种。

（1）风险规避：金融机构通过拒绝或退出某一业务或市场来消除本机构对该业务或市场的风险暴露。在现代金融机构风险管理实践中，风险规避主要通过经济资本配置来实现。

(2) 风险控制：金融机构采取内部控制手段降低风险事件发生的可能性和严重程度。与其他风险管理策略相比，风险控制策略最突出的特征是控制措施的目的是降低风险本身。实施风险控制策略的成本主要在于控制费用的支出。

(3) 风险分散：根据马科维茨组合投资理论，投资组合的多样化可以分散非系统性风险，当投资组合中的资产种类数目趋近于无穷大时，组合的非系统性风险将趋于零。需要强调的是，这种分散化的投资能够降低非系统性风险，但并不能降低系统性风险。在证券投资中，多样化投资的风险分散策略成为投资者（尤其是机构投资者）消除非系统性风险的基本策略。

(4) 风险对冲：通过投资或购买与标的资产收益波动负相关的某种资产或衍生产品，来冲销标的资产潜在损失的一种策略性选择。风险对冲可以管理系统性风险和非系统性风险。为了防范和化解系统性风险，人们需要借助于金融衍生工具进行风险对冲。常见的风险对冲手段是套期保值。

(5) 风险转移：投资者通过购买某种金融产品或采取某些合法的手段将风险转嫁给愿意和有能力承接的主体，被称为风险转移。风险转移主要又有如下两种分类：① 保险转移，通过向保险公司支付保费的方式，将风险转移给保险公司；② 非保险转移，通常采用担保和备用信用证等方式将风险转嫁给第三方。

(6) 风险补偿与准备金，这是指事前（损失发生以前）的价格补偿，以及金融机构针对风险事件发生的可能性提取足够的准备性资金，以保证损失发生之后能够很快被吸收，从而保证金融机构仍然能够正常运行。

(五) 报告编制说明及其他绿色金融风险管理报告相关信息

围绕"报告编制说明及其他绿色金融风险管理报告相关信息"要素，公司还需对如报告标准索引、第三方专家鉴证意见等补充性信息进行介绍。主要对报告编制的思路、数据来源进行说明。

三、报告编制大纲

基于上述风险报告包括的内容，本节设计了风险管理报告编制的大纲。由于绿色金融风险归因于环境风险，在编制完整的绿色金融风险管理报告前，要先就企业面临的绿色与环境风险编制报告并进行评估。

(一) 环境风险评估报告编制提纲

完整的企业突发环境事件风险评估与披露报告主要包括如下六个部分。

第一部分：前言

第二部分：总则

　　◇ 编制的原则

　　◇ 编制的依据（主要涉及编制参考的政策法规、技术指南、标准规范以及其他有关文件）

第三部分：资料准备与绿色/环境相关风险的识别

　　◇ 企业的基本信息

◇ 企业所处地理位置、气候条件、环境状况与环境风险受体情况
◇ 企业涉及环境风险物质情况
◇ 企业生产工艺与排放标准
◇ 企业的安全生产管理
◇ 企业现有绿色/环境风险防控与应急措施情况
◇ 企业现有应急物资与装备、救援队伍情况

第四部分：突发性环境事件及其后果评估
◇ 突发性环境事件的总体情景分析与压力测试
◇ 突发性环境事件的情景源强分析
◇ 释放环境风险物质（污染物质）的扩散途径、涉及环境风险防控与应急措施、应急资源情况的分析
◇ 突发性环境事件的后果与危害分析

第五部分：现有绿色/环境风险防控和应急措施的缺陷、不足情况分析和比较

第六部分：完善绿色/环境风险防控和应急措施的策略与实施计划

（二）绿色金融风险管理报告编制提纲

基于自然环境风险报告内容，沿绿色金融风险的形成和传导路径，以上述环境风险评估报告编制提纲为基础，企业或金融机构可着手对绿色金融风险管理报告进行编制。报告编制提纲需紧密扣合绿色金融风险的传导路径展开。

第一部分：前言

第二部分：总则
◇ 编制的原则
◇ 编制的依据（主要涉及编制参考的政策法规、技术指南、标准规范以及其他有关文件）

第三部分：资料准备、绿色/环境相关风险的传导与绿色金融风险的识别
◇ 企业的基本信息、业务情况、组织结构
◇ 企业所处地理位置、气候条件、环境状况与环境风险受体情况
◇ 企业涉及环境风险物质情况
◇ 企业生产工艺与排放标准
◇ 企业的环境风险冲击与传导路径演化
◇ 企业现有金融资产情况（资产负债情况、现金流量情况、利润情况等）及变动分析
◇ 宏观经济环境、国际国内金融市场条件

第四部分：绿色金融风险后果评估
◇ 突发性环境事件的总体情景分析与压力测试
◇ 绿色金融风险的总体情景分析与压力测试
◇ 绿色金融风险的后果与危害分析

第五部分：现有绿色金融风险防控和应急措施的缺陷、不足情况分析和比较

第六部分：完善绿色金融风险防控和应急措施的策略与实施计划

第三节 国际绿色金融风险管理案例

在了解了我国现阶段金融机构对于绿色金融风险的相关管理实践后,我们将视野投向国外,分析国际社会在气候投融资活动开展各环节应对风险的监管措施。

根据绿色金融风险管理业务的具体流程,可将过程大体分为三个阶段。第一阶段是市场准入与风险评估。在该阶段,各利益主体通过建立自己的评估体系,以保证投融资过程符合气候目标。第二阶段为风险控制。在投融资过程中,各利益主体通过一系列制度的安排以规避各类风险。第三阶段为信息披露。各国及各金融机构对气候投融资活动的监管大多集中于此。通过设定信息披露标准、内容,监管机构可以获知投融资活动的进程,进一步控制风险。以下结合国际案例对各流程相应的制度安排做简要阐述。

一、市场准入与风险评估

(一) 世界银行

多边开发银行机构(Multilateral Development Banks,MDBs)长期以来既是以气候投融资为代表的绿色金融活动的实施主体,也是投融资活动环境影响管理工具及其创新的引领者。以世界银行为代表的多边银行机构,在绿色金融的制度建设方面提出了许多建设性的意见。

2016年8月,世界银行发布了新的环境社会保障政策,即《环境与社会框架》,并宣布从2018年10月起,该政策将应用于世界银行所有的气候投融资项目。在提供贷款之前,世界银行将对项目进行风险评估,以确定是否对该项目投资。根据世界银行颁布的环境与社会框架,世界银行在进行投融资活动时,相关项目必须满足世界银行所规定的环境与社会指标(Environmental and Social Standard,ESS)。ESS明确提出将气候变化、环境风险以及其他跨界或全球风险和影响列入投融资考量范围。在进行项目可行性调查时,世界银行将综合考虑项目类型、潜在环境社会风险等多种因素,将所有项目(包括涉及金融中介机构的项目)划分为三个类别之一:A类高风险,B类中风险,C类低风险。对不同风险等级,世界银行将有不同的处理方法与信息披露要求。另外,在进行项目评估时,世界银行将考虑引入公众或第三方机构对项目进行评估,以提高评估的准确度与客观性,充分衡量项目的影响与成效。

另外,作为全球性金融机构,世界银行及其他多边开发银行共同以《气候减缓融资追踪原则》和《气候适应融资追踪原则》为依据评估、统计和考核投融资项目在减缓和适应气候变化方面的效益。

(二) 欧盟委员会

2000年,欧盟推出了"第一个欧洲气候变化计划"(ECCP I),其中最重要的举措是建立了欧盟内部温室气体排放交易体系(ETS)。2005年10月,第二个欧洲气候变化计划(ECCP II)在布鲁塞尔正式启动,政策的主要内容包括从2011年起将航空业纳入欧盟排放交易体系,制订降低新车二氧化碳排放量的相关法律,审核现行欧盟排放交易体系并在

2013年修订,制定安全运用碳埋存技术的立法框架等。欧盟委员会于2008年1月23日提出了"气候行动和可再生能源一揽子计划"的新立法建议,该项立法建议也被称为欧盟气候变化扩展政策。在一揽子计划中,欧盟委员会提出多种重要举措,以规范与气候相关的投融资活动,具体措施如下:一是修改了欧盟排放权交易体系,使欧盟排放交易机制(EUETS)得到进一步的扩展;二是在运输、农业和住房等非 ETS 部门建立具有约束力的二氧化碳排放目标;三是制定约束性可再生能源目标,推行生物燃料;四是制定了关于碳捕获和封存(CCS)以及环境补贴的规章制度。一揽子计划提出了欧盟排放交易机制第三阶段(2013—2020年)的实施内容,大大扩展了欧盟排放交易体系,扩大了该体系的覆盖范围。可以说,欧盟温室气体排放交易体系是迄今为止世界范围内覆盖国家最多、横跨行业最多的温室气体排放交易体系。

除了建立欧盟排放体系外,欧盟还推出多项法规以规范气候投融资活动。欧盟于2018年颁布可持续金融行动。该文件中提到,欧盟将制定一项专门的气候变化压力测试,更好地应对气候风险。欧盟委员会将建立可持续分类体系,制定投融资标准、标签、审慎要求的绿色支持因素、可持续性基准等一系列指标。欧盟委员会将与所有利益相关者共同探讨修订《信用评级机构条例》的优点,要求信用评级机构以适当的方式将可持续性因素明确纳入其评估中,以保护小规模参与者的市场准入。委员会将评估是否可以采用更适当的资本要求,以更好地反映银行和保险公司持有的可持续资产的风险。

2019年12月,欧盟委员会公布了应对气候变化、推动可持续发展的"欧洲绿色协议"。欧盟在欧洲绿色协议中,明确考虑将气候和环境风险纳入金融体系。此外,欧盟将更多地使用绿色预算工具,将公共投资、消费和税收转向绿色优先事项,与成员国合作,筛选绿色预算做法并对其进行基准测试。基准测试使得各国更容易评估年度预算和中期财政计划在多大程度上考虑到环境因素和风险,并学习最佳做法。

(三) 英国绿色投资银行

英国绿色投资银行是世界上首家由国家设立的专门为绿色低碳项目融资的银行,作为英国政府"绿色新政"的主要举措之一,旨在通过解决限制英国绿色低碳项目融资的市场失灵,加快英国向绿色经济转型。2017年8月,英国政府宣布,将该行正式出售给私人投资机构麦格理集团。虽然不再是国有银行,但根据出售协议,该行会继续支持低碳项目,未来三年内向绿色经济领域的投资将不少于30亿英镑,并且设定了"特别股份"安排以保证这一承诺得以践行。

英国绿色投资银行在撬动私人资本领域的工作十分出色。其在风险评估上能够对其他投资者产生重要影响。例如,在风险被普遍高估的可再生能源领域,该行的人才储备和业绩记录使得其投资行为对其他投资者形成带动效应。通常情况下,在其宣布参与某个投资项目后,即便尚未实现盈利,也会很快吸引到其他投资者,有时甚至出现资金相对过剩的情形,这主要是因为其尽职调查深得其他投资者信任,大大降低了后者的风险预期。

另外,英国绿色投资银行还基于投资实践为一些项目(以能效项目为主)制定评估标准,而后将其推广至整个绿色金融领域。

值得注意的是,英国绿色投资银行还受到欧盟委员会的监管。按照欧盟委员会根据竞争政策"国家援助"条款批准的范围,英国绿色投资银行的投资领域如下:至少80%的资金须投向海上风电、废物循环、转废为能(垃圾发电)、非住宅能效以及英国政府提出的绿色协议等方向;余下的20%资金投向生物质发电、碳捕捉与存储、海洋能、可再生能源供热等领域。欧盟委员会对英国绿色投资银行的规定明确了其投资范围,确定了绿色投资银行的市场准入,也突出了欧盟委员会的政策意图。此外,该行从一开始就承诺不提供优惠贷款,这也是其成立能够顺利获得欧盟委员会批准的一个原因。

二、风险控制

(一) 世界银行

为了控制风险,避免发生由于气候变化或气候变化规章变动导致的损失,世界银行主要以《环境与社会框架》为依据。值得注意的是,相比于世界银行之前的保障政策,《环境与社会框架》更加强调对气候变化和推动增强气候韧性的关注,在具体的标准中包含了一系列应对气候变化和环境风险的考虑,涵盖减缓和适应领域。根据最新的《环境与社会框架》,世界银行规定:如果在项目实施过程中适用的法律、法规、规章或程序发生变化,比如国家提高废弃排放标准,世界银行将评估这些法规程序变化的影响,并与借款人进行讨论,以商定最后的解决办法。如果这些变化最终反映出国家体系的进一步改善,并且在借款人要求的前提下,世界银行可以同意修改适用于该业务的规章框架以反映国家政策的改进,并修改世界银行的规章框架。针对修改的相应框架,在必要时,世界银行将会解释并说明应对这些变化所做的任何更改,并提出理由以供董事会批准(通常在无异议的情况下)。如果更改国家/地区系统的方式与世界银行认同的法律框架不符,则适用世界银行的合同救济。

此外,在世界银行发布的《环境与社会框架》文件中规定,如果经银行风险评估后,发现借款人与银行规定的标准存在差距,借款人将与银行合作,确定解决此类差距的相应措施和行动。世界银行在获得对项目及与之相关的其他方面详细准确的信息,以及足够详细的环境和社会基准数据之后,将会着手确定风险和其影响以及相应的缓解措施,审查项目备选方案是否合理。在审查后世界银行将确定改进项目选择、选址、规划的方法,设计和实施,以便对不利的环境和社会影响应用不同的缓解等级,并寻求机会加强项目的积极影响,以达到更高的环境目标。

可以说,世界银行在风险控制方面为其他金融机构确立了一个良好的典范。它具有相当强的针对性,充分考虑了不同项目及项目实施环境变化的可能。可以说,世界银行的处理措施能够很好地应对当今这个信息高速流动、变化性强的世界。

(二) 欧盟

欧盟对气候风险的控制与世界银行有所不同。如果说世界银行的措施更具有针对性和精细性,那么欧盟所颁布的政策则更具有宏观性。这差异实际上也与欧盟与世界银行本身不同的特性相关。

欧盟将环境与气候变化整合政策作为所有气候投融资活动规划、评估、实施的一项基础性政策。政策强调在投融资活动的全周期过程中关注气候相关的风险因素,并通过相应的管理政策和评估机制落实气候主流化原则。依据该政策的要求,在投融资项目的规划、设计、执行、评估等关键环节均应遵循相应的气候风险评估和管理程序。同时,该政策还有一系列分领域的指南来规范具体领域的投融资活动,对如何考虑气候的风险因素做了进一步的政策层面的安排。

《欧洲绿色协定》中明确提出,与基础投资领域相比,对低碳转型至关重要的行业的敞口必须相等或更大。这一要求的理由是,许多解决办法将来自高排放部门。

2020年欧盟能源与气候一揽子计划对EUETS第三阶段进行了完善和调整,以更好地应对气候变化带来的风险。具体措施如下:一是在能源密集型行业纳入除了二氧化碳排放以外的氧化亚氮和全氟化碳排放指标。二是改变前两阶段设置的排放上限,将各个成员国的目标提高到2020年较2005年排放下降21%。三是从2013年起40%的免费配额由拍卖代替,并且到2020年,其间逐年增加拍卖配额比例到100%,其间的免费配额将根据申请者前期减排表现发放。四是视气候协议谈判情况确定减排信用的现实使用,只有2012年前申请获批,至少1%的最不发达或者小岛屿国家的项目可以使用其减排信用,且使用期限和使用量分控控制在2014年和低于2005年排放量3%之内。在新能源发展上,欧盟国家通过一系列激励手段、推广行动和强制性措施使得新能源可持续发展之路走得相当顺利。例如,在风能、水力以及电力等再生能源的发展上,由于欧盟国家的激励,很多企业愿意投资或者收购,这为今天这些新能源的技术成熟做出重要的贡献;再如,绿色证书的鼓励方式和购买配额制的强制性等手段,为相关可再生能源提供了更大的利润空间和发展潜力,当然也就间接促进了可再生新能源的推广应用。

总体来说,欧盟对气候风险的控制更多侧重于机构和行业。考虑到欧盟内部国家的差异,各政策实际上有相当大的灵活性,且更多偏向于总体的宏观调控。

(三)英国绿色投资银行

英国绿色投资银行在风险控制方面也相当出色。

从投资工具来看,英国绿色投资银行要求以股权投资和提供条件类似于商业银行的贷款来支持目标项目,有时也为项目提供担保。其资金来源多样,融资形式灵活,金融产品创新丰富。英国绿色投资银行不仅撬动了多种类型的社会资本参与,还赋予了其融资方案充分的灵活性和创新性。值得注意的是,英国绿色投资银行还可以根据融资方需求来设计表内或表外产品,以及结构化的还款方案,这就给融资方提供了相当大的灵活性。此外,英国绿色投资银行最初由英国政府投资成立,从某种角度来说代表政府意愿和行为。因此,可以说,英国绿色投资银行的做法将传递出明确的监管信号,对市场有一定的导向作用。考虑到英国绿色投资银行大多为股权融资,股权融资直接承担了项目风险,在一定意义上,降低了私人资本的风险预期,对私人投资的带动作用显然比提供优惠贷款更为显著。在气候投融资领域,由于气候风险的不确定性极大,相关投融资活动的风险往往被高估或者收益被低估,导致市场难以达到有效率的状态。英国绿色投资银行的存在可以说纠正了部分市场失效,它让投资者正确认识到绿色投资项目的风险和投资回报率,打消了投资者的怀疑和顾虑,进而刺激了私人资本的气候投融资活动。

该公司内部采取自上而下的管理方式,涉及压力测试、控制测试、合规管理和内部审计的风险管理工具,非常细致和详尽。与一般的投资银行不同,绿色投资风险是英国绿色投资银行最主要的风险之一,主要衡量其投资的绿色环保指标,是否符合可持续性的绿色发展原则。英国绿色投资银行通过自己的一套绿色投资风险评估体系来管理上述风险。

针对以上五个方面,英国绿色投资银行设定了不同的绿色评级标准。根据相应的绿色评级标准,每一个投资项目都必须经过银行内部严格的绿色影响评估才能得以审批通过。此外,为分散投资风险,保证整体回报率,英国绿色投资银行始终注重兼顾与平衡不同风险等级的投资项目,其投资模式与业绩对合作投资者起到了良好的示范效应。

2015年英国绿色投资银行对外发布了《绿色投资手册》,详细列明了英国绿色投资银行针对每一个绿色投资项目所使用的实用工具,包括不同领域的项目筛选指南、标准、尽职调查的详细步骤、风险评估计算模型和流程、后续监管措施和绿色影响的汇报等。特别对于受政策波动影响较大的能源领域,不仅包括对现有政策的梳理,还根据目前的全球形势,预测了未来相关能源政策可能的改变以及随之带来的影响力评估。同时利用英国绿色投资银行的内部环境风险压力测试,从宏观和微观层面,利用多种风险缓释工具和有效的合同流程管理,预估、分担和防范可能的风险,从而保证投资的成效和收益,体现监管成效。

三、信息披露

(一)世界银行

世界银行在信贷业务的环境与社会政策中指出,世界银行在对项目进行适当的风险分类时,借款方需要提供相关信息,以帮助世界银行对项目进行风险评级。这些信息包括项目的类型、位置、敏感性和规模,潜在的环境和社会风险与影响的性质和大小,借款人(包括负责项目实施的任何其他实体)以与《环境与社会框架》相一致的方式管理环境和社会风险及影响的能力和承诺,法律和体制方面的信息,拟议的缓解措施和技术的性质,治理结构和立法,有关稳定性、冲突或安全性等。在进行项目投资时,世界银行将在其网站和项目文件中披露项目的分类及分类依据。

另外,世界银行将根据世界银行规定的指标,进行环境效益评估,以确保气候投融资项目对环境的正向影响。可以看出,为了更好地支持气候投融资目标或相关承诺的实现,世界银行在对项目进行检测时,不仅仅关心项目实施情况,同样关注项目所带来的气候效益。其所建立的一套系统的监测、报告的追踪流程,使得各项目在可再生能源、绿色交通及增强气候韧性方面的投融资效益的评估在横向和纵向两个维度都拥有可比性。

世界银行遵循赤道原则,属于赤道银行行列,因而其必须遵守赤道原则所规定的信息披露义务。规定如下:"赤道原则金融机构承诺在考虑相应的保密因素的前提下,最少每年向公众报告一次其执行赤道原则的过程和经验。报告的内容至少包括各家赤道金融机构的交易数量、交易分类以及实施赤道原则的有关信息。"赤道原则信息披露制度具体要求如下:

第一,报告形式的多样化。赤道银行可以自己决定报告的格式,依据各个国家和地区银行的特殊情况进行披露。

第二,赤道银行所披露的项目数量要求达到赤道原则规定的最低水平,即A类项目1件、B类项目2件、C类项目3件。同时,在对各类项目信息进行资格审查和环评时,还可以根据不同行业和产业、国家或地区进行不同对待。

第三,赤道银行在报告中披露的信息内容需要详尽具体,内容应包括赤道银行的审核机制和风险管控机制、赤道原则的执行状况、适用赤道原则的运作程序、赤道原则内部员工专门培训,以确保银行内部员工能够全面了解和运用赤道原则相关规范。

第四,报告披露地点。赤道银行可以将报告公示在年度报告、年度财报、年度社会责任报告或本行官网和赤道原则信息公布网站。

第五,报告宽容期限。新加入的赤道银行在第一年仅仅需要提供赤道原则完成情况,第二年开始才需要提供完整细致的执行报告。

由于赤道原则属于自愿性的行业自律原则,因此难以保证信息披露工作水平。在信息披露强制性方面仍有待改善。

(二) 欧盟

欧盟设定的信息披露相关监管制度较为完善。其建立了气候投融资活动的披露、监测和报告的机制,对投融资活动的气候影响进行持续的追踪,定期发布《气候基准及环境、社会和治理(ESG)披露》报告,依据相关建议和指标,对欧洲上市公司、银行和保险公司提供追踪和披露,以确保私人资本在提升气候适应性和促进低碳发展方面发挥相应的作用。可以看出,欧盟委员会对信息披露的标准进行了统一规定,大大增强了信息披露制度的可比性,为广大金融机构和投资者带来了极大便利。报告中提出的新的气候基准目标致力于完成以下四点:(1)气候基准方法具有相当大的可比性,同时使基准管理者在设计其方法时具有重要的灵活性;(2)为投资者提供与其投资战略相一致的适当工具;(3)提高投资者影响的透明度,特别是在气候变化和能源转型方面;(4)抑制绿色清洗,"绿色清洗"的定义为与气候目标的既定投资目标不符的行为。

2020年欧洲绿色协定提出,在与长期发展和可持续性方面相比,许多公司仍然过于注重短期财务业绩。因此,欧盟委员会要求公司和金融机构需要增加对气候和环境数据的披露,以便投资者充分了解其投资的可持续性。为此,欧盟委员会将审查非财务报告指令。同时,欧盟委员会还将在国际范围内支持降低相关企业的自然成本会计实务。欧盟委员会将统一制定投资品的标准,比如说将考虑为零售投资产品贴上明确的标签,以及制定一个以最方便的方式促进可持续投资的欧盟绿色债券标准,来为投资者和公司提供更多的机会,使他们更容易确定可持续的投资,并确保他们是可信的。

(三) 英国绿色投资银行

英国绿色投资银行也有其相应的信息披露要求,具体体现在其发布的《绿色投资手册》中。2015年,英国绿色投资银行发布了《绿色投资手册》,基于自身投资经验,给出了对项目的绿色效应进行预估、跟踪和评估的标准化程序。首先,针对英国绿色投资银行自身信息披露,每一个审批通过的项目在运营期间具体的风险描述和控制措施都需体现在英国绿色投资银行经营年报中,供广大投资者审查与借鉴。这种做法无疑起到了良好的示范作用,为其他金融机构和投资者提供了风险控制的范本,有利于吸引私人资本进入。针对不同的项目,一旦对项目提供资金,英国绿色投资银行将对项目的绿色影响及绿色风险进行检测,其中包括项目协议的履行情况及项目环境与社会风险。此外,投资对象还应该定期对项目运营进展进行更新或出具报告,持续跟踪回报项目预期绿色影响的实现情况以及其他环境与社会相关措施落实情况。投资对象每年必须完成一份报告,详述项目预期和实际绩效。一旦有造成实质性影响的环境与社会现象事故发生,投资对象应尽快向投资者报告(连同具体解决措施)。投资者应当对这些突发事件进行充分考量,并与投资对象管理层磋商,再对项目是否有相应的补救或减缓措施行动要求进行评估。此外,投资者应请独立的环境与社会专家对包括绿色风险、行动计划、预测的以及实际的绿色影响绩效、更广泛的环境与社会法律法规遵循情况开展定期监测审查。这与世界银行的做法有相近之处。

目前,我国尚未对绿色金融风险专门设置机构进行管控,但作为一种金融活动,要更好地理解绿色金融风险的管控,需要将其纳入各国现有的金融监管架构中理解,为此,本章末尾设置了拓展阅读二维码,从现有各国的监管架构中,读者可以探索未来绿色金融风险监管的架构发展模式。

第四节　绿色金融风险管理的现存挑战与未来展望

一、现存挑战

现阶段,我国绿色金融已经取得了长足发展。随着市场的逐渐完善,绿色金融风险管理也已出现了初步的尝试。但值得注意的是,我国绿色金融风险管理实务水平仍有不足,较发达市场的风险管理业务开展存在一定的差距,主要体现为制度体系不健全、行业重视程度不足、风险管理工具不完善等。

(1) 法律法规、制度条例、标准体系、激励机制较为不足。央行等四部委于2022年1月发布的《金融标准化"十四五"发展规划》中的绿色金融相关标准体系内容作为"指挥棒",充分表明国家相关部委已充分意识到现存的这一挑战,但值得注意的是,规划从发布到正式落地执行和全面推广,仍需经历较为漫长的时期,制度、标准、激励不足的问题在短期内依然存在。

(2) 金融业尚未充分了解绿色/环境风险和意识到其与投融资风险的相关性,对风险分析的投入和能力不足,缺乏报告编制的意识与能力。目前,绿色金融风险管理报告编制尚属空白,尚未有金融机构对绿色金融风险管理这一主题独立编制报告。此外,绿色金融与 ESG 相关信息的披露报告在国内也尚属近年来的新生事物,2021年11月招商银行发布的《2020年度环境信息披露报告》是首家全国性银行总行发布的绿色金融相关信息披露报告,在此之前,尚无全国性商业银行单独发布环境信息披露报告。截至目前,还有众多金融机构未就此话题作出披露和编制报告。这一现状充分体现出金融机构和相关企业仍对绿色金融风险管理及其报告编制的重要性认识不够。

(3) 现有的绿色/环境风险分析方法与工具仍不完善,所使用的已经公开的可用于评估绿色/环境风险以及绿色金融风险的数据和方法普遍缺失、质量较低。以信息披露和报告编制为例,监管层面并未披露更多更有价值的公共数据,对绿色金融风险统计指标的研究不足,有关绿色金融风险的数据统计监测平台尚未建立,进而致使无法提供有质量的报告;此外,在国外,科研院所与众多中小型金融服务公司都是促使相关工具开发落地的重要力量,但由于准入机制等种种因素,我国相关金融服务公司数量不足、开发能力欠缺、所在地市支持力度不够、与政府机关及金融机构的互动不紧密,致使无法形成国际上中小公司竞相进行开发与创新、百花齐放的局面,这进一步推升了绿色金融风险管理报告编制的难度。

二、未来展望

在对我国绿色金融风险管理现存挑战与不足分析的基础上,可以从意识提升、能力建设、重点扶持、披露结果、强化风险评估体系等几大角度提出我国绿色金融风险管理的未来展望与可能的发展举措。

(1)提高环境风险分析意识。央行和其他金融监管机构应带头开展宏观层面的绿色/环境风险分析;同时应该向金融机构释放清晰的政策信号,明确推广气候风险分析的决心,进一步推动相关标准的制定与完善,推动金融机构开展绿色金融风险分析。

(2)能力建设。行业协会、央行及其他监管机构、国际组织、非政府性机构和学术机构等组织可以通过组织研讨会、培训会等交流活动,将以气候投融资风险分析方法为代表的绿色金融风险管理方法作为公共产品,向金融业进行推广。

(3)支持示范项目、推进金融创新。NGFS、国际组织、央行和其他监管机构可以考虑对重点行业或重点地区的示范研究项目进行扶持,这些项目可针对银行业、资管业和保险业金融机构,并覆盖对气候因素有重大风险敞口的产业及对应地区。例如,试点碳市场为气候投融资活动提供了交易标的,营造了良好投融资环境的同时培养了一批有气候投融资意识的市场参与主体。由碳市场衍生的碳金融本身就是气候金融的重要组成部分。碳市场的健康运行是碳金融得以发展的基础,有一些试点进行了碳衍生品交易和碳相关融资工具方面的尝试,包括配额回购融资、碳资产质押、碳债券、碳掉期、碳远期等,这些都是对气候投融资的重要推动。

(4)披露风险敞口和气候风险分析结果。应该建立一个国际通用的、健全的环境披露框架。在条件成熟的国家,央行和其他监管机构可以鼓励各金融机构、相关企业根据气候相关财务披露建议,披露其对气候金融因素的风险敞口及风险分析结果。

(5)建立关键风险指标和相关统计数据库。在鼓励市场主体和学术机构研究与气候相关的关键风险指标的同时,NGFS及相关国际组织自身也可开展相关研究。明确关键风险指标将有助于金融机构和监管部门识别、评估与管理气候相关投融资风险,并提升数据的可比性。

(6)建立绿色和棕色经济活动的分类体系,驱使有关产业加快绿色转型。政策制定者们应组织利益相关者和专家,共同建立和推广对经济金融活动的分类体系,将"绿色"和"棕色"的经济金融活动加以区分,使得金融机构可以更清楚地了解和评估不同类型经济金融活动所带来的机遇和风险。

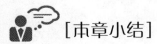

[本章小结]

通过本章的学习,我们能够从市场角度对绿色金融风险的管理目标、流程和环节形成全面、完整的认识。市场中的金融机构、融资企业、项目单位会形成对金融风险的评估,通过分析现实中的风险管理实践,我们归纳了绿色金融风险管理报告的编制方法,力图使读者运用已有知识,着手构建绿色金融标准体系和框架,并思考和探索绿色金融风险管理的不足与可能的改进空间。

[习题与思考]

1. 市场主体对绿色金融风险的管理流程是什么?
2. 与第六章内容进行比较,分析政府和市场两方面对于绿色金融风险管理的特点。
3. 总结编制绿色金融风险管理报告需注意的要素。
4. 以银行绿色信贷为案例,尝试编制一份金融机构绿色金融风险管理报告。

[参考文献]

陈诗一,李志青.中国企业绿色透明度报告(2019)[R].复旦大学绿色金融研究中心研究报告,2019.

陈诗一,李志青.中国上市银行绿色透明度研究(2019)[R].复旦大学绿色金融研究中心研究报告,2020.

刘桂平.努力提高金融体系气候风险管理能力[J].中国金融,2022(5):9-11.

王昕彤,刘瀚斌.气候投融资风险测度工具的比较研究[J].上海保险,2021(1):48-53.

张金清.金融风险管理[M].复旦大学出版社,2011.

张金清.金融风险管理实务[M].复旦大学出版社,2017.

中国人民银行,市场监管总局,银保监会,证监会.金融标准化"十四五"发展规划[R/OL],http://www.pbc.gov.cn/zhengwugongkai/4081330/4081344/4081395/4081686/4466286/index.html.

F. Modigliani, M. H. Miller, The Cost of Capital, Corporation Finance and the Theory of Investment[J], *American Economic Review*, 1958, Vol. 48. No. 3. P.261-297.

TCFD. Task Force on Climate-related Financial Disclosures:Status Report,Available at https://www.fsb.org/wp-content/uploads/P260918.pdf.

拓展阅读二维码

第八章 绿色金融风险管理中的信息披露

[学习要求]

- 了解信息披露对绿色金融风险管理的意义
- 熟悉绿色金融风险管理中信息披露的原则和内容
- 比较国内外常见的金融风险信息披露的内容

[本章导读]

信息披露是金融活动中十分重要的信息沟通工具,一直被视为上市公司向投资者和社会公众全面沟通信息的桥梁,政府监管者、投资者等主要通过信息披露了解金融机构和企业。绿色金融活动中的信息披露,同样是帮助投资者和社会公众快速获取绿色项目相关信息,作为投资抉择项目本身是否"绿色"、是否有投资价值的主要依据。早在2017年12月举行的中英经济财金对话中,两国金融机构就着手开展环境信息披露试点工作,目的是提升金融机构关于气候与环境风险管理水平,推动企业微观主体履行社会责任,从而促进经济绿色转型和发展。2022年4月,证监会发布了《上市公司投资者关系管理工作指引》,进一步规范上市公司投资者关系管理,明确要求在上市公司与投资者的沟通内容中增加关于环境、社会和治理(ESG)的信息,这意味着未来上市企业不仅要披露财务信息,还须披露包括气候与环境信息在内的社会责任信息。只有真实、全面、及时、充分地进行环境信息披露,才能使那些持绿色价值投资理念的投资者真正受益。通过本章学习,希望读者能了解绿色金融相关信息披露的内容、意义和策略,熟悉信息披露的现实案例。同时,本章还分析了绿色金融风险信息披露现阶段存在的挑战和不足,进一步展望了该领域未来的发展趋势。

第一节 绿色金融风险管理中信息披露的内容和意义

一、绿色金融信息披露的背景

信息披露,又称信息公开,遵循资本市场的信息公开原则,具体是指金融机构及上市公司等依照法律的规定,将与其经营有关的重大信息予以公开的一种法律制度。

从历史上发生的若干金融风险事件来看,金融机构引发的金融风险是影响最剧烈的风险。所以,金融机构要在国家有效监管的前提下"练好内功",完善内控机制。我国在防范风险的立法和执法方面一直都重视国家监管,而对金融机构的行业自律和内控机制的完善没有足够的重视。这种内控和外控的不平衡削弱了外控监管的效果,无益于金融整体安全。而信息披露制度的设立和完善,再加上监管对信息披露的制约,就有利于将国家金融监管的外控机制转化为金融机构的内控动力。国家监管对信息披露真实性、完整性、及时性的要求,就势必会给金融机构经营造成压力,使其增强透明度,金融机构的经营都处在大众的视线内,经营不善导致公众对其信心的丧失,他们就会努力完善内控机制,避免违规操作,保持良好的经营状态。2020年,随着《证券法》修订落地实施,中国证券资本市场迈入"新《证券法》"时代,其中,信息披露是证券资本市场生存与发展的"灵魂"。2020年发生的包商银行被接管、债券市场违约事件频发等事件表明,金融机构的信息不透明可能是造成风险累积的重要因素。针对新闻报道的诸多市场资金存在违规使用和信用下沉问题,只有设定更高的金融机构信息披露标准、提高银行投资透明度是防范风险的有效手段。新《证券法》全面重构信息披露制度:首次设定信息披露义务人法律概念,信息披露主体范围扩大至法律法规和证券监管机构规定的"其他"义务人;全新界定信息披露标准,除了常规的"真实、准确、完整"要求外新增了"简明清晰、通俗易懂"的要求;境内外同时信息披露;补充完善临时公告"重大事件"范围,强化临时报告披露义务;强化董监高(董事、监事和高级管理人员)和控股股东、实际控制人的披露义务,新增董监高异议权;显著加重信息披露违法处罚力度,进一步完善民事责任体系,全面提升保护投资者的水平。可以说,中国证券市场迎来了信息披露的严管时代。

与传统意义上的金融活动相比,绿色金融更加强调人类社会的生态安全问题,其资金效益的目标是将节约资源、保护环境、平衡生态作为绿色金融发展的突出要素,进而引导各类社会经济主体更加注重人与自然关系的和谐。由于绿色发展涵盖诸多领域,不仅包括环境污染治理、生态修复,还包括广泛意义上的节能降碳,甚至工艺、供应链的绿色化都被认为是绿色产业,社会各界对于项目是否符合绿色的判断标准尚未形成统一的认识,这就造成了金融机构和项目单位获得的信息不对称、不完整,进一步使得投融资决策存在天然的缺陷以及投资者决策思维的差异化,此种情况下如果放任市场资源自由配置,那么必然会加剧市场价格对绿色项目基础价值的背离,增加融资成本,扩大风险程度。新《证券法》下,绿色金融信息披露应当注重合理平衡、兼顾企业、金融机构、投资者、监管机构乃至整个人类社会对信息的不同需求。基于绿色金融产品多元、领域繁多,其绿色金融信息披露制度应有更加广泛的内涵,如企业环境信息的披露、绿色债券环境效益信息的披露、绿色项目信息的披露以及环境保护处罚信息的披露等。

从绿色金融的投资回报率来分析,尽管近年绿色金融活动被普遍关注,但绿色项目通常收益低、投资回收期长,还需对绿色项目进行额外认证等,这无疑加大了绿色金融的成本与风险。从短期效益来看,绿色金融有着高成本与高风险的倾向,这或许也是绿色金融资金缺口巨大的主要原因之一。但从长远来看,绿色金融信息公开避免了企业或项目面临的未知的环保风险。尽管金融机构越来越具备环保的意识,但短期效益仍然决定了其逐利的本能,因此从金融政策上加强长期绿色投资资金的激励力度,更有助于企业可持续发展。业内也有观点认为，绿色金融巨大的资金缺口更源于绿色金融相关信息不对称，特别是诸如判断项目的标准、寻找项目的途径以及跟踪了解项目投融资等信息不对称。这些不对称常常会导致投资方更加不确定哪些是绿色项目、在哪里寻找绿色项目，或者是疑虑资金投入后的经营与收益。

更需值得注意的是，由于绿色金融投资领域的结果具有较强烈的公共外部效应，其金融风险涉及范围不仅会损害资产自身价值，还会对社会公共性影响深远。基于此，近年来国际社会针对信息披露开展了一系列工作，2017年6月联合国金融稳定委员会的气候相关财务信息披露工作组（TCFD）发布了《气候相关财务信息披露工作组建议报告》（以下简称"TCFD框架"）。该报告所包含的指引和框架正是为帮助投资者、贷款人和保险公司等金融机构对与气候相关风险和机遇进行适当评估，以便揭示气候因素对金融机构收入、支出、资产和负债，以及资本和投融资的实际和潜在的财务影响。该建议报告首次将气候投融资的重点聚焦为信息披露，构建了环境及气候因素对金融机构风险与机遇影响的分析方法、模型，以及金融机构投融资对环境和气候影响的分析方法、模型，试点金融机构先行制定披露计划并进行披露，从而为更多国内外金融机构进行环境信息披露提供实践经验和参考。

二、绿色金融信息披露的内容

在绿色金融风险管理中，金融机构环境信息披露主要是指金融机构就与环境相关的信息进行披露，内容包括：一是金融机构自身经营活动和投融资活动对环境影响的相关信息；二是气候和环境因素对金融机构机遇和风险影响的相关信息。目前，国际先进金融机构多参照温室气体排放准则的三个范围进行披露：范围1是机构直接拥有或控制的资源产生的温室气体排放；范围2是机构能购买使用过程中产生的温室气体排放；范围3是除范围1和范围2外，机构非实际拥有或控制的资源所产生的温室气体排放。TCFD框架建议金融机构从治理、战略、风险管理、指标和目标四个方面，结合三个范围思路进行环境信息披露。

对于绿色金融投资的相关企业，环境相关信息的披露有助于化解环境外部化内生困难、提升企业的核心竞争力，具体披露内容包括向社会传递企业自身环境效益信息；对于重点排污单位，及时披露企业污染物排放情况，也要主动披露企业环境违法行为。此外，还要及时披露开发节能环保工艺，实现产业转型升级，提升企业的核心竞争力。

与生产型企业的披露情况不同，金融机构环境信息披露的特点主要体现为：一是金融机构对环境的绩效和环境影响多集中在资产管理部分，即范围3中的投资部分，而生产型企业环境绩效及环境影响主要体现在自身生产经营活动中，即集中在范围1和范围2；二是金融机构环境风险主要由其投融资客户出现的环境或气候风险而引发，如自然灾害引起的客户资产受损，能源企业因能源结构转型带来的转型风险，从而引起的金融机构信用风险、连带责任风险或声誉等；三是金融机构可通过穿透式管理，在投融资决策时将客户的环境与气候风险进行评估，并将其纳入客户授信，既可防范环境风险，又可通过金融机构资产管理过程体现责任与担当，更合理、高效地配置资本，促进企业低碳转型。

基于绿色金融活动产生的外部性，金融机构披露环境信息是履行社会责任，满足利益相关方及社会公众的知情权和监督权的需要。环境信息披露体现了金融机构的社会责任和担当，也是其在经营过程中兼顾各相关方利益，回应投资者、所在地政府和社区、员工、客户等利益相关方关切的体现。随着自然资源约束压力加大和污染事件频发，利益相关方对金融机构的关注点，已不仅是经营利润、成本等财务指标，而日益重视其环境、社会和治理（ESG）方面的表现。长期来看，越是具有社会责任、环保表现越好的企业，越能实现有效的风险管控和长期稳健发展。通过环境信息披露，可以使利益相关方更加全面、详细地了解金融机构在环境保护、资源利用等方面，以及经营理念、战略和风险管理等方面的情况。利益相关方对金融机构披露环境信息的诉求，反过来也可以促进金融机构更好地提高风险认识和管理能力。

三、绿色金融信息披露的意义

根据公共经济学原理，应对环境问题"外部性"的关键还在于处理好信息不对称。与此同时，信息充分、透明也是金融业能够实现良好发展的必要条件。因而，绿色金融信息披露在与环境紧密相关的绿色金融业务开展进程中重要性尤为凸显。企业对社会、公众与金融机构披露环境信息是履行社会责任，满足利益相关方及社会公众的知情权和监督权的需要。长期来看，越是具有社会责任、ESG表现越好的企业，越能实现有效的风险管控和长期稳健发展；绿色金融信息披露同样也体现了金融机构的社会责任和担当，是其在经营过程中兼顾各相关方利益，回应投资者、所在地政府和社区、员工、客户等利益相关方关切的体现，通过信息披露，可以使利益相关方更加全面、详细地了解金融机构在环境保护、资源利用等方面，以及经营理念、战略和风险管理等方面的情况。绿色金融信息披露的意义可被归纳为以下四点。

（一）加强自身风险管理能力和提供转型机遇

由于环境问题来源复杂，合理有效的信息披露能帮助金融机构管控可能出现的风险，也能够为企业提供可能存在的转型机遇。以常见的气候风险产生因素为例：一是自然物理因素，包括气候变化导致的海平面上升和各种极端气候事件，例如台风、洪水、干旱、极端高温天气和森林火灾等产生的风险。二是转型因素，即各类经济主体为应对气候变化改变行为或偏好从而带来的风险或机遇。如果融资企业针对上述风险因素进行良好的信息披露，金融机构就会敏锐认识到，低碳转型可能带来化石能源等高排放、高污染项目利润下降甚至生存风险，而对新能源和清洁能源企业来说则是重大的市场机会。

又如，各国出台了各种环保标准和措施（如处罚、停产等）以抑制污染性产品的消费，并向节能环保的企业和产品提供财政补贴等，环境排放标准提高可能增加高排放企业财务成本，从而降低其支付能力，而对于环境和气候友好型企业，则会有利于其财务表现。高质量的信息披露有利于金融机构评估环保相关政策对融资企业财务的影响，通过评估这些影响可以进一步促进融资企业主动向金融机构和社会投资者披露环保信息，有利于投资者深入了解融资企业及金融机构对政策机遇和风险的管控能力，同时有利于构建基于信息披露基础上的市场纠错与风险管理机制。与此同时，推进信息披露的举措能够通过向企业和金融机构等施加社会责任约束，引导其更加注重短期盈利和社会责任之间的平衡,抑制过度逐利倾向,从而有助于从源头有效识别与管理相关风险,并将其融入战略决策、财务管理等流程,进而开辟新的业务领域、寻找新的利润增长点。

(二)满足日益严格的监管要求、提升经营管理透明度的需要

2017年12月,中国证监会发布公告明确要求上市公司应在公司年度报告[1]和半年度报告[2]中披露其主要环境信息。这是原环保部会同证监会推动上市公司环境信息披露的重要里程碑,也是落实2016年8月七部委《关于构建绿色金融体系的指导意见》[3]以及证监会关于强化环境信息披露要求的具体措施。同时,金融监管也日益重视推动金融机构气候投融资发展,2017年中国人民银行将绿色金融纳入宏观审慎监管范畴,银保监会持续推进对商业银行绿色金融及气候投融资业务的自评价工作,都对金融机构气候投融资发展提出了更高要求。2019年,香港联合交易所对《环境、社会及管治报告指引》进行修订,修订后的指引增加了强制披露规定,在管制架构、汇报原则和汇报范围三方面提出强制披露要求,包括披露已经及可能会对发行人产生影响的重大气候相关事宜,修订"环境"的关键绩效指标并须披露相关目标,将所有"社会"关键绩效指标披露责任提升至"不遵守就解释"等实质性披露要求。

(三)履行社会责任、满足社会公众知情权和监督权的需要

考虑到当前全球气候风险与环境问题的严峻性,以及企业和金融机构自身转型升级的迫切性,气候投融资信息披露工作体现了企业及金融机构的社会责任和担当,也是它们在经营过程中兼顾各相关方权益、维护良好行业生态的体现,如对投资者、当地政府与监管机构、社区、员工、客户、供应商的关切等。ESG方面表现越好的企业,越能实现有效的风险管控和长期稳健发展。通过相关信息的披露,可以使利益相关方更清楚了解企业及金融机构在碳排放、环境保护、资源利用等方面的情况,更全面地理解企业和金融机构在经营理念、战略和风险管理等方面的情况。

(四)对于推动资本市场转型升级、发挥金融中介作用具有重要意义

近年来,在大资管时代的背景下,随着监管机构对ESG和气候投融资的监管力度与投资者对ESG理念关注度的不断提升,越来越多的金融机构开始积极抢占ESG和气候投融资风口。对于金融行业和资本市场而言,在投融资决策和提供金融服务的过程中,积极进行信息披露,能够使投资者充分了解金融机构的气候相关风险和整体风险管理情况,将有力促进客户持续改善其环境表现,同时将促使金融机构的投融资服务更多投向绿色行业、领域和企业,从而更好地发挥资本市场服务实体经济和支持经济转型的功能,推动行业整体向负责任投资方向转型升级。

---

[1] 中国证监会.中国证券监督管理委员会公告[2017]17号:《公开发行证券的公司信息披露内容与格式准则第2号——年度报告的内容与格式(2017年修订)》,http://www.csrc.gov.cn/pub/zjhpublic/zjh/201712/t20171229_329873.htm.

[2] 中国证监会.中国证券监督管理委员会公告[2017]18号:《公开发行证券的公司信息披露内容与格式准则第3号——半年度报告的内容与格式(2017年修订)》,http://www.csrc.gov.cn/pub/zjhpublic/zjh/201712/t20171229_329875.htm.

[3] 中国人民银行等七部委.关于构建绿色金融体系的指导意见,http://www.mee.gov.cn/gkml/hbb/gwy/201611/t20161124_368163.htm.

第二节 绿色金融风险信息披露的理论与原则

绿色金融风险的信息披露是绿色金融活动中不可或缺的关键事项。对于相关企业而言,公开、透明的气候信息对其接受直接或间接融资意义重大,同时也有益于其对其他企业(能源、技术等)的投资业务开展;同理,对于金融机构,它们也能在气候投融资信息披露过程中发挥着重要作用。下面,我们对企业绿色投融资披露内容,以及金融机构在信息披露过程中的行动原则进行介绍。值得注意的是,绿色金融相关信息披露的内容不应仅仅面向政府、监管机构,以及企业、金融机构的宏观或中观层面,还应致力于面向社会公众,以达到公众充分参与绿色投融资活动的效果。

一、信息披露的理论依据简述

信息披露制度,也称信息公开或者公示制度。在新《证券法》出台以前,信息披露主要是公众公司依照法律规定将其自身的财务、经营等信息通过招股说明书、定期报告、临时报告等形式向投资者和社会公众公开,并且接受监督的行为。该制度主要解决的是信息沟通问题,因其披露模式、披露对象各有不同,其涉及的理论基础包含利益相关者理论、信息不对称理论、社会责任理论、委托代理理论以及有效市场假说等理论与学说。

例如,利益相关者理论认为,企业的经营管理者为综合平衡各个利益相关者的利益要求而进行的管理活动,企业追求的是利益相关者整体利益,不是某个主体的利益,信息披露有利于利益相关者及时获取信息进而判断对其利益的影响。信息不对称理论认为在现实经济生活中,不同主体了解的信息存在一定差异,信息披露本质便是帮助信息沟通和对称。社会责任理论认为企业在谋求自身和股东利益最大化的同时,应当为其他利益相关者履行特定的社会义务,环境信息及时披露有助于企业履行社会责任。委托代理理论认为,企业经营者有责任和义务向所有者如实反映企业经营情况,投资者可以通过企业提供的财务信息了解和监督经营者履行责任的情况,信息披露有助于企业所有者、投资人及时了解企业经营风险。有效市场假说认为,在法律健全、功能良好、透明度高、竞争充分的股票市场中,一切有价值的信息已经及时、准确、充分地反映在股价走势之内,其中包括企业当前和未来的价值,如果存在重大环境污染事件、损害公共利益,则对公司的估值和市场价值产生较大影响,而企业主动披露有关环境信息的行为有助于其环境绩效、财务绩效和声誉利益的提升,进而有助于投融资活动的开展。从另一层面来说,提高信息透明度可将大量气候投融资活动从"棕色变为绿色",从而适应了金融机构和投资者往低碳/低气候风险领域转向,满足从这一投资市场更多获利的需求。

二、绿色金融相关参与方信息披露过程中的行动原则与基本内容

(一)企业信息披露内容要求

基于上文所及的一系列信息披露理论依据,以及国际上对于ESG信息的披露要求,绿色金融风险相关信息披露,无疑需要充分结合各企业自身业务和风险特点客观真实地

反映风险现状。实践中,金融机构和投资人主要是从企业基本情况、风险治理现状、风险管理措施、风险管理目标等维度了解企业的绿色金融风险信息披露,表 8-1 展示了企业披露的气候变化风险内容。

表 8-1 企业披露内容说明

建议披露内容	披露内容定义	具 体 披 露 要 求
基本情况	揭露企业自身的气候属性,以及与气候相关的风险敞口和机会	• 气候属性:企业碳资产密度、温室气体排放情况等 • 气候风险与机会:企业可能面临的转型风险与物理风险,以及与之相关的发展契机
治理	揭露企业对气候相关风险和机会的治理情况	• 董事会层面:董事会对气候相关风险和机会的监督情况 • 管理层层面:描述管理层在评估和管理气候相关风险和机会的角色
策略	针对企业业务、策略和财务规划,揭露实际及潜在与气候相关的冲击	• 策略时间跨度:短、中、长期气候相关风险和机会 • 策略内容:业务、策略、财务规划上对气候相关风险和机会的冲击 • 策略灵活性:策略韧性(考虑不同气候情境)
风险管理	揭露企业如何鉴别、评估和管理气候相关风险	• 识别与评估:描述企业气候相关风险的识别与评估流程 • 管理流程:描述企业气候相关风险的管理流程 • 组织整合:描述识别、评估和管理流程如何整合在企业的整体风险管理制度中
指标与目标	针对重大资讯,揭露用于评估和管理气候议题的指标和目标	• 气候风险评估:揭露企业依循策略和风险管理流程评估气候相关风险和机会时所使用的指标 • 温室气体排放:揭露温室气体排放的指标与目标 • 气候风险管理:描述企业管理气候相关风险和机会所使用的目标,以及落实该目标的表现,并将之纳入公开的报告、报表、决议、倡议中

(二)银行业、证券业和保险业等金融机构的信息披露

值得指出的是,金融机构作为金融活动的主导完成者和金融风险的直接承受者,在信息披露方面具有更高的要求;信息披露原则亦因不同种类金融机构独特的业务开展属性而在各类机构中存在差异。2012 年,原银监会制定的《绿色信贷指引》规定,银行业金融机构应当公开绿色信贷战略和政策,充分披露绿色信贷发展情况;但对绿色信贷所产生的环境效益未作具体要求。2013 年,原银监会制定的《绿色信贷统计制度》要求 21 家主要银行统计环境安全重大风险企业、节能环保项目及服务的信贷情况,并每半年报送银监会。2018 年,原银监会在其官网上集中披露了 2013 年 6 月末至 2017 年 6 月末国内 21 家主要银行绿色信贷的整体情况,为便于社会公众更加清楚地理解相关指标内涵,还随披露信息发布了《绿色信贷统计信息披露说明》。2020 年,银保监会在绿色信贷统计制度的基础上制定了《绿色融资统计制度》,新制度扩大了银行绿色业务的统计范围,细化了绿色融资项目分类,增加了节能减排指标。2021年7月22日,中国人民银行下发了推荐性金融行业标准——《金融机构环境信息披露指南》,提供了金融机构在环境信息披露过程中遵循的原则、披露的形式、内容要素以及各要素原则要求,为金融机构进行环境信息披露提供了指引,下文分别介绍了三类主要金融机构——银行业、证券业、保险业金融机构的环境信息披露行动原则及内容(参见表8-2、表8-3、表8-4)。

表8-2 银行业金融机构的环境信息披露行动原则说明

原则	内容
原则1:一致性	确保业务战略与SDGs、《巴黎协定》等国际、国内协定标准保持一致
原则2:影响与目标设定	提升正面影响、减少负面影响,管理风险、设定目标
原则3:客户与顾客	本着负责任的原则同客户和顾客合作,鼓励其进行可持续实践
原则4:利益相关方	主动且负责任地与利益相关方进行磋商、互动和合作,促使信息披露提质增效
原则5:公司治理与银行文化	通过有效的公司治理和负责任的银行文化来履行承诺
原则6:透明与责任	定期评估包括但不限于上述方面的履责情况,披露正面和负面影响,并对有关影响负责

表8-3 证券业金融机构的环境信息披露行动原则说明

原则	建议可行方案
原则1:将ESG、气候风险管理等议题纳入投资分析和决策过程	• 在投资政策声明中提及有关议题 • 支持开发议题相关的工具、指标和分析方法 • 发起面向投资专业人士的ESG等议题的培训
原则2:成为积极的所有者,将有关议题整合至所有权政策与实践	• 制定和披露与负责人投资原则相符的主动所有权政策 • 提交符合长期ESG考量的股东决议 • 要求投资经理负责实施与议题有关的项目并汇报情况
原则3:要求投资机构披露ESG等资讯	• 要求提供有关议题的标准化报告 • 要求将相关议题纳入年度财务报告 • 支持促进ESG等事项披露的股东倡议和决议
原则4:促进投资行业接受并实施相应负责任的投资原则	• 将与投资原则相关的要求纳入请求建议书 • 向投资服务商供应商传达关于ESG等议题的预期 • 支持推动相关投资原则实施的监管政策的制定
原则5:建立合作机制,提升相关投资原则的实施效能	• 支持及参与网络和信息平台 • 共享工具、汇集资源,并利用投资者报告作为学习资源 • 共同解决新出现的相关问题 • 制定或支持正确的协作倡议

续 表

原　则	建 议 可 行 方 案
原则6：汇报相关投资原则实施的活动与进程	• 披露如何将ESG等议题融入（气候）投融资实践 • 努力确定制定和实施负责任的投资原则的具体影响 • 借助报告等提升更多利益相关者将ESG等因素纳入考虑，并积极做好投融资信息披露的意识

表8-4　保险业金融机构的环境信息披露行动原则说明

原　则	内　　容
原则1	将ESG等相关议题融入决策过程
原则2	与客户和业务伙伴一起提升认识、管理风险、寻求解决方案
原则3	与政府、监管机构和其他主要利益相关方合作，共同推进信息披露的进程
原则4	定期披露在风险管理进程、相应保险产品设计与保险业务开展方面的进展

第三节　国内外绿色金融风险信息披露的策略与框架介绍

为了更好地理解信息披露的流程和内容，本节将介绍国内外绿色金融风险信息披露的案例。

一、英格兰央行的信息披露

英格兰央行前行长马克·卡尼在金融稳定委员会（FSB）下发起气候相关财务信息披露工作组（Task Force on Climate-related Financial Disclosure，TCFD），该工作组于2017年6月制定了气候相关财务信息披露框架，并建议企业和金融机构按此策略披露气候相关财务信息。相关的信息披露内容主要如图8-1所示，该信息披露框架中指出的气候变化风险及机遇对公司财务的影响如图8-2所示。

该项倡议被一些大型国际组织和发达国家的监管机构借鉴或采纳，并且已经得到全球数百家大型企业和金融机构的响应，它们都参照上述框架制订和发布TCFD报告。根据TCFD 2019年发布的最新报告，TCFD建议的气候变化披露框架自发布以来，已有374家金融公司、270家非金融公司和114个其他组织表示支持TCFD的建议，同时有管理34万亿美元资产的340名投资者要求企业按照TCFD的建议进行气候变化相关披露。

大型国际组织与金融监管机构的举措如欧盟在2019年11月发布了金融机构和产品必须披露可持续发展相关信息的要求，并于2021年3月开始实施。2020年12月，英国宣布要求几乎所有公司在2025年按照TCFD开展信息披露。2020年7月，法国金融市场

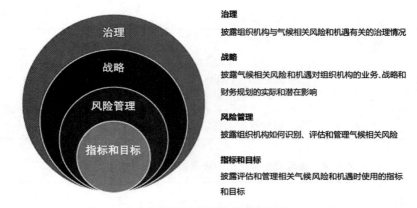

图 8-1 气候变化相关信息披露框架的核心要素

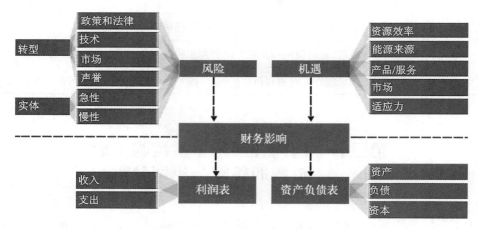

图 8-2 气候变化风险及机遇对公司财务的影响

管理局要求机构投资者披露环境、社会和公司治理相关信息,并对保险公司的投资政策及风险管理信息披露作出如下要求:介绍公司的投资政策中考虑 ESG 标准的方法,以及相应的风险管理措施;介绍公司作为承保人如何考虑环境、社会和公司治理标准;介绍公司遵守的有关气候变化风险管理的规章、规范或倡议,以及获得标准认可的标识;总结并介绍公司识别与环境、社会和公司治理标准相关的风险的程序,以及相关活动所面临的风险敞口。此外,许多欧洲和英国的机构还要求企业等披露投资组合的碳足迹和机构自身运行的碳排放信息。交易市场方面,2018 年 1 月,伦敦证券交易所就英国上市公司的环境、社会和公司治理汇报刊发指引,其中提及并认可 TCFD 的建议。道琼斯可持续发展指数(DJSI)也相应以 TCFD 建议的标准来对气候战略部分进行评估。2019 年,美国花旗银行(Citi Bank)和摩根大通(JPMorgan)依据 TCFD 开展信息披露,分别发布了报告。同年 8 月,明晟(MSCI)发布《基于 TCFD 建议的汇报》文件,指导机构投资者按照 TCFD 的要求进行管理与披露气候变化信息。

同时,一些与气候投融资业务相关的非政府组织也积极响应。2019 年 2 月,负责任投资原则(PRI)表明其气候风险战略和治理指标与 TCFD 框架一致,将成为 2020 年 PRI 签署方的强制性要求。碳信息披露项目(Carbon Disclosure Project,CDP)也在 2018

年气候变化问卷中纳入了 TCFD 的框架。值得一提的是,这一信息披露策略还揭示出如表 8-5 所示的三类上市公司需着重关注 TCFD。

表 8-5　需着重关注 TCFD 的三类上市公司说明

受重要国际资本关注的公司	金融机构(金融类公司)	高能耗、资源消耗型公司
TCFD 及其发布的信息披露框架作为气候投融资相关信息的通行策略,已经广受国际资本市场的认可与支持。故而,按照其框架进行信息披露能够赢得国际投资者,特别是重要国际资本对公司长期稳定发展的信心	我们已经知道,气候相关的风险是金融风险(气候投融资风险)的重要来源,可能会导致一系列金融层面上的后果,比如金融震荡和突发性金融减值(具体请参考本书第九章内容)。因此银行等金融机构需要格外对 TCFD 及其发布的信息披露框架进行关注	高能耗、资源消耗型企业对气候变化形成的影响较大,也更易受到气候变化导致的极端天气或者市场、政策调整(即气候物理风险或转型风险)带来的冲击。例如,气候变化导致的水资源枯竭将严重影响用水量较大的企业。因而,这类公司亦需重点关注 TCFD

二、我国制定的《金融机构环境信息披露指南》

在欧美等部分发达国家已经形成了明确而完整的绿色金融风险信息披露策略之时,我国也同样在学习和吸收其先进经验,并结合我国实际情况展开探索。2017 年 12 月 15 日,第九次中英经济财金对话活动鼓励双方金融机构参照 TCFD 框架开展环境与气候信息披露试点。在中国金融学会绿色金融专业委员会与伦敦金融城共同领导下,中国工商银行与 UNPRI 分别作为中方及英方试点牵头机构,组织推动试点金融机构进行气候投融资信息披露,取得了一定的进展与成效。2021 年 7 月,中国人民银行正式发布《金融机构环境信息披露指南》,对金融机构环境信息披露形式、频次、应披露的定性及定量信息等方面提出要求,并根据各金融机构实际运营特点,对商业银行、资产管理、保险、信托等金融子行业定量信息测算及依据提出指导意见,为中国金融机构开展环境风险管理、识别经营及投融资活动的环境影响、拓展绿色金融创新等工作的管理和披露做出专业提示。2018 年 11 月,香港证券交易所发布《如何编制环境、社会及管治报告》,推荐上市公司参照国际 TCFD 的建议进行披露,并于 2019 年修订《环境、社会及管治报告指引》,新增气候变化层面,并重申建议上市公司采纳 TCFD。下文将介绍我国在这一领域进行的主要政策探索。

(1) 研究制定了试点工作方案、三阶段行动计划和信息披露目标框架等一系列成果,连续多年发布《中英金融机构环境信息披露试点进展报告》[1]。概述了试点的进展(包括当年试点项目的主要目标及措施、中英两方项目的具体实施情况),参与机构最新的案例介绍以及对下一年的工作展望(继续召集更深入的同业交流,召开更多关于试点重点议题的研讨会,以及针对实体风险、常用气候情景工具用法、实用指标识别和报告实践推进的更多专题会议)。

(2) 扩大了试点金融机构范围。2019 年试点金融机构已由最初的 10 家扩展到 13 家。试点机构覆盖银行、资管、保险等行业,中方试点机构资产总额约为 502 960.53 亿元人民币。

---

[1] 中国金融学会绿色金融专业委员会.中英金融机构气候与环境信息披露试点——2019 年度进展报告.https://www.efchina.org/Reports-zh/report-lceg-20201103-zh.

（3）各试点机构不断探索选择合适的形式对外披露环境信息。如2019年中国工商银行正式发布第一份《绿色金融专题报告》，包括战略与治理、政策与流程、绿色产品、绿色运营、绿色研究、奖项与荣誉等内容。兴业银行、平安银行、湖州银行等也以独立报告形式进行了披露，部分金融机构在社会责任报告中对相关信息进行披露。

（4）充分发挥试点示范作用，影响力逐步扩大。中方试点牵头机构中国工商银行在绿金委指导下，开展《湖州市地方性商业银行环境信息披露》课题研究；继2019年湖州银保监局发布《湖州市金融机构环境信息披露三年规划：2019—2021》，全面启动全市范围内环境信息披露工作并加入中英试点项目，又于2020年出台了《金融机构环境信息披露指南（试行）》。

（5）制定完成《金融机构环境信息披露标准》。2020年初，全国金融标准化技术委员会绿色金融标准工作组正式发布了《绿色金融术语（试行）》《绿色债券信用评级规范（试行）》《金融机构环境信息披露指南（试行）》《环境权益融资工具（试行）》四项标准。在此之后，2021年7月，《金融机构环境信息披露指南》正式发布，指出金融机构在披露环境信息时，应遵循真实、及时、一致及连贯四项披露原则，即金融机构宜尽可能客观、准确、完整地披露环境信息，并对引用的数据和资料注明来源；可在报告期末或本机构及本机构关联机构发生对公众利益有重大影响的环境事件时，及时披露相关信息；环境信息披露测算口径和方法在不同时期宜保持一致性；环境信息披露的方法和内容宜保持连贯性。具体披露框架详见表8-6。

表8-6　《金融机构环境信息披露指南》要求的披露内容

披露框架	内容概述
年度概况	金融机构可在该部分介绍自身绿色金融、绿色运营等环境相关的战略规划、发展愿景、发展目标、指导政策等内容，总结在报告年度开展的环境相关工作重点、取得的成果和产生的影响等内容，并对绿色金融数据、碳排放数据等关键绩效指标进行披露
金融机构环境相关治理结构	金融机构应披露其在董事会层面、高管层层面和专业部门层面的环境相关治理结构，包括相关委员会、管理职位或内设机构的设置情况、报告路线，及每个层面在环境相关治理中承担的责任
金融机构环境相关政策制度	金融机构可披露其制定的绿色金融、绿色运营等环境相关的内部管理制度；所遵循的国家及所在地区的环境政策、法规及标准；采纳、参考的国际公约、框架等
金融机构环境相关产品与服务创新	金融企业可披露报告年度其在绿色信贷、绿色债券、绿色基金、绿色保险、绿色租赁、碳金融等相关产品与服务上的创新，可介绍该产品或服务的名称、投放范围、目的、优势、创新亮点、运作模式等内容，并介绍该产品或服务为公众带来了怎样的环境和社会效益
金融机构环境风险管理流程	需要注意的是，金融机构识别出的环境风险及制定的应对措施并不是这部分要求的披露内容，而应披露金融机构制定了怎样的流程以识别、评估及管理环境风险，这是在披露的时候易遗漏的内容。在环境相关风险的识别和评估流程方面，金融企业可以参考识别及评估ESG重大议题的流程，通过环境相关管理部门专业利益相关方沟通、问卷调查、第三方专业机构支持等多种形式，识别自身的重大环境风险，并对其风险程度进行评估。在环境风险的管理和控制流程方面，金融企业可披露其在供应商准入制度及授信审批、贷后管理等信贷风险管理流程中对环境风险的管理等内容

续 表

披露框架	内 容 概 述
环境因素对金融机构的影响	金融机构需披露其识别的短、中、长期的环境相关风险和机遇,并分析这些风险和机遇对自身业务和战略会造成何种影响,以及应对环境影响的措施和成效。金融机构环境风险量化分析,是指金融机构通过情景分析或压力测试的方法将环境因素对自身的影响进行量化。若金融机构已开展相关工作,则需披露情景分析或压力测试的开展情况、方法学、采用的模型和工具、结论及实际应用和影响等内容
金融机构投融资活动的环境影响	根据金融机构子行业性质的不同进行区分,要求商业银行、资产管理机构、信托公司和保险公司,在披露其绿色投融资活动的环境影响时,包括整体投融资的情况和结构,对环境产生的影响(如绿色信贷折合减排标煤、二氧化碳、氨氮等),制定的绿色投融资政策、典型的绿色投融资案例,以及对供应链的绿色管理。此外,金融机构还需披露其在测算投融资活动的环境影响时使用的计算公式、数据来源
金融机构经营活动的环境影响	金融机构直接温室气体排放和自然资源消耗包括自有交通运输工具、自有采暖(制冷)设备所消耗的能源及产生的碳排放及营业、办公活动所消耗的水。间接温室气体排放和间接自然资源消耗包括营业、办公所消耗的电力、使用的纸张、购买的采暖(制冷)服务所消耗的燃料,及其产生的二氧化碳排放。金融机构需要披露报告年度采取的节电、节水减排、减废等环保措施,以及开展的环保公益活动等,并介绍这些措施产生的环境效益。此外,还需披露计算耗水量、用电量、用纸量及碳排放等指标时采用的统计口径和计算方法
数据梳理、校验及保护	金融机构需披露如何对环境相关数据进行统计、管理和审验,如何提高基础数据质量,以保证披露数据的及时性和准确性。金融机构需披露用于保障数据安全的技术手段,及数据安全相关应急预案的建立情况和内容
绿色金融创新及研究成果	金融机构需披露其在绿色金融方面的创新实践案例、发起的绿色金融和环境风险的研究及其成果,以及在环境方面的未来展望

除金融机构外,国内企业层面的绿色金融风险信息披露探索也在持续推进,特别是在有关政策文件发出和执行之后,企业积极响应政策精神,按照政策要求,采取了一些有针对性的披露措施。

除此之外,高校与智库亦积极配合,开展了针对绿色金融风险信息披露的相关研究,其中,具有代表性的是复旦大学绿色金融研究中心发布的《中国企业绿色透明度报告》《中国上市银行绿色透明度研究》等研究报告,以及中央财经大学绿色金融国际研究院建立的一系列环境金融信息数据库[1]等。它们对有关金融机构与企业的信息披露行为起到了良好的社会监督作用,亦为气候投融资信息披露的探索指引了方向。

三、非政府组织的碳披露项目

碳披露项目(Carbon Disclosure Project,CDP)是一家总部位于伦敦的国际非营利组

---

[1] 中央财经大学绿色金融国际研究院(IIGF)建立的 ESG 数据库。

织,现名为"CDP全球环境信息研究中心",它是"全球商业气候联盟"的创始成员,被誉为非政府组织扮演信息之桥,是助力更明智绿色金融活动的国际典范。CDP的主要行动是联合有关公司与利益相关者收集和披露气体排放信息,并制定一系列细则,对公司披露的数据进行系统性、科学性的评分,以此形成完整的、标准化的信息与数据体系,并且保证这一信息与数据体系能为市场、范围更广的投融资参与者及社会公众所使用,进而致力于推动企业和政府减少温室气体排放,保护水和森林资源。截至目前,全球超过6 000家企业通过CDP进行气候投融资相关信息的披露,与之对应的是,资产高达100万亿美元的800多家机构投资者要求公司通过CDP披露有关信息。

以中国为例,2017年,CDP根据市值及环境影响筛选企业,代表投资者要求这些中国企业通过问卷披露相关信息,这些企业覆盖上海、深圳等4个上市地点及全球行业分类标准(GICS)的9个行业。几个重要的披露调查结果是,在它们之中,80%已经将气候变化纳入企业战略,76%的企业披露了范围一排放数据,88%的企业采取了减排行动。除上述内容外,CDP对企业披露的各个方面的信息与数据进行了细致的统计、处理、分析和评分,进一步提升了企业信息披露的透明度与可利用性。部分披露结果如图8-3至图8-7所示。

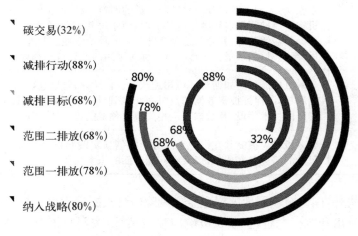

图8-3 企业关键数据披露率概览

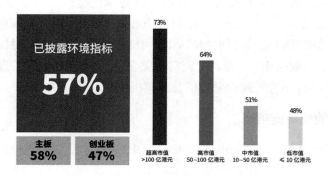

图8-4 香港联交所上市公司气候投融资
相关信息披露情况统计

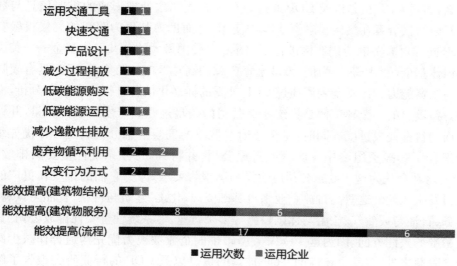

图 8-5　企业减排行动种类

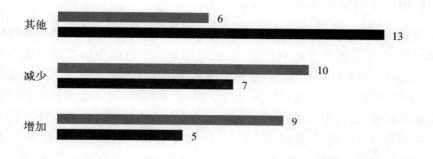

图 8-6　重点企业排放绩效

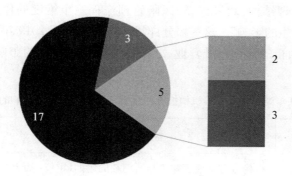

图 8-7　重点企业排放交易情况（碳市场）

那么,通过 CDP 披露以及 CDP 通过评分等方式二次处理形成的重要信息与数据怎样能更好地为投资者在气候投融资实践中使用,进而助力其更为明智的气候投融资决策呢? CDP 同样对有关的应用案例进行了展示:以美国最大的公共退休基金——美国加州公务员退休基金(CalPERS)为例,该基金资产总额高达 3 000 亿美元,因此具有较强的投资需求与投资能力。该基金利用通过 CDP 披露的标准化信息进行投资组合分析,而这一分析中日益重要的一个环节便是描绘一个公司的碳足迹和其产生的碳排放量,并评估其在这方面的目标完成进度。同时,基金还通过披露的气候信息分析确定合作优先级——该基金选择了其投资组合中 100 家高排放公司,并将其归为"系统性重要碳排放公司"(SICE)。该基金认为这 100 家公司应遵循强制报告要求,因为它们的排放在更广的经济层面上引发了风险。这些高排放企业来自基础资源、化工、建筑与材料、食品与饮料、工业品和服务、石油与天然气、旅游与休闲设施等多个行业。"系统性重要性排放公司"让基金有了更精准的关注方向,因为这 100 家大型碳排放企业被视为优先沟通合作减少碳排放的公司。除此之外,该基金还借助 CDP 披露的信息以及 CDP 的行业研究报告了解哪些公司正向或未向低碳经济转型。

四、地方政府主导的绿色金融信息披露

浙江省湖州市是"绿水青山就是金山银山"理念的发源地,也是中国首批绿色金融改革创新试验区,其信息披露是政府主导,金融机构率先垂范的中国实践。在中国银保监会、浙江银保监局的指导下,2019 年,湖州银保监分局在全国率先落地实施金融标准化技术委员会《金融机构环境信息披露指南(试行)》新国家标准,发布全国首个新国标区域性环境信息披露报告,包含 1 份环境信息披露区域报告、19 家(资产规模在 100 亿元以上的湖州市主要银行业金融机构)湖州市主要银行业金融机构环境信息披露报告,有效发挥绿色金融改革"窗口"展示作用。经过一年的探索,湖州市银保监分局于 2020 年 7 月 1 日整合发布的《湖州市银行业金融机构环境信息披露报告(2019 年度)》为学习本章节的内容提供了生动、系统的案例。

该报告第一部分为"整体绿色金融治理框架"。该部分系统性地披露了 2019 年湖州市银行业金融机构在治理结构、政策体系、风险管理流程三个维度的作为。第二部分为"机构经营活动对环境产生的影响"。这一部分详尽地披露了截至 2019 年末,湖州 19 家主要银行机构按照公允/通行的计算标准营业、办公活动对气候造成的影响数据,如表 8-7 所示。

表 8-7 2019 年湖州主要银行机构披露的经营活动对气候产生影响的信息

指 标 名 称	披 露 细 项	总 量
经营活动直接产生的温室气体排放和自然资源消耗	机构自有交通运输工具所消耗的燃油(单位:万升)	210.55
	自有采暖和制冷设备所消耗的燃料(单位:升)	0
	营业、办公活动所消耗的水量(单位:万吨)	49.29

续表

指标名称	披露细项	总量
采购的产品或服务所产生的间接温室气体排放和间接自然资源消耗	营业、办公活动所消耗的电量（单位：万千瓦时）	6 076.47
	营业、办公活动所消耗的纸张重量（单位：吨）	245.1
	购买采暖和制冷设备所消耗的燃料（单位：升）	0
金融机构环保措施所产生的效果	为提升员工与社会大众的环保意识与关于气候投融资的充分公众参与所举办培训活动或公益活动的覆盖面（单位：人次）	43 621

报告第三部分是我们需要关注的重点，其主题为"机构投融资活动对环境产生的影响"。这一部分详尽地披露了截至2019年末湖州19家主要银行机构投融资金额，并对其投融资活动所产生的气候贡献进行了具体的量化，如表8-8所示。

表8-8 2019年湖州主要银行机构投融资活动对气候产生的影响

指标名称	披露细项	总量
绿色信贷余额及其占比	绿色信贷余额（单位：亿元）	549.67
	各项信贷余额（单位：亿元）	4 319.39
	绿色信贷占比（单位：％）	12.73
绿色信贷金额变动折合减排情况	折合减排标准煤量（单位：万吨）	172.52
	折合减排二氧化碳气体当量（单位：万吨）	266.52
	折合减排化学需氧量[1]（单位：万吨）	3.96
	折合减排氨氮化物气体当量（单位：万吨）	0.21
	折合减排二氧化硫气体当量（单位：万吨）	1.21
	折合减排氮氧化物气体当量（单位：万吨）	1.07
	折合节水量（单位：万吨）	259.91

该报告的第四部分为"绿色金融创新实践展示"。该部分披露了2019年湖州19家主要银行机构面向气候变化等议题的具有代表性的绿色金融产品，如支持减排的信贷业务

---

〔1〕 化学需氧量COD(Chemical Oxygen Demand)是以化学方法测量水样中需要被氧化的还原性物质的量。在河流污染和工业废水性质的研究以及废水处理厂的运行管理中，它是一个重要的而且能较快测定的有机物污染参数。

和产品等。

湖州关于信息披露的探索具有极强的示范作用。如果湖州银行业金融机构的气候投融资信息披露实践能在全国范围内复制推广,将对我国气候投融资及其信息披露活动大有裨益:一方面,各上市金融公司(金融机构)能知晓并向国际国内提供自身更为详尽的气候排放与气候贡献信息,为其经营和投融资业绩以及国际认可度带来积极的作用;另一方面,各省市都能对所辖范围内的气候投融资实践形成更加清晰的认识,从而对监管和政策制定起到正面的影响,同时也能极大地促进社会公众对于气候投融资活动的参与热情。

五、商业银行的信息披露探索

在"双碳"目标指引之下,我国各大商业银行也陆续加入披露环境信息的行列中来。以招商银行为例,其在 2007 年 10 月加入联合国环境规划署金融行动,是国内同业中率先践行"绿色金融"理念的银行之一,极为重视绿色金融相关工作的对外披露:从 2007 年起,每年发布《企业社会责任报告》,是国内同业中最早发布此类报告的银行之一;2020 年,招商银行将《企业社会责任报告》更名为《可持续发展报告》,进一步提高相关信息披露的透明程度。

2021 年 10 月 14 日,招商银行公开发布了《2020 年度环境信息披露报告》,详细披露了其环境相关治理结构、环境相关政策制度、环境风险机遇的分析与管理、经营活动的环境影响、投融资活动的环境影响、绿色金融产品创新及研究成果等六大方面的作为,简要情况如表 8-9 所示。

表 8-9 2018—2020 年招商银行关键的环境绩效

	环 境 指 标	2020 年	2019 年	2018 年
绿色金融业务	绿色贷款余额(单位:亿元)	2 085.88	1 672.56	1 088.53
	绿色债券(含 ABS)持有量(单位:亿元)	235.52	209.30	181.13
	绿色债券主承销量(单位:亿元)	56.50	54.53	111.86
	绿色及可持续等多品种债券发行量(单位:亿美元)	8	0	0
	支持节能环保项目数量(单位:个)	69	50	47
	节能环保项目贷款余额(单位:亿元)	82.27	39.34	52.42
	工业节能节水环保项目贷款余额(单位:亿元)	82.27	39.34	54.37
	建筑节能及绿色建筑贷款余额(单位:亿元)	66.95	30.86	26.16
	绿色交通运输项目贷款余额(单位:亿元)	876.91	802.89	548.66

续　表

环境指标		2020年	2019年	2018年
绿色信贷主要环境绩效	折合年减排标准煤（单位：万吨）	975.22	815.02	421.57
	折合年减排二氧化碳气体当量（单位：万吨）	2 185.80	1 944.35	935.03
	折合年减排化学需氧量（单位：万吨）	63.72	48.70	67.72
	折合年减排氨氮化物气体当量（单位：万吨）	7.14	3.68	16.61
	折合年减排二氧化硫气体当量（单位：万吨）	4.48	3.93	9.28
	折合年减排氮氧化物气体当量（单位：万吨）	0.49	1.00	2.96
	折合年节水量（单位：万吨）	893.65	1 117.61	667.68
"两高一剩"行业退出情况	"两高一剩"行业贷款余额（单位：亿元）	913.21	1 007.01	1 060.69
	"两高一剩"行业贷款余额占全部贷款余额的比重（单位：%）	6.37	7.03	7.60
绿色办公运营	招商银行深圳地区分支机构温室气体排放总量（单位：吨二氧化碳当量）	88 027.12	85 763.28	77 423.84
	单位建筑面积温室气体排放量（范围1和2）（单位：吨二氧化碳当量/平方米）	0.204	0.216	0.199
	其中：直接（范围1）温室气体排放量（单位：吨二氧化碳当量）	1 637.79	1 847.55	1 810.11
	其中：间接（范围2）温室气体排放量（单位：吨二氧化碳当量）	86 389.33	83 915.73	75 613.73
	招商银行深圳地区自有车辆汽油消耗量（单位：升）	286 890.59	336 461.08	368 586.49
	招商银行深圳地区天然气消耗量（单位：立方米）	456 085.94	501 069.10	450 138.96
	招商银行深圳地区外购电力消耗总量（单位：千瓦时）	91 041 548.29	88 434 747.65	79 685 667.19
	招商银行深圳地区耗水总量（单位：吨）	360 664.94	377 151.02	350 632.37
	招商银行深圳地区办公用纸量（单位：吨）	103.88	113.64	116.17
	全行远程视频会议（单位：次）	154 724	118 028	71 148
	电子账单节约用纸张数（单位：亿张）	19.04	17.91	15.48

表8－9主要从投融资活动和经营活动两个层面披露和对比了2018—2020年招商银行的绿色影响情况，为金融机构的绿色金融信息披露与风险管理提供了良好的范本——投融资活动角度。2020年招商银行投向节能环保、清洁生产、清洁能源、生态环境、基础设施绿色升级、绿色服务等的绿色贷款余额为2 085.8亿元，较2019年增长413.32亿元，增幅24.71%，绿色贷款占招商银行整体公司贷款总额的比例也达到了11.86%；另外，招商银行通过开展绿色债券发行、投资与承销业务，引导资金流向绿色产业，2020年承销绿色债券6只，合计发行规模93亿元；自身也积极投资绿色债券，2020年绿色债券持有量（含ABS）235.52亿元，较上年末增长26.22亿元。经营活动角度，结合《深圳经济特区绿色金融条例》和《金融机构环境信息披露指南》要求，招商银行披露了直接和间接温室气体排放、经营活动产生的能源和自然资源消耗、废弃物产生和处理情况等指标。

招商银行《2020年度环境信息披露报告》是首家全国性银行总行发布的绿色金融相关信息披露报告。在此之前，全国性商业银行有关绿色金融的信息分散于上市公司年报、社会责任报告、可持续发展报告等各类材料中。招商银行也是《深圳经济特区绿色金融条例》正式生效后，深圳地区首个披露环境信息报告的法人银行。此报告是中国人民银行深圳分行推进辖内金融机构环开展环境信息披露试点工作的再突破。该份报告的意义在于，从微观层面明确详尽地披露了绿色金融业务的开展与风险信息，该报告的发布提示，金融机构需要通过对绿色金融信息的有效披露持续提升绿色金融综合服务能力，加大对绿色产业的支持，进而更好助力"双碳"目标和实体经济的绿色发展与转型。

第四节　绿色金融风险信息披露的挑战与展望

一、现阶段存在的问题与挑战

（一）企业和金融机构主动进行信息披露意愿差异较大

中共中央办公厅、国务院办公厅2020年3月印发的《关于构建现代环境治理体系的指导意见》[1]中要求"建立完善上市公司和发债企业强制性环境治理信息披露制度"。现实实践中，不同类型的企业绿色金融信息披露情况差异显著。目前，根据现有规定，发行公开证券的公司中，仅重点排污行业企业需要履行强制性环境与气候信息披露义务，而其他行业企业与非上市企业主要采用鼓励自愿公布的方式。以浙江省为例，根据中央财经大学建立的数据库显示，在2018年近1 000家上市公司和发债主体中，仅有不到一半的企业披露了环境定性或定量信息，说明对于没有强制披露规定的公司，其相关信息披露意愿不强，存在不主动披露趋势。而对于金融机构，银行类金融机构具有较好的绿色金融实践和数据基础，特别是自2013年起纳入银保监会绿色信贷统计报告制度的21家主要商业银行，均已建立起绿色信贷制度及统计评价机制，进而能够实现良好的气候投融资信息披露；而保险、基金、信托类金融机构在绿色金融方面则起步较晚，信息披露程度还亟待

---

[1]　中共中央办公厅，国务院办公厅.关于构建现代环境治理体系的指导意见，http://www.gov.cn/zhengce/2020-03/03/content_5486380.htm.

提升。

根据复旦大学绿色金融研究中心 2020 年发布的《中国企业绿色透明度报告》《中国上市银行绿色透明度研究》等研究报告对于特定行业上市企业和上市银行绿色透明度的评分,除强制披露指标外,其他内容披露情况不容乐观,而上市银行中,城商行与农商行的整体信息披露水平也远低于国有银行。

再以浙江省内的企业为例来看,根据中央财经大学建立的数据库 2018 年的统计显示,浙江省内公开披露环境信息的企业大多披露的是定性数据,公开定量环境信息的企业少于 40%,且企业在其年报或社会责任报告中存在"报喜不报忧"的选择性披露倾向,极少主动披露相关环境风险和环保负面信息,浙江省 67 家受环境处罚的上市企业无一家主动进行相关信息披露。此外,当前大部分企业环境信息披露的频率为一年披露一次,存在严重的滞后性,信息供给频率远无法满足当前市场发展对信息时效性的迫切需求。这些环境信息质量的问题导致现有的环境信息可参考性不强,变相提高了市场识别和评估环境信息的成本,不利于进行市场选择。

(二) 信息披露形式不规范、机制不完善

由于环保直接责任人制度的存在,集团下属各子公司单独披露法人环境相关信息的情况时常发生,集团企业年报中未披露下属各子公司当年环境表现的情况同样常见,上述问题导致了社会无法及时获取与集团企业存在关联利益的投融资信息。此外,当前企业环境与可持续发展相关信息存在主动披露和被动披露两种模式,大部分企业与气候投融资相关的负面信息需要通过主管部门门户网站、公益性环境信息披露平台、公众媒体等被动披露渠道方可获得,这提高了市场信息获取成本,增加了信息遗漏的可能性,进而容易致使投资者做出错误决策。

目前企业披露的绿色金融信息质量不高、可读性差。具体表现在相关披露信息主观性强,披露形式不规范,内容也难言丰富,披露的数据也仍然较为原始。尤其是对非专业环境领域的金融机构来说,现有的部分环境指标存在一定的专业壁垒,无法直接为其所用,进而导致社会公众以及非专业机构对此类企业认可度的降低。与此同时,部分试点企业与机构尚未建立完善的气候投融资风险识别、管理、披露和反馈的政策流程与组织保障等,这一问题也是导致信息披露工作形式不规范的重要原因之一。

二、优化建议与展望

(一) 不断完善顶层设计,出台强制性信息披露规范与指引

中国证监会于 2018 年 9 月修订并发布的《上市公司治理准则》[1]明确了我国上市公司社会责任报告披露的基本框架,证券业自律组织也制定了一系列行业指引文件,引导上市公司自愿披露社会责任信息。未来,我国相关监管部门仍需要继续加快完善顶层设计,出台详细的覆盖 ESG 等议题的绿色金融信息披露指标政策,比如制定《上市公司和发债主体环境信息披露指南》等此类规定,交易所等也应当出台上市公司强制信息披露标准的

---

[1] 中国证监会.中国证券监督管理委员会公告〔2018〕29 号:《上市公司治理准则》,http://www.csrc.gov.cn/pub/zjhpublic/zjh/201809/t20180930_344906.htm.

实施细则,为上市公司信息披露提供准确指导,从根本上解决信息披露难以获得、可读性差、指标各异、口径不一、数据无法横向和纵向对比等有关问题,进而保障相应数据的可得性、准确性和可对比性。有关规定同样也应适用于除上市公司外的其他类型企业,形成充分的"他律",进而转化为相关信息披露的行业"自律"和全方位的公众参与。

(二)持续优化环境与社会风险管理能力,制定行业特色指标

根据 TCFD 框架的指引,企业与金融机构需要通过情景分析和压力测试等方法测算环境或气候因素带来的影响,持续优化环境与社会风险管理能力。未来,我国应在有关监管部门的指导之下,企业与金融机构,以及其他科研机构继续研究开发兼具科学性与实用性的绿色金融风险评估和气候绩效测算方法学,同时创新统计工具与数据平台的建设,用于支持收集绿色金融业务在前中后端运营及信息披露过程中涉及的定量数据。此外,由于不同类型的企业、金融机构所面对的风险类型也存在一定程度的差别,因此企业、货币金融服务业、资本市场服务业和保险业机构可以根据自身业务经营特性,设定不同的风险识别与监测工具,制定行业特色指标,使得它们的关于 ESG 等议题的绿色金融信息披露更加系统、完整、丰富。

(三)进一步开展国际交流合作,深度参与国际绿色金融风险信息披露准则建设

正如前文所提到的,近年来,我国积极参与了国际环境信息披露工作,尤其值得指出的是,在 2019 年 4 月,中国绿色金融委员会发布了"一带一路"绿色投资七大原则(BRI-GIP),披露环境相关信息是这七大原则的其中之一。在未来,随着经济全球化的持续深度推进,除响应国内监管要求外,我国的企业和金融机构需要更加主动地借鉴参考国际信息披露相关标准,与国际接轨,提升绿色金融信息披露的广度和深度,为国际组织、负责任投资者以及其他相关企业提供更多投资、融资决策的参考依据。同时,我们也需要进一步在绿色金融实践与风险管理体系建设方面加强国际交流合作,参与国际可持续金融发展与信息披露准则建设,共同迎接气候变化和绿色发展带来的一系列机遇与挑战。

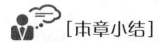

通过本章学习,读者将掌握信息披露在绿色金融风险防范方面的重大意义和理论依据,了解不同参与方信息披露的行动原则与具体内容,并通过国内外一系列实例,充分认识该领域当前的进展,形成更为清晰、具体的认识。在此基础上,讨论了绿色金融风险信息披露现阶段存在的挑战与不足,指明该领域未来的发展路径与方向。

[习题与思考]

1. 绿色金融风险管理中信息披露的主要内容有哪些?
2. 对于企业和金融机构的披露内容应遵循的原则分别有哪些?
3. 请用框图或其他简明形式表述国内外绿色金融风险信息披露的策略。
4. 利用数据库分析某上市企业或金融机构的年报,分析其中关于绿色金融信息披露的有关内容。

[参考文献]

蔡宇.法国保险公司气候变化的信息披露[J].中国金融,2020(13):85-86.

柴麒敏,傅莎,温新元,钟洋.中国气候投融资发展现状与政策建议[J].中华环境,2019(4):30-33.

陈诗一,李志青.中国企业绿色透明度报告(2019)[R].复旦大学绿色金融研究中心研究报告,2019.

陈诗一,李志青.中国上市银行绿色透明度研究(2019)[R].复旦大学绿色金融研究中心研究报告,2020.

辜胜阻.关于推进我国气候投融资工作的政策建议.武汉大学国家发展战略研究院研究报告,http://nids.whu.edu.cn/info/1020/2641.htm,2019.

生态环境部等五部委.关于促进应对气候变化投融资的指导意见[R/OL].http://www.mee.gov.cn/xxgk2018/xxgk/xxgk03/202010/t20201026_804792.html,2020.

施懿宸,李雪雯,汤婧.我国金融机构ESG信息披露现状及未来发展趋势.中央财经大学绿色金融国际研究院研究报告[R/OL].https://mp.weixin.qq.com/s/coVS_oaqFAXax4fzoHE-CQ,2020.

施懿宸,梁楠楠,杨晨辉.关于深化浙江省企业环境信息披露的实施建议.中央财经大学绿色金融国际研究院研究报告[R/OL].https://mp.weixin.qq.com/s/SIpGf-RLWBFbzFvnU0W33Q,2020.

孙轶颋.金融机构开展气候投融资业务的驱动力和国际经验[J].环境保护,2020,48(12):18-23.

香港联交所.环境、社会及管治报告指引[R/OL].https://www.hkex.com.hk/News/News-Release/2011/111209news?sc_lang=zh-cn,2019.

殷红.金融机构环境信息披露思考[J].当代金融家,2020(8):98-100.

招商银行.招商银行股份有限公司2020年度环境信息披露报告[R/OL].http://www.cmbchina.com/cmbir/ProductInfo.aspx?type=info&id=eir,2021.

浙江省银行业协会.湖州市银行业金融机构环境信息披露报告(2019年度)[R/OL].https://www.zjabank.com/Index/info?article_id=82984,2020.

中共中央办公厅,国务院办公厅.关于构建现代环境治理体系的指导意见[R/OL].http://www.gov.cn/zhengce/2020-03/03/content_5486380.htm,2020.

中国金融学会绿色金融专业委员会.中英金融机构气候与环境信息披露试点——2019年度进展报告[R/OL].https://www.efchina.org/Reports-zh/report-lceg-20201103-zh,2020.

中国人民银行等七部委.关于构建绿色金融体系的指导意见[R/OL].http://www.mee.gov.cn/gkml/hbb/gwy/201611/t20161124_368163.htm,2016.

中国证监会.中国证券监督管理委员会公告〔2017〕17号:《公开发行证券的公司信息披露内容与格式准则第2号——年度报告的内容与格式(2017年修订)》[R/OL].

http://www.csrc.gov.cn/pub/zjhpublic/zjh/201712/t20171229_329873.htm，2017.

中国证监会.中国证券监督管理委员会公告〔2017〕18号：《公开发行证券的公司信息披露内容与格式准则第3号——半年度报告的内容与格式（2017年修订）》[R/OL]. http://www.csrc.gov.cn/pub/zjhpublic/zjh/201712/t20171229_329875.htm.

中国证监会.中国证券监督管理委员会公告〔2018〕29号：《上市公司治理准则》[R/OL]. http://www.csrc.gov.cn/pub/zjhpublic/zjh/201809/t20180930_344906.htm，2018.

Ameli N., P. Drummond, S. Bisaro, M. Grubb, et al. Climate Finance and Disclosure for Institutional Investors：Why Disclosure is Not Enough[J]. *Climatic Change*, Available at https://link.springer.com/article/10.1007/s10584-019-02542-2，2019.

CDP全球环境信息研究中心.CDP气候变化报告2017[R/OL]. https://china.cdp.net/research，2017.

CDP全球环境信息研究中心.高质量的信息促进投资表现——全球投资者案例研究：CDP数据和服务如何助力实现更明智的投资决策[R/OL]. https://china.cdp.net/research，2017.

Ji Z, Yu X, Yang J. Environmental Information Disclosure in Capital Raising[J]. *Australian Economic Papers*, Available at https://doi.org/10.1111/1467-8454.12176，2020.

Patten, Dennis M. The Relation between Environmental Performance and Environmental Disclosure：A Research Note[J]. *Accounting, Organizations and Society*，2002, Vol. 27(8), pp.763-773.

TCFD. Task Force on Climate-related Financial Disclosures：Status Report[R/OL], Available at https://www.fsb.org/wp-content/uploads/P260918.pdf，2019.

X. H. Meng, S. X. Zeng, Jonathan J. et al. The Relation between Corporate Environmental Performance and Environmental Disclosure：An Empirical Study in China[J]. *Journal of Environmental Management*, Available at https://10.1016/j.jenvman.2014.07.009，2014.

第九章 碳金融的风险与管理

[学习要求]

- 熟悉碳金融的内涵和运行机制
- 熟悉碳金融风险来源和管理机制
- 了解"碳达峰碳中和"背景下碳金融市场的风险

[本章导读]

由于温室气体排放导致的气候变化问题,引起了全球广泛关注。根据联合国最新评估显示的数据,"自 2010 年到现在为止,地球表面温度和 100 年前的情况相比,竟然提高了 1.09℃,这将造成海平面上升"。如何减少温室气体排放,各国都采取了不同的方法,除了直接减少化石能源使用,碳金融也是降低碳排放的一种十分重要的方法。碳金融是指由《京都议定书》而兴起的低碳经济投融资活动,包括服务于限制温室气体排放等技术和项目的直接投融资、碳权交易和银行贷款等金融活动,例如 2000 年世界银行便发行了首只投资减排项目的碳基金,共募集 1.8 亿美元,主要投资节能减碳类项目。2003 年以来,类似性质的基金以每年 10 只的数量在增长,目前全球碳金融市场每年交易规模超过 600 亿美元。随着碳金融活动的不断成熟,衍生风险也逐渐显现。党的二十大又提出了"碳达峰碳中和"目标,将进一步催生碳金融的发展。如何识别和分析碳金融风险,如何防范这些风险等成为当前迫切研究的问题。通过本章学习,我们将熟悉碳金融的内涵和市场运行机制,熟悉碳金融活动中可能存在风险类型,了解风险管理的框架和一般性流程,比较国际金融机构的相关实践案例。

第一节 碳金融概述

一、碳金融产生的背景

碳金融的起源可以追溯至 20 世纪 90 年代的一系列国际公约。1992 年 6 月,在巴西里约热内卢举行的联合国环境与发展大会上,150 多个国家共同制定了《联合国气候变化框架公约》(United Nations Framework Convention on Climate Change,简称"《公约》")。该《公约》的最终目标是将大气中温室气体浓度稳定在使气候系统免遭破坏的水平。该

《公约》也是世界上第一个为全面控制二氧化碳、甲烷等温室气体排放,应对全球气候变暖的国际公约,是国际社会在应对全球气候变化问题上进行国际合作的一个基本框架。目前已有191个国家批准了《公约》,这些国家被称为《公约》缔约方。《公约》由序言及26条正文组成,具有法律约束力,其中对发达国家和发展中国家规定的义务以及履行义务的程序有所区别。发达国家作为温室气体的排放大户,应采取具体措施限制温室气体的排放,并向发展中国家提供资金以支付他们履行公约义务所需的费用。该《公约》构建了碳减排在国家间可能形成的交易机制。

1997年12月,《联合国气候变化框架公约》第3次缔约方大会在日本京都召开。149个国家和地区的代表通过了旨在限制发达国家温室气体排放量以抑制全球变暖的《京都议定书》。《京都议定书》规定,到2010年,所有发达国家二氧化碳等六种温室气体的排放量要比1990年减少5.2%。《京都议定书》建立了减排温室气体的三个灵活合作机制,即国际排放贸易机制(IET):两个发达国家之间可以进行排放额度买卖的"排放权交易",即难以完成削减任务的国家,可以花钱从超额完成任务的国家买进超出的额度;清洁发展机制(CDM):以"净排放量"计算温室气体排放量,从本国实际排放量中扣除森林所吸收的二氧化碳的数量;联合履行机制(JI):采用绿色开发机制,促使发达国家和发展中国家共同减排温室气体。以清洁发展机制为例,允许工业化国家的投资者从其在发展中国家实施的、有利于发展中国家可持续发展的减排项目中获取"经证明的减少排放量"。

在《京都议定书》的框架之下,国际排放贸易机制(IET)、清洁发展机制(CDM)和联合履行机制(JI)协同作用,构成了碳减排交易市场的主要三种工具,协助各个缔约国以灵活的方式完成减排目标。《京都议定书》以法规的形式限制了各国温室气体的排放量,并由此催生出一个以二氧化碳排放权为主的碳交易市场。由于二氧化碳是最普遍的温室气体,而其他五种温室气体也根据相应的气候影响程度以等效二氧化碳来计算排放量,因此国际上把这一市场简称为"碳市场"。市场参与者从最初的国家、公共企业向私人企业以及金融机构拓展。交易主要围绕两方面展开,一方面是各种排放(减排)配额通过以交易所为主的平台交易,而另一方面则是相对复杂的以减排项目为标的的买卖。前者派生出类似期权与期货的金融衍生品,后者也成为各种基金投资的热门对象。而且,这一市场的交易工具在不断创新、规模仍在迅速壮大,按照目前的发展速度,碳交易将成为全球规模最大的商品交易市场。

二、碳金融的内涵

基于《京都议定书》的目标和合作框架,世界银行碳金融部门(World Bank Carbon Finance Unit)在《2006年碳金融发展年度报告》(*Carbon Finance Unit Annual Report 2006*)中首次界定了碳金融的含义,即"以购买减排量的方式为产生或者能够产生温室气体减排量的项目提供的资源"。从国内外相关文献看,碳金融是为减缓气候变化而开展的投融资活动,具体包括碳排放权及其衍生品交易、产生碳排放权的温室气体减排或碳汇项目的投融资以及其他相关金融服务活动。

碳金融和碳交易两者之间具有密切关系。碳交易是温室气体排放权交易的统称。

1997年12月通过的《京都议定书》把二氧化碳排放权作为一种商品,从而形成了二氧化碳排放权的交易,简称"碳交易",其目标是利用市场机制的价格发现功能,实现全社会减碳成效的最大化。碳交易是碳金融发展的前提和基础。一般来说,只有碳交易市场发展到一定规模,拥有一定的合格主体和健康的风险管控机制后,碳金融市场才得以发展。碳金融是碳交易发展的助推剂,碳交易的发展离不开碳金融的支持。排放企业通过碳金融市场,利用融资功能推进减碳技术的应用,达到碳交易控制排放总量的目的。

金融机构的参与使得碳市场的容量扩大,流动性加强,市场也愈发透明;而一个迈向成熟的市场反过来又吸引更多的企业、金融机构甚至私人投资者参与其中,且形式也更加多样化。碳排放权交易市场的日益壮大让私人投资者对排放权这一商品的兴趣也与日俱增。2006年10月,巴克莱资本率先推出了标准化的场外交易核证减排期货合同。2007年,荷兰银行与德国德雷斯顿银行都推出了追踪欧盟排碳配额期货的零售产品。除了单纯地进行配额交易和设计金融零售产品外,投资银行还以更加直接的方式参与碳市场。2006年10月,摩根士丹利宣布投资30亿美元于碳市场;2007年3月,参股美国迈阿密的碳减排工程开发商,间接涉足了清洁发展机制的减排项目;8月成立碳银行,为企业减排提供咨询以及融资服务。气体排放管理已经成为欧洲金融服务行业中成长最为迅速的业务之一,各机构都竞相招兵买马。

随着国际经济一体化的不断深入,我国碳金融活动也逐步兴起。2006年5月,兴业银行与国际金融公司合作,针对中国在节能技术运用和循环经济发展方面的融资需求特点,在境内首创推出节能减排项目贷款这一绿色信贷品种。兴业银行已经在北京、天津、山东、山西、重庆、浙江、福建等11个省(区、市)开办节能减排贷款业务,共发放贷款51笔,累计投放12多亿元;可实现每年节约标准煤147.48万吨,年减排二氧化碳约412.85万吨。2020年的兴业银行,绿色贷款余额达到4 127亿元,较期初增长29.19%。2019年以来,随着国家"双碳"目标的"1+N"政策体系的逐步形成,绿色低碳新技术、新产业、新业态、新模式得以蓬勃发展。碳金融是"双碳"目标支撑体系的重要组成部分,是市场经济框架下解决气候、能源、污染等问题的有效方式。

随着节能减排贷款的快速推广,部分节能减排项目已经进入碳减排交易市场。兴业银行运用在融资模式、客户营销和风险管理方面积累的初步经验,将节能减排贷款与"碳金融"相结合,创新推出以CDM机制项下的碳核定减排收入(CERS)作为贷款还款来源之一的节能减排融资模式——"碳金融"模式,为寻求融资支持的节能减排企业提供了新的选择。

从上述成熟的金融活动,我们可以总结出碳金融的内涵:主要是指旨在减少温室气体排放的各种金融制度安排和金融交易活动,包括碳排放权及其衍生品的交易和投资、低碳项目开发的投融资以及其他相关的金融中介活动。

三、碳交易市场的运行机制

(一) 市场结构

按交易产品而言,国际碳交易市场主要分为配额交易市场和项目交易市场。其中配额交易市场又分为强制碳交易市场和自愿市场。强制交易市场为温室气体排放量超过上限标准的国家或企业提供交易平台来完成减排目标,其主要产品有欧盟排放交易体系(EU ETS)下的欧盟配额(EUAs)和《京都议定书》下的分配数量单位(AAUs)。自愿市场则在强制交易市场建立之前就已出现,其代表是芝加哥气候交易所(CCX)。基于项目的交易主要有清洁发展机制(CDM)下的核证减排量(CERs)以及联合履行机制(JI)下的减排单位。上述市场为碳排放权交易提供了最基本的框架。基于配额的市场具有排放权价值发现的基础功能。配额交易市场决定着碳排放权的价值。

(二)碳交易价格

配额交易创造出了碳排放权的交易价格,当这种交易价格高于各种减排单位的价格时,配额交易市场的参与者就会愿意在二级市场购入已发行的减排单位或参与CDM与JI交易,来进行套利或满足监管需要。这种价差越大,投资者的收益空间越大,对各种减排单位的需求量也会增强,这会进一步促进新技术项目的开发和应用。根据上海环境能源交易所2022年6月13日收盘后发布的全国碳市场每日成交数据显示,当日全国碳市场碳排放配额(CEA)挂牌协议收盘价报59.00元/吨,较前一交易日持平。

(三)市场参与者

碳金融市场的构成要素一般包括四类:(1)市场主体,即交易参与双方;(2)市场客体,指交易标的及交易产品;(3)市场价格,指在供求关系支配下由交易双方商定的成交价;(4)市场媒介,指双方凭以完成交易的工具和中介,往往包括第三方中介机构及作为第四方的交易场所。市场主体和市场媒介,共同构成了市场上的各类主要利益相关方。当前,我国已经成为全球碳排放交易市场中的最大卖家,碳交易的实施将有助于中国进一步实现节能减排目标,走向低碳经济。同时,也有助于中国增加对国际货币体系的发言权乃至掌握低碳经济下的货币主导权。

(1)交易双方。在碳交易市场中,金融机构(包括商业银行、资产管理者以及保险公司等)扮演着重要的角色,不仅为交易双方提供间接或直接的融资支持,而且直接活跃于国际碳交易市场。直接参与碳金融市场交易活动的买卖双方,主要包括控排企业、减排项目业主、碳资产管理公司、碳基金及金融投资机构等市场主体。在现货交易阶段,市场主体往往以控排企业为主、碳资产管理公司和金融投资机构为辅;在衍生品交易阶段,金融投资机构尤其是做市商和经纪商将成为市场流动性的主要提供方。

(2)第三方中介。第三方中介指为市场主体提供各类辅助服务的专业机构,包括监测与核查核证机构、咨询公司、评估公司、会计师及律师事务所,以及为交易双方提供融资服务的机构。

(3)第四方平台。第四方平台指为市场各方开展交易相关活动提供公共基础设施的服务机构,主要包括注册登记簿和交易所。其中,交易所除了提供交易场所、交易规则、交易系统、交易撮合、清算交付和信息服务等功能外,还承担着部分市场一线交易活动的日常监管职能。

(4)监管部门。监管部门指对碳金融市场的合规稳定运行进行管理和监督的各类主管部门,主要包括行业主管部门、金融监管部门及财税部门。

碳交易市场运行机制和碳价格形成原理如图9-1所示。

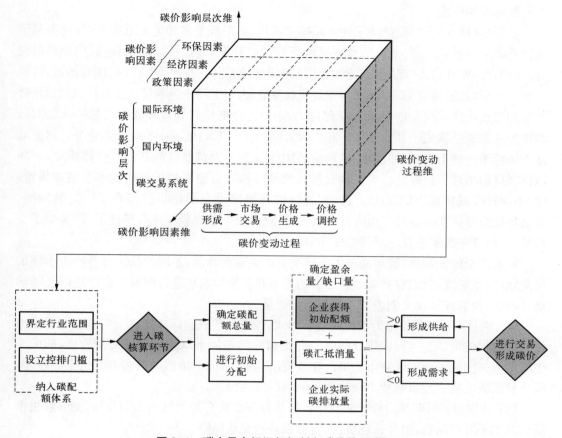

图 9-1 碳交易市场运行机制和碳价格形成原理

第二节 碳金融的风险识别

一、我国碳金融类型

2011 年我国碳市场试点工作启动,北京、天津、上海、重庆、湖北、广东及深圳成为首批碳排放权交易试点地区。2016 年底,四川与福建的碳市场也正式开业,我国试点地区增加至 9 个。为了满足多样化的市场交易需求,试点地区进行了碳债券、碳基金、绿色结构存款、碳配额场外掉期、借碳交易、碳配额远期等创新实践。《中国碳中和债发展报告 2021》显示,到 2021 年 9 月末,碳中和债累计发行 192 只,募集规模达 1 904.72 亿元。2017 年全国统一的碳市场正式启动,并于 2021 年 7 月正式上线。目前,我国碳金融的发展仍处于起步阶段。国内碳金融主要侧重于直接投融资、碳指标交易和银行贷款等方面,如 2021 年 1 月设立广州期货交易所,推出碳权期货品种。2021 年 5 月,厦门碳中和低碳发展基金成立。2021 年 7 月,宝武碳中和股权投资基金成立,是我国规模最大的碳中和主题基金。碳金融的发展既要顺应国家绿色低碳发展需求,也要谋划金融业的可持续发展并不断提高相应能力。

基于《京都议定书》设计的三种碳减排交易机制，形成了多种碳金融业务，其一为基于项目的碳金融业务，主要是清洁发展机制下的项目开发，即经核证的减排量（CERs）的交易。近年来，我国CDM市场发展迅速，市场规模快速扩大。按照UNFCCC网站的统计，截至2021年底，我国共有3 876个CDM项目成功注册，占东道国注册项目总数的47.12%；预计产生的二氧化碳年减排量共计7.97亿吨，占东道国注册项目预计年减排总量的42.38%。两项指标都遥遥领先于其他国家。其二为自愿减排（VER）市场中的碳金融业务。自愿减排市场源于一些不受《京都议定书》约束的团体或个人为自愿抵消其温室气体排放，而向减排项目购买减排指标的行为。其交易对象是经国家自愿减排管理机构签发的减排量，即"中国核证减排量"（CCER）。目前，我国的自愿减排交易市场已经有了一定的发展。北京环境交易所主导制订了国内首个自愿减排标准——"熊猫标准"，搭建了VER电子交易平台，并有一些实施自愿减排的成功案例。

随着碳金融的发展，近年涌现了不同类型的碳金融产品，不同产品运行会产生不同的风险隐患，基于此，我们有必要对碳金融的类型和各类型内容进行理解。在上述碳金融活动基础上，我国碳金融又创造了一系列衍生产品。

（1）碳货币：以碳信用为本位的货币形式，碳币值代表国际碳市场上每吨二氧化碳当量物排放权的价值。实际碳排放额度与分配指标的差额乘以碳市场的交易价格，构成一个时期内一国或一地的碳货币总量。在碳货币体系下，除一国的经济实力和黄金储备外，碳排放权额度将成为影响货币地位和币值的决定性因素。

（2）碳期货：以碳排的权配额及项目减排量等现货合约为标的物的合约，能够解决市场信息的不对称问题，引导碳现货价格，有效规避交易风险。

（3）碳期权：在碳期货基础上产生的一种碳金融衍生品，是指交易双方在未来某特定时间以特定价格买入或卖出一定数量的碳标的的权利。碳期权的交易方向取决于购买者对于碳排放权价格走势的判断。与碳期货一样，碳期权可以帮助买方规避碳价波动所带来的不利风险，具备一定的套期保值功能。

（4）碳基金：碳汇基金的简称。国际上通常指清洁发展机制下温室气体排放权交易的专门资金，主要有以下几类：一是世界银行型基金；二是国家主权基金；三是政府多边合作型基金；四是金融机构设立的盈利型基金；五是非政府组织管理的碳基金；六是私募碳基金。碳基金的投向可以有三个目标：一是促进低碳技术的研究与开发；二是加快技术商业化；三是低碳发展的孵化器。我国碳基金的资金来源应以政府投资为主，多渠道筹集资金，按企业模式运作。

（5）碳远期：国际市场上进行CER交易的最常见和成熟的交易方式之一，买卖双方以合约的方式，约定在未来某一时期以确定价格买卖一定数量配额或项目减排量。碳远期的意义在于保值，帮助碳排放权买卖双方提前锁定碳收益或碳成本。

（6）碳掉期：以碳排放权为标的物，双方以固定价格确定交易，并约定未来某个时间以当时的市场价格完成与固定价交易对应的反向交易，最终只需对两次交易的差价进行现金结算。目前中国的碳掉期主要有两种模式：一是由控排企业在当期卖出碳配额，换取远期交付的等量CCER和现金；二是由项目业主在当期出售CCER，换取远期交付的不等量碳配额。

（7）碳指数交易产品：即基于碳指数开发的交易产品。

（8）碳资产证券化：碳配额及减排项目的未来收益权，都可以作为支持资产证券化进行融资；债券型证券化即碳债券。

我国商业银行也试行多样化的碳金融服务。比如2011年工商银行正式推出碳金融合约交易业务，为天润新能的碳排放权项目提供一整套碳金融相关产品和服务，提高了国内节能环保企业在国际碳排放权交易中的议价能力；民生银行也成立了绿色企业金融服务中心，为绿色产业提供投资理财、财务顾问、结构化融资、融资租赁等金融服务，并研究试行绿色股权、碳排放权质押等标准化贷款。此外，还有基于配额的碳金融业务。目前，这项业务在全世界碳金融交易中占据较大比重。在国内，由于碳排放权分配机制尚未形成，还缺乏发展基于配额的碳排放权交易的基础，配额交易在国内还没有正式展开。

二、碳金融的风险来源

尽管我国以碳交易市场为基础的碳金融蓬勃发展，但由于我国碳交易市场发展时间不长、参与主体较为单一，碳金融在国内仍然是新生事物，也面临多方面的风险。特别是对于碳交易这类政策管制下的市场建设，我们必须对碳金融各参与方所面临的风险有较为全面准确的认识才可以扬长避短，在控制风险的前提下发挥碳金融对低碳经济和绿色经济的促进作用。我们主要从国内政策、市场运行、金融产品、日常管理等方面对碳金融风险进行识别。

（一）项目市场风险

目前，我国碳金融业务中比重最大的项目开发，仍然是基于CDM（清洁能源发展机制）的项目开发。一个项目的成功开发需要经过设计、审定、监测、验证、签发等不同流程，而每一个项目从建设、审批到最终交付CER（核证减排量）之间都存在着巨大的不确定性，这种不确定性会给参与方带来一定的风险。在设计阶段，项目面临的主要风险是技术风险，有超过50%的项目因为技术方法的缺陷而被CDMEB（联合国清洁发展机制执行理事会，负责CER的登记、签发与复审）拒绝。在审定阶段，发改委、DOE（碳中和指定经营实体）和CDMEB需要分别对项目进行检查、审核或重审。在监测阶段，CDM项目可能出现无法达到预期绩效的情况。仅2010年有近54%的项目没有达到预期产出。在近五年的实践阶段，大规模CDM产生的CER额度要求两个以上的DOE同时审核，在DOE审定之后，还有相当一部分需要复核，其中一部分会被否决。根据全球环境战略研究所（IGES）的数据统计显示，截至2021年8月1日，有20.8%的CDM项目需要重审，有9.5%的正在重审，另外有7.0%的项目被否决或取消。此外，漫长的程序也会给碳金融交易的参与方带来风险，CDM项目从公众评议到首次签发的平均天数为482天。通过上述介绍，我们发现由于涉及碳减排相关行业的标准没有健全，导致所开发项目自身的质量缺乏统一权威的判断，且无法顺利进入碳交易市场，更谈不上由此衍生的金融产品开发了。

从市场层面看，由于我国现有的碳金融体系结构较为单一，产品种类仍处于不断丰富的阶段，风险防控体系在市场经济的瞬息变化中很难应付自如，不仅存在成本过高的风险，还会造成碳价的异常波动，降低企业流动性。具体在从事碳排放权交易和减排项目开发的过程中，金融机构面临的主要市场风险包括市场规模的变动和碳排放权价格的波动。影响市场规模和碳排放权价格的因素有很多，包括全球宏观经济形势、各国的气候变化政策与全球气候变化谈判情况、碳基能源的价格、特殊事件以及天气方面的自然因素等。2008年全球金融危机爆发以来，碳排放权市场规模和价格都出现了大幅波动，反映出市场风险的加剧。从市场规模的角度看，碳市场的总体规模在不断扩大，但中国投资者参与程度较高的CDM市场却呈现出不断萎缩的趋势。世界银行的统计数据表明近年一级市场CER的交易额分别下降了12%、58%和44%。CER交易的二级市场在2009年也出现了33%的萎缩。从碳排放权的价格来看，其波动幅度也蕴含着巨大的风险。以EUA为例，受欧盟配额过量发放的影响，其DEC07合约从超过20欧元的高位跌到0.1欧元左右。即使排除这种极端情况，EUETS中的碳排放权价格仍然体现出较强的波动性。事实上，CER与EUA期货价格的波动也具有高度一致性。

（二）政治政策风险

碳金融业务面临的政治风险主要是指由国家的主权行为所引起的造成损失的可能性。在国际气候谈判中，主权国家作为气候公约的缔约方，尽管不一定是交易的直接参与者，但是其违约行为会影响该国企业或个人的交易行为，对相关的碳金融交易构成风险。比如，2011年12月，加拿大宣布退出《京都议定书》，是继美国之后第二个签署后但又退出的国家。加拿大的退出必定会对其国内碳排放权的需求产生较大的负面影响。此外，一些国家政局不稳导致的国际能源市场价格波动也会传导到碳排放权交易市场，给碳金融业务带来风险。除上面阐述的各种风险外，碳金融市场还存在与金融市场共有的法律风险、流动性风险和操作风险，也需要引起碳金融市场参与者的注意。

碳金融作为一类具有经济价值的资源标的物进行交易，由国际及本国的政策决定其市场稀缺性和价值性，因此政策是否稳定对其至关重要。而且，由于投资交易过程复杂、运作周期漫长、中间过程涉及的国家及企业很多，每一环节政策的变动均可能对后续环节造成影响，进而降低投资者的市场信心和投资回报率。因此，政策方面的不确定性会给碳市场带来巨大的风险。

从长期看，真正达成对全球所有国家都有法律约束力的协议仍会遭遇重重困境，温室气体减排能否真正成为全球性的长期政策前景仍不明朗。从短期看，一些局部的政策调整对于特定的碳金融项目也可能意味着重大的风险。比如，按照欧盟制定的法律，2013年后，只允许来自最不发达国家或者是与欧盟有双边协议的国家的CDM项目进入EUETS。因此，中国的CDM项目如果想进入EUETS就需要与所有欧盟国家达成双边协议，这无疑会给即将在中国实施的CDM项目带来较大的风险。此外，一些政策制订和执行上的不确定性也会给碳市场带来较大的风险。比如欧盟近期单方面将航空业纳入EUETS的做法就受到了大多数国家的抵制。在不同国家的博弈中，相关突发事件的出现也可能给碳市场造成一定的冲击。

（三）法律规则风险

发展碳金融存在较为严重的法律风险。虽然中国政府高度重视发展碳金融，但至今中国仍缺乏一部专属法律来规范中国碳金融的发展。商业银行发展碳金融业务，既需要其他相关金融机构的合作，更需要政府和相关监管部门制定完善的标准加以必要规范和引导。目前,中国既缺乏必要的法律来明确各金融机构、企业在碳金融业务中应承担的责任,也缺乏必要的法律来激励各主体参与碳金融,同时,还缺乏必要的法律来规范碳金融的日常业务。市场买卖双方对复杂的碳金融市场的具体规则可能存在盲点,使得投资商的潜在风险加大。此外,碳市场存在的信息不对称问题会造成碳金融市场的价格扭曲,加大投资者的投资风险。

市场环境风险主要可分为国际市场环境风险和国内市场环境风险。由于中国金融机构开展碳金融的时间不长和介入的程度较低,在国际碳金融市场中始终处于被动状态,议价、定价能力较低,从而导致中国的碳资产价格远低于国际碳金融市场的价格水平,存在较高的国际市场环境风险。目前,我国碳减排量已占全球的1/3左右,虽然是碳交易产业链上最有潜力的供给方,但却非碳交易的定价方。

(四) 日常经营风险

在碳金融市场上存在较为严重的信息不对称问题,交易前"逆向选择"和交易后"道德风险"发生的可能性增大,商业银行发展业务存在较大的风险。现阶段中国的低碳经济仍处于启动阶段,各种低碳技术和项目融资评估技术仍存在较大的不确定性,商业银行向其提供碳金融存在较高的经营风险。发达国家的金融机构较早发展碳金融业务,积累了丰富的经验和较强的服务能力,能较好地预防风险。而中国商业银行既缺乏严密的管理制度又缺少必要的经营实践,同时,中国碳金融市场还不完善,缺乏必要的监管体制、信用评级系统和担保制度,无法对其经营风险进行必要规避和防范。

同时,在碳金融的日常运作过程中,金融机构从业人员要求具有较高的业务能力、风险识别技能、敬业职业道德以及社会责任感等。这就要求碳金融管理机构必须拥有一大批具有金融、法律、环境保护等专业知识的综合性人才。但由于关于碳金融培养体系还未建立,金融机构实践中还存在专业人才极为缺乏的问题。以商业银行为例,首先,现有的银行从业人员缺乏环境保护相关知识,无法透彻了解碳金融的内在运行规律并缺乏必要的实践经验。其次,商业银行内部培养中对发展碳金融重视程度不足,未能投入财力、物力从国际金融市场引入优秀的碳金融人才加入,同时内部培训碳金融人才存在力度不足、效果不佳的问题。最后,现阶段中国高校的学科分类相对较陈旧,一般只能培养某方面的专业人才,而较少能向社会提供既掌握金融理论又熟悉环保知识的综合人才。

三、碳金融风险识别体系的主要内容

碳金融在进行风险识别时,应从碳金融运行的全流程角度进行考虑,包括风险接受、风险规避、风险分担及风险减轻。风险的识别首先要立足于减小或消除风险发生的可能性。最直接的方法就是挖掘出风险源,然后加以消除、减轻或改善;其次,要尽量减小风险导致的不利影响。鉴于系统性的风险因素无法消除,要积极采取有效的风险管理策略,增强行为主体的适应性,减小风险发生后的不利影响;最后,需改善或解决产生风险的宏观因素。诱发风险的深层次原因一般隐含在碳金融组织体系、政策决策体系或者是运行机制等诸多方面,需要将风险因子的诱因追溯到政府、国家、国际层面,通过合作、改善的方式予以解决。在构建风险识别体系方面,主要包括以下内容。

设计全面有效的碳金融交易风险预警指标体系。建立有效的风险预警指标体系,可

以及时了解碳金融交易风险信息,从而矫正其风险与收益的不对称特性,减少逆向选择及债务人的道德风险。对于碳金融交易的风险预警指标体系,可在资本充足率指标、流动性指标、效益性指标、安全性指标、综合发展能力指标以及法人的治理结构、管理风险的能力以及内控制度的有效性和完整性等原有指标体系的基础上,结合碳金融交易的特点,加入新的参考指标。对于定性指标,可以将项目的风险管理水平、人员的素质水平、公司的治理结构以及内部控制能力加入原有的指标体系;对于定量指标,可考虑加入碳金融项目信用评级、项目审核通过率以及利率汇率等市场因子的波动率。随后,要建立动态的权重设置机制,针对业务的变化,适时增减指标、调整权重,以此来提高风险预警系统的有效性。

(一) 构建健全的碳金融交易风险识别和管控组织

为应对碳金融交易风险的复杂性,金融机构可以构建风险识别和管控机构并保持其统一性、垂直性、独立性和扁平化的特征。对我国金融机构而言,首先,针对碳金融业务特性,金融机构可建立专门的碳金融风险管理部门,专门负责碳金融交易风险管理制度的制定、相关业务流程框架的设计等。同时,对碳金融业务整体风险进行监测和管理,确保风险防控的有效落实和执行。其次,从碳金融专业性考虑,建立碳金融职业风险管理官制度,由熟悉碳金融业务、具有丰富风险管理经验和能力的人员来担任。对碳金融业务的审批,可以先由客户经理和风险管理官进行独立"双签"审批,之后提交委员会进行终审。对于小笔金额的项目,可以简化审批程序,直接由风险管理官来终审即可。专门的碳金融风险管理部门以及风险管理官制度有助于防范包括上述风险在内的碳金融风险。

(二) 建设有效的碳金融交易风险防控机制

碳金融风险防控机制应包括风险监视机制、实施机制、风险控制机制、零售产品和投资产品开发机制等多个方面。建立风险监视机制,可参考CDM机制执行理事会(EB)的方法学,建立低碳项目监测体制;建立实施机制时,可参考自愿减排和配额市场的方法学,建立相应的气候变化动态跟踪机制;建立风险控制机制,可考虑建设与能源部(DOE)检测机制以及与CDM项目设计书(PDD)时时核对的链接机制,以此来防范政策风险;商业银行建立投资和零售产品开发机制时,可仿照荷兰银行,考虑开发环保低碳方面的投资和零售产品,如低碳项目证券化、碳基金、碳期权产品以及与气象指数挂钩型的理财产品等,增强金融机构在碳排放权产品方面的创新研发能力。通过构建上述机制,可提高碳金融交易风险的防控能力,其中,监视与实施机制可以有效防范碳金融的六大风险类型;风险控制机制则有助于碳金融的项目风险、市场风险和政策风险的防范;零售和投资产品的开发机制可以使投资者有更多的风险对冲工具,从而有助于防范市场风险。

(三) 设计和实施先进完善的碳金融风险管理技术

金融机构可借鉴国际先进金融机构的管理经验,设计、开发和建立我国碳金融风险管理监测和评价模型,对六类风险进行全面、持续的监控。我们认为,风险管理的关键在于识别风险的大小。因此,应针对不同的风险类型采取不同的风险度量手段。度量碳金融交易的信用风险,鉴于碳金融业务的复杂性,金融机构可以有机结合信用组合观点模型、信用风险附加模型、信用度量模型以及KMV模型等复杂的模型,以提高风险度量的准确度;度量碳金融交易中的操作风险,可以使用基本指标法和标准法对其进行简单度量,也可以尝试使用高级计量法对其进行相对准确的量化;度量碳金融交易的市场风险,建议采纳准确度相对最高的VaR模型度量碳金融交易的流动风险,还可通过财务指标计算相应的流动性缺口、现金流量以及净流动性资产和融资缺口等;度量碳金融交易的项目风险,可以通过识别不同种类的风险,采用分别估算之后加权的方式估计,也可直接采用损失期望值法、模拟仿真法与专家决策法进行直接评估。各种风险度量的手段各不相同,在实际业务中,金融交易主体可以根据自身业务对上述模型进行改进,或者开发更加契合自身特征的风险计量手段,从而使风险防控更具严密性与适应性。

(四)建立严格的碳金融交易风险管理责任追究机制

不仅要追究业务操作人员的责任,同时也要追究相关风险管理人的责任。通过建立完善的资产安全责任追究制度,对于由操作风险而导致的损失,实施严格的责任惩罚,从而充分保障碳金融资产的安全;风险管理人员因管理不力而引致风险,也需承担管理责任。通过建立风险管理责任追究机制,可以增强操作人员的风险防范意识,进而降低操作风险发生的概率。此外,追究高级风险管理人员的责任,可以调动其预防风险的积极性和主动性,从而提升金融机构整体的风险管理水平。

第三节　碳金融风险防范的原则和措施

一、碳金融风险防范把握的原则

碳金融风险的合理防范可从其核心业务,即碳配额和碳排放权的交易相关问题进行监管和改革。目前中国经过七个碳交易试点多年实践,结合欧盟碳市场运行的经验,发展出了两种符合国情的配额免费分配方法:一种是基于当年实际产量的行业基准法,另一种是企业历史强度下降法。这两种方法应该成为中国国家碳市场主要的配额分配方法。鉴于碳排放权的跨部门性,建议就监管内容和监管权限等重要的防范预警手段建设包括金融机构、合法投资者、政府等多方共同参与的碳现货市场和期货市场的综合性市场管理体系。基于此,碳金融市场未来的风险防范主要应把握以下原则。

第一,应加快稳定碳配额市场。碳配额是整个碳金融市场的基石,故碳配额市场对碳金融市场后续交易活动的持续稳定进行至关重要。碳配额市场产生的主要目的是根据企业的温室气体产生量进行合理分配排放的额度,提高资源的分配率,以低成本实现减排的目的。目前我国的碳配额分配主要方式有拍卖制、免费分配、混合模式。为避免衔接过程中不同层次的市场摩擦产生的市场风险以及政府与市场之间边界模糊造成的政策风险,从而蔓延至整个碳金融市场,政府必须制定权责分明的政策,严格监管,督促企业项目交易活动及有关碳减排资金走向的公开透明,为了提高企业减排参与的积极性,可逐步更新碳配额分配的机制,采用一级市场逐步取代分散的试点市场,逐步探索合适的比例进行全国配额的统一,最终实现同一个标准,促进碳配额市场的稳定和碳金融市场秩序的规范,从而达到防范风险的目标。

第二,明确碳排放权的法律性。碳排放权是碳金融市场的关键,关系着碳减排目标的实现程度,是国际上承认的具有经济价值的可进行交易的权利,因此必须明确碳排放权的财产权属性及法律地位。经过20年的探索和实践,目前碳排放权的交易运作程序已经趋近成熟,故我国须借鉴国际上的经验,并结合我国的基本国情完善目前我国碳排放权体系上的不足,针对市场和欧盟碳金融交易体系的变化及时调整策略,做好顶层设计,通过部分城市试点进行预防性试验,模拟各国市场的变化,把握整个市场的发展规律,在此基础上找到适合我国应对风险的举措,进一步积累经验,为我国碳排放权的发展方向和发展速度找到一个平衡点,规范我国碳排放权的应用,解决规则上的漏洞,先行先试,将碳排放权真正上升到法律层面,为碳金融市场的合法运行提供保障。

第三,完善碳保障体系。为响应我国绿色低碳经济的号召,各行各业都应承担低碳减排的责任。对于金融保险行业,根据政府的最新政策和环境保护的责任,需要建立全新的低碳险种,准确评估风险,构建新的保险保障机制,针对风险的类别和保障难度给予合理的风险补偿,转移和分散投资风险。对于信用评级机构,建立统一的碳评级标准,规范评级程序,不断完善评级方法,对于碳项目的属性及价值通过多层次的判断和评价,降低市场的交易风险。对于披露机构,构建一个全国性的统一信息平台,对企业的信息进行及时公开并按风险程度划分等级,减少交易的障碍。进一步完善碳权交易相关会计准则,解决碳权交易在会计确认、计量、列示方面的问题。

第四,总结已有研究,结合IMF(2004)的评价方法,探索碳监管模式。目前国际上公认的最突出、最有效的监管模式为双峰模式,即依据不同功能将监管划分为审慎监管和市场监管两个机构,在央行的监管指导下分别独立监管信息不对称和市场失灵,加强对市场的所有企业和个人商业行为的监管,保护投资者的合法权益。两个独立的监管机构相互制衡,相互监督,权责清晰,也能防止权力的集中及腐败的滋生,可在我国以分业监管为主的模式下发挥综合监管的优势,在两种不同的监管模式的冲突和融合下,结合我国的经济发展速度和政策的要求,继续摸索出更为高效的监管模式,在降低碳金融市场风险的同时降低监管成本。2020年12月生态环境部正式公布《碳排放权交易管理办法(试行)》于2021年2月1日施行,并组建了全国碳排放注册登记机构和交易机构,这一举措成功解决了碳配额的归属及碳排放权全国统一交易两大核心问题,而且该部门下设有碳金融监管机构、碳金融服务机构、证监会等新的多元协同监管体系,意味着我国在碳金融市场的探索又前进了一大步。伴随着碳金融市场的进一步繁荣和碳排放权期货、期权、碳证券等产品的创新发展,碳金融市场也遇到了新的挑战。

二、碳金融风险防范管理的具体措施

针对第二节关于碳金融风险的来源阐述,以及风险防范的原则分析,对于碳金融未来的风险防范管理,不论金融机构,还是项目融资方,都需要在各自风险管理体系方面着重采取一些措施。

(一)构建政策追踪机制

虽然国际社会对气候变化对经济社会发展影响已形成了共识,但在碳排放减排责任分配方面争议较大,关于应对气候变化的国际协议内容不断变化,金融机构在进行涉碳资产的评估和投资过程中,应及时掌握国际气候变化政策的最新进展。要及时跟踪国际气候谈判的最新进展,以及主要交易国家 GHG 排放政策的变化,紧密结合政策变化,积极完善碳基金与 CDM 项目各参与方签订的合同,以有效规避气候谈判政策变化所带来的政策风险,维护碳基金的利益,促进其实现可持续发展。由于国际气候谈判政策变化所产生的风险是碳基金与 CDM 项目各参与方事前都无法控制的,因此碳基金与 CDM 项目各参与方在结合国际气候政策谈判结果完善合同时,可以运用国际上比较成熟的损失分担机制,降低自身风险。

（二）分阶段进行风险管控

以 CDM 项目开发为例,对于项目的开发、融资、收益等流程进行分环节开发,明确 CDM 项目开发阶段的风险由项目开发方承担,在资金投入运营阶段风险由项目投资方承担。在 CDM 项目的开发阶段,CDM 项目的开发方是信息优势方,这种优势主要表现为其最了解项目的地质情况、生产状态、市场需求以及经营活动情况,而作为 CDM 项目的合作者或资助者的碳基金则是此类信息的劣势方。为防范 CDM 项目开发方的道德风险行为,应该明确 CDM 项目开发阶段的风险由 CDM 项目的开发方承担,以强化其化解相关风险的动力。

（三）促进专业化中介机构和市场的发展

鉴于碳金融相关项目的申请、审批程序复杂、专业性强,项目中介机构和市场的专业化程度,对推动项目的成功开发将发挥重要作用。金融机构和项目开发方可以积极借鉴国际类似项目的专业化中介机构和市场发展的经验,培育专业化中介机构和市场的良性发展,帮助市场参与方进行风险识别和预警。从我国目前实际情况看,金融机构介入 CDM 项目对促进其发展具有重要作用,而且潜力巨大,特别是我国金融机构作为中介机构直接购买 CDM 项目成果或与 CDM 项目企业联合开发项目。专业化中介机构的发展,能够发挥其专业优势,增强与本国 CDM 项目审批机构的沟通能力,并指导项目各参与方认真按照本国政府对 CDM 项目的政策要求,准备可行性论证和相关申报材料,确保能够顺利通过国内审批。要善于发挥专业化中介机构的特长,以有效控制 CDM 项目运行中的风险。同时,应该加快建立碳金融专业人才培养机制,除在日常工作中加强培训,提高现有人员素质外,还要加大力度吸引相关的高级专业人才,更重要的是要建立健全激励机制,增强凝聚力和吸引力,建立起从事碳业务的专业团队。

（四）开发期货等金融衍生品交易降低买方需要承担的风险

对于在碳金融活动中,项目买方需要承担的风险主要有碳价格波动风险和汇率风险。对于碳金融项目开发中的财务风险、运营风险、实施风险等传统性风险,尤其是 CERs 价格波动风险和汇率风险,可以运用诸如信用交付保证、气候衍生品等金融产品来化解,例如,发挥期货等金融衍生品的风险对冲或保险等功能,有效化解碳基金风险。

（五）建立有效促进碳金融发展的激励机制

由于碳金融项目的运行涉及多个方面,既包括环境、金融、管理、法律等方面,又包括许多利益相关者,即碳基金、CDM 项目企业、金融机构、国际买家等重要的参与者,而且还涉及多个国家的政策,程序复杂、操作难度大,需要各级政府和各有关部门依据可持续发展原则制定一系列规则与标准,配套出台相关的金融、财政、税收等扶持政策,激励碳基金等利益相关者积极参与。

第四节 "碳达峰、碳中和"背景下潜在金融风险识别和管理

2020年9月,习近平总书记首次向世界宣布了我国2030年前力争碳达峰、2060年前力争碳中和的目标,为我国绿色金融发展提供了根本遵循与指向。2021年10月28日,在COP26大会召开前夕,中国《联合国气候变化框架公约》国家联络人向公约秘书处正式提交《中国落实国家自主贡献成效和新目标新举措》和《中国本世纪中叶长期温室气体低排放发展战略》。在文件中,我国的自主贡献目标为:"二氧化碳排放力争于2030年前达到峰值,努力争取2060年前实现碳中和。到2030年,中国单位国内生产总值二氧化碳排放将比2005年下降65%以上,非化石能源占一次能源消费比重将达到25%左右,森林蓄积量将比2005年增加60亿立方米,风电、太阳能发电总装机容量将达到12亿千瓦以上"。碳达峰、碳中和是党中央深思熟虑、主动作出的重大战略决策,它不仅仅是单一的技术、能源、气候环境问题,而是一场影响广泛而深刻的经济社会变革,势必将对未来几十年我国经济、能源、产业、科技、投资、金融等方面发展产生重大影响。因此,推进碳达峰、碳中和工作是一项系统性工程,涉及政府、企业、居民等多个主体以及能源、交通、产业等多个部门,若在推进过程中不能有效处理好"发展和减排、整体和局部、短期和中长期、政府和市场"的关系,可能会产生诸多对经济社会发展不利的风险与挑战,需要警惕,并采取有效措施积极应对。表9-1展示了我国于2021年最新发布的自主贡献目标举措与2015年制定的自主贡献目标的区别,可以看出我国对于减碳工作的高度重视和巨大贡献。

表9-1 中国自主贡献目标对比

目 标	《强化应对气候变化行动——中国国家自主贡献》(2015年)	《中国落实国家自主贡献成效和新目标新举措》(2021年)
总量目标	二氧化碳排放2030年左右达到峰值并争取尽早达峰	二氧化碳排放力争于2030年前达到峰值,努力争取2060年前实现碳中和
强度目标	到2030年,中国单位国内生产总值二氧化碳排放比2005年下降60%~65%	到2030年,中国单位国内生产总值二氧化碳排放比2005年下降65%以上
非化石能源发展	到2030年,非化石能源占一次能源比重达到20%左右	到2030年,非化石能源占一次能源比重达到25%左右,风电、太阳能发电总装机容量达到12亿千瓦以上
森林蓄积量	到2030年,森林蓄积量比2005年增加45亿立方米左右	到2030年,森林蓄积量比2005年增加60亿立方米

根据上述工作的变化,借鉴其他国家相关碳达峰经验,结合我国国情,我们试图归纳了一些潜在的风险点,具体包括六个方面。

(一) 经济增速下滑风险

国际经验表明,一国的碳排放量与其经济发展模式和发展阶段密切相关。对于尚处于工业化阶段的国家来说,工业化促进经济增长的同时,增加碳排放量。因此,减少碳排放肯定会对本国经济增长形成一定的制约。据相关气候变化经济学模型测算,如果采取激进的碳减排措施以实现碳达峰、碳中和,将会冲击到相关高碳产业和企业,造成投资、就业和贸易的损失,进而对GDP产生不利影响。

从国际上看,大多数国家碳达峰后经济增速有所回落。例如,德国1990年实现碳达峰,当年GDP同比增速为5.3%,为20年来最高水平。1991年开始震荡回落,此后10年的平均年增速约为1.9%,低于碳达峰前10年2.3%的平均水平。美国2007年碳达峰,之后经济增速趋于下降,2010—2019年10年年均GDP增速降至2.3%,低于1997—2006年10年年均3.36%的增速。巴西2014年碳达峰后,经济增速中枢低于碳达峰前。日本2012年碳达峰后经济增速窄幅震荡,人均GDP不升反降。正因如此,2001年美国以"减少温室气体排放将会影响美国经济发展,发展中国家也应承担减排和限排的义务"为由退出《京都议定书》,此后的4年美国经济迎来了高速发展。

从国内情况看,当前我国仍处工业化阶段,工业增加值占GDP比重约为39%,超出大部分国家碳达峰时占比(30%以下)10个百分点左右,尚未实现经济增长与碳排放脱钩,两者仍然是正相关的关系。在经济结构、技术条件没有明显改善;以产业结构调整、行业节能和非化石能源发展为主要减排手段的条件下,加大碳减排力度,会削弱产业竞争力,进而压缩经济增长空间。而且碳达峰时间越早,减排目标越严格,经济增速下行的程度越大。相关机构模型测算显示,碳达峰、碳中和目标的实施将使得"十四五""十五五"时期我国经济增速较基准情景分别下降0.2个百分点和0.1个百分点。

(二) 能源安全风险

能源是现代社会发展的基础,可靠、稳定的能源供应关系到国家安全、经济社会可持续发展以及人民福祉。从能源供给侧看,推进碳达峰、碳中和,建设以新能源为主体的新型电力系统是大势所趋,降低煤炭等化石能源占比,推动能源结构向低碳发展是发展的必然。但要认识到,未来一段时间,我国经济仍将持续增长,能源、电力消费量仍处在较快增长阶段。虽然近年来我国风电、光伏等新能源高速发展,但与煤炭等传统石化能源相比,新能源商业模式缺乏、上下游产能错配、核心关键原料依赖进口等问题依然突出,在技术层面仍存在较为明显的短板,短期内还难以解决,无法满足能源、电力行业的规模巨大且持续增长的供应需求,仍需要传统化石能源承担能源安全的兜底保障作用。在推进碳达峰和碳中和过程中,如果没有一个全局化的部署,不分能源种类,不分能源利用方式,不考虑能源利用效率,也不考虑企业与市场的适应性,不控制好节奏,"一刀切"地搞"去煤化""去油化",导致煤炭等传统化石能源投资跟不上、退出过快,新能源供应又填补不了空缺,届时可能会出现区域性的能源、电力供应不足的风险。此外,新能源发电具有很强的波动性、不稳定性、随机性,新能源大比例的发展和接入将对电力系统安全稳定运行造成巨大影响,电网波动的风险和脆弱性增加,一旦出现大面积、持续性长时间的阴天、雨天、静风天,发生大面积电力供给中断甚至系统崩溃风险的概率增大,给能源供应带来冲击。2016年9月28日,新能源发电占比高达48%的南澳大利亚州,受强台风和暴雨等极端天气影响,88秒之内遭受5次系统故障,引起6次电压跌落,导致9座风机场脱网,最终演变成持续50小时的全州大停电。因此,要在考虑安全保障的前提下,增加非化石能源。

(三) 金融稳定风险

由于节能减碳工作中,对于化石能源特别是煤基能源将会逐渐减少使用,用煤行业可能存在一定的投资风险,主要体现在以下两个方面。

第一,煤电等高碳企业资产搁浅风险。碳中和要求大部分行业在30~40年内大幅度降低碳排放,甚至实现净零排放,这一过程将会给煤炭等高碳产业和企业带来一定风险,因为未来这些产业将面临收入下降、成本上升、盈利下降,可能产生不良资产、搁浅资产。以在碳排放总量中占比超过40%的煤电为例,目前我国煤电机组平均在役年限仅12年,而发达国家普遍达到40年以上。我国要在2060年前实现碳中和,意味着将会有大量的未达到退役年限的煤电资产提前"搁浅"。据牛津大学2017年研究,在不同的情景假设下,我国煤电搁浅资产规模估算可能高达30 860亿~72 010亿元,相当于我国2015年GDP的4.1%~9.5%。更何况近年来我国煤电仍处于规模扩张阶段,2020年我国新增煤电机组超过3 800万千瓦,是世界其他地区新增煤电装机的3倍多,在建和宣布使用的机组总量约2.5亿千瓦。这些新投资建设的煤电厂若全部建成投产,至少需要40年才能退役,彼时已至碳中和达标时间,煤电资产"搁浅"风险增加。

第二,高碳企业融资隐藏金融风险。我国煤电行业重资产属性强,近年来亏损面高达50%,资产负债率较高。根据Wind数据,2019年我国上市火电企业的总负债为16 310亿元,资产负债率达到65.1%,处于较高水平,很多煤电企业需要在资本市场融资。随着新能源技术发展,可再生能源发电综合成本不断降低,煤电等高碳企业需求减少,收入和利润下降,再加上在更加严格的排放约束下,金融机构逐步转向绿色金融,高碳企业融资成本上升,导致企业无法应对减碳带来的资金压力,也缺乏充裕的资金实力来加快企业转型升级,进而面临财务状况恶化、违约率提高的风险。清华绿色金融团队测算结果显示,典型煤电企业的贷款违约率可能会从现在的3%上升到2030年的22%左右。若如此,将对我国金融体系资产质量和安全稳定构成一定威胁。

(四) 价格上涨风险

在现有技术条件下,清洁低碳能源的利用以及碳减排技术的应用以及势必会导致整个能源使用成本的上升,进而增加企业生产成本,推动商品价格上涨,可能导致成本推动型通货膨胀。

首先,新能源占比提升将导致以电力为核心的能源价格上涨。全球已有超过30个国家的风电和光伏成本低于化石燃料发电。但从系统整体来看,新能源并没有实现真正意义上的平价,配套电网建设、调度运行优化、备用服务、容量补偿等辅助性的投资不断增加,整个电力系统成本随之增加,最终将由终端用户买单。2019年德国新能源装机占比接近40%,10年提高了24个百分点,但电价上涨了30%。电力开支甚至达到了普通家庭年收入的1/10。澳大利亚电力价格指数近10年来飙升117%,远高于同期CPI(居民消费价格指数)。未来我国随着新能源装机比例的提高,电力系统性成本将会增加,终端电价上涨压力增大。据中国人民大学估算,假设2030年我国风电、光伏发电渗透率达到20%~30%,可能导致全社会度电成本增加0.031~0.059元。使用2018年投入产出表的估算,

CPI和PPI(工业生产者出厂价格指数)分别增加0.21%～0.42%和0.48%～0.94%。

其次,碳减排工具的应用增加企业生产成本。降低碳排放,实现碳中和,除增加碳汇外,还必须依靠发展和利用碳捕集、利用与封存技术(CCUS)工具以及碳交易、碳税等市场化减排工具。而这些碳减排技术和市场化工具的利用都会增加企业生产成本。对于技术工具,目前关于碳捕捉、运输、储存技术还不成熟,我国CCUS试验示范还处于起步阶段,缺乏大规模、全流程示范经验,在现有技术条件下,企业部署CCUS将使一次能耗增加10%～20%,成本较高。另据中金公司测算,如当前利用实现CCUS实现零排放,钢铁、水泥、电解铝行业成本分别将增加22%、156%、34%。对于市场化工具,无论是碳交易和碳税,企业都得为获得碳排放指标而额外花钱或缴税,企业生产成本都将增加,尤其对石化、金属矿山、重金属冶炼加工企业影响最为深重。如果开征400元每吨CO_2排放的碳税或控排企业以400元每吨价格购买碳排放配额,由于生产1吨钢铁和水泥对应的碳排放为2吨、0.9吨,相关企业需另外增加800元和360元的碳排放成本。

再次,行政限产导致部分商品价格上涨。为了达到碳达峰、碳中和目标,碳排放贡献较多的几大行业(电力、黑金冶炼、非金属制品、化工、交运等)和用电量较多的高耗能制造业(电解铝、水泥等)在生产方面可能会面临行政限产压力,供给将被压缩。需求基本稳定而供给受到外生冲击,由此产生的供需缺口将带动相应工业品价格快速上涨,并拉动PPI上行。

(五) 碳壁垒风险

随着全球绿色低碳转型的推进,越来越多的国家宣布碳中和目标,未来的碳排放不仅是一个环境议题,更是一个全球新的政治认同和国家巨大政治经济利益的博弈手段。为满足本国环保团体要求并保护本国产业,部分发达国家将碳减排与贸易相关联的做法逐渐浮出水面,动用碳壁垒的可能性增大。2021年3月10日欧洲议会投票通过"碳边界调整机制"(CBAM)决议。根据该决议,向欧盟出口的国家如果不遵守温室气体排放相关规定,欧盟将对这些国家的商品征收边境调节税,或要求购买排放配额,也就是欧盟版的碳关税。欧盟碳关税于2021年在部分行业试点,2023年初正式实施。决议若能最终实施,将引领碳壁垒的先河,或引发更多国家效仿。目前美国内的碳关税立场也逐步转向积极,民主、共和两党在此问题上有合流之势。2021年3月底美国贸易代表办公室称,将考虑征收碳关税。一旦正式启动"碳边境调节税",意味着所有不符合欧美排放标准的产品在进入欧美市场时都要额外交税。

我国是全球贸易大国,也是温室气体排放大国,还是碳排放净出口国,出口贸易中有相当比例的产业属于高排放行业。2018年中国出口商品隐含的CO_2排放量达15.3亿吨;进口商品隐含CO_2排放量只有5.42亿吨。其中,中国对欧盟出口商品隐含碳排放量达2.7亿吨,从欧盟进口商品隐含碳排放量只有0.31亿吨。据中金公司研究,以2019年为基准年,欧盟实施CBAM后,中国产品在欧洲市场的竞争能力将下降,对欧盟出口额将下降6.9%,为275亿美元,导致中国GDP将下降0.01%,其中受冲击最大的行业依次是机械设备业、金属制品业、非金属矿物制品业。另据高盛集团预计,若按照100美元1吨的价格征收碳关税,中国对欧盟总出口每年被征收的碳税将高达350亿美元,约占中国对欧盟总出口额的7.5%。

(六) 空间地区风险

我国地域广阔、地区发展资源基础差距较大,不同地区资源禀赋、产业优势和经济发展水平的差异性,造成不同区域在较长一段时间,仍存在着发展惯性和投资路径依赖,其绿色低碳发展的成本也有着显著差异。推进碳达峰、碳中和将对不同地区、不同行业、不同阶层人群带来不同程度的冲击,或将带来和加剧地区、行业、阶层发展不平衡、不公平的问题。首先,在碳达峰碳中和目标下,各地争先出台达峰时间表,对于发展基础较好、产业负担较轻的地区来说,碳达峰的实现成为地区加速升级、产业要素集聚的重要机遇。但对于山西、内蒙古、河北等传统能源富集的地区,经济发展和财政能力相对落后,但碳减排任务却更为严峻。如不能有效地采用低碳、零碳技术进行改造,碳达峰、碳中和将导致这些传统能源地区碳排放密集型行业(如煤炭、煤电、钢铁、水泥、石化、铝业等)的产品竞争力下降,被市场淘汰的概率增大,转型阵痛将比发达地区更为明显,地区发展空间压缩,区域发展不均衡问题进一步扩大。其次,研究表明,我国高收入地区的产出能源强度远远低于低收入地区,在推进碳达峰、碳中和过程中可能会让低收入地区承担更多的减排任务,或将带来"穷人补贴富人"的不平等问题。最后,尽管推进碳达峰、碳中和会新增大量绿色投资需求,创造大量新的就业机会。据有关机构预测,从现在到2050年,我国可再生能源行业的就业人数将新增1 000万人,也就是每年将新增33万就业岗位。但这些新的就业岗位很多需要专业的技能水平,原来在煤炭等传统行业就业的人由于就业技能和能力水平的错配,如果没有接受良好的技能培训的话,大多数人很难在"碳达峰、碳中和"新时代里找到新工作,这些群体将面临下岗失业的风险。

[本章小结]

本章主要介绍了碳金融产生的背景和主要内容,对碳交易市场的运行机制进行了阐述,介绍了碳市场参与的各方定位和主要工作内容。重点阐释了如何识别碳金融风险,分析了不同碳金融产品的风险来源和影响程度,结合金融风险识别规律,对碳金融风险的识别内容初步进行了概述。针对碳金融目前存在的风险问题,本章提出了风险防范的考虑原则和具体措施。最后,针对碳达峰、碳中和目标,分析了经济、社会、贸易等多方面可能存在的风险,以及这些风险对金融系统的影响。

[习题与思考]

1. 尝试用框线图画出碳金融市场的运行机制。
2. 结合当前碳减排发展现状,分析碳金融市场的主要风险来源有哪些?
3. 碳达峰、碳中和目标下的碳金融风险来源有哪些?会对经济社会系统造成什么影响?
4. 以CDM项目开发为例,分析可能存在的金融风险有哪些。

[参考文献]

蓝虹.论碳基金的发展和风险控制[J].中南财经政法大学学报,2012(3):42-47.

刘满平.推进碳达峰、碳中和需应对六大经济风险与挑战[R/OL].https://baijiahao.baidu.com/s?id=1702439049897615910&wfr=spider&for=pc,2021.

刘明明.论中国碳金融监管体制的构建[J].中国政法大学学报,2021(5):42-51.

刘志成.我国发展碳金融面临的风险和对策[J].武汉金融,2012(6):31-33.

绿金委碳金融工作组.中国碳金融市场研究[R].2016.

王心悦.我国碳金融市场发展问题与对策[J].中国林业经济,2021(1):71-75.

谢伟杰.中国商业银行发展碳金融的风险及防范措施[J].河北工程大学学报(社会科学版),2013(4):28-30.

杨再平,让碳金融落地[R/OL].中国银行业协会,https://www.china-cba.net/Index/show/catid/275/id/24432.html,2011.

United Nations Framework Convention on Climate Change[R/OL].https://cdm.unfccc.int/Projects/projsearch.html,2014.

第十章　银行业和保险业绿色金融风险管理实践

[学习要求]

- 掌握商业银行的绿色金融风险管理框架和流程
- 了解国内外商业银行绿色金融风险管理的相关实践案例
- 熟悉保险业进行绿色金融风险管理的常见方式
- 掌握我国保险业进行绿色金融风险管理的常用工具

[本章导读]

我国是以银行业为主导的金融体系,近年来在国家大力发展绿色金融的背景下,银行业的绿色金融工作发展较快,截至2021年末,国内21家主要银行绿色信贷余额超过15.9万亿元,绿色信贷资产质量整体良好,不良率远低于同期各项贷款整体不良水平。但随着银行业和保险业在绿色金融领域活动的不断深入,如何构建有效全面的风险管理系统,提高防范化解风险的能力,对绿色金融健康发展意义重大。为此,2022年6月,中国银保监会发布了《银行业保险业绿色金融指引》,明确指出银行业保险业机构要"加大对绿色、低碳、循环经济的支持,防范环境、社会和治理风险,提升自身的环境、社会和治理表现",确立了银保机构分别从金融支持、风险防范、自身管理三方面落实绿色金融战略的重要路线。通过本章学习,我们将了解银行业(主要是商业银行)和保险业关于绿色金融风险管理的一般框架和流程,比较国内外风险管理实践,总结风险识别和传递流程和应对方法,并掌握国际金融机构在环境风险管理上的实践及赤道原则的基本内容。

第一节　商业银行环境风险管理系统框架及程序

银行业参与绿色金融主要是以绿色信贷的形式开展工作。在政策规定方面,早在2007年7月,原环保总局、中国人民银行、原银监会联合发布了《关于落实环保政策法规防范信贷风险的意见》,标志着绿色信贷这一经济手段全面进入我国污染减排的主战场,在银行业的绿色金融活动,旨在通过金融信贷领域建立环境准入门槛,对限制和淘汰类新建项目,不得提供信贷支持;对于淘汰类项目,应停止各类形式的新增授信支持,并采取措施收回已发放的贷款,从源头上切断高耗能、高污染行业无序发展和盲目扩张的经济命脉,有效地切断严重违法者的资金链条,遏制其投资冲动,解决环境问题,也通过信贷发放进行产业结构调整。与一些行政手段相比,绿色信贷这样的市场经济手段往往非常有效,逼迫企业必须为环境违法行为承担经济损失。该项政策发布后,得到了大部分地区金融系统和环保部门的回应,五家大型国有商业银行(中国工商银行、中国农业银行、中国建设银行、中国银行和交通银行)逐渐开始发放支持节能减排重点项目贷款。中国工商银行于2007年率先在国内同业制定绿色信贷政策,全面推进绿色信贷建设,不仅制定出了系统的绿色信贷政策,还确定了严格的环保准入标准,实行环保一票否决制。2013年出台的《绿色信贷指引》将绿色信贷项目进一步细分为节能环保及服务贷款和战略新兴产业这两大类。商业银行在社会责任报告中披露的绿色信贷余额是节能环保和战略新兴这两类项目的投资总和。根据中国银行保险监督管理委员会披露的数据,中国的绿色信贷余额整体呈稳步增长模式。可见,我国相关部门对于绿色信贷的重视程度,并且在政府环境经济政策的鼓励下,商业银行也在积极发展绿色信贷业务。一旦绿色信贷发放且项目公司融资后,资金流动相应就有了财务报表和环境风险管理,在此过程中如何提前识别风险隐患,如何构建风险管理框架,都成为值得深入研究的现实问题。

一、绿色信贷目前存在的风险点

我国绿色信贷项目主要集中在绿色经济、低碳经济、循环经济三大领域。根据中国银行保险监督管理委员会(以下简称"银保监会")颁布的《绿色信贷指引》及《绿色信贷统计制度》,我国绿色信贷项目包括两部分:一是支持节能环保、新能源、新能源汽车三大战略性新兴产业生产制造端的贷款;二是支持节能环保项目和服务(共包含绿色农业开发、工业节能节水环保、自然保护、资源循环利用、绿色交通运输等12类)的贷款。虽然绿色信贷政策是在绿色金融战略背景下提出,具有较强的政策导向性,但在这项政策落地的过程中,仍然存在着政策操作难度大、监督力度不够、信息壁垒等一系列问题。商业银行为追求短期的经济效益,对环保项目投入力度不足,各项内外部的激励措施不够。绿色信贷助推环境治理的效果还有待进一步加强。特别是根据近年的案例,银行普遍反映绿色信贷的风险主要来自"两高"行业,如钢铁、水泥等,其贷款需求越大,未来若不加强其环境风险管理,一旦发生给予贷款的企业发生污染事件时,不但影响银行的社会形象,也将损及其债权的收回。具体的风险点介绍如下。

(一)绿色信贷产品单一

目前我国绿色信贷产品多为抵押贷款产品,这些产品均来源于传统金融产品中的衍生产品,因而缺乏多样化。此外,为了实现盈利的目的,商业银行主要为规模大的企业申请的项目提供更多的绿色优惠,缺少助力散户的绿色信贷产品。国外的商业银行采纳赤道原则居多,其绿色信贷产品和服务相对成熟。比如,美洲银行不断开拓服务领域,为绿色客户提供技术支持和技术培训,注重绿色服务理念。同时,将绿色信贷业务与碳排放交易相结合,创新绿色信贷产品种类,增强绿色产品的黏性。反观我国商业银行的绿色信贷产品,在一定程度上缺乏创新,为新能源、节能减排产业提供的绿色信贷服务较多,对碳汇交易、衍生金融工具的交易、碳理财产品的开发还有待进一步加强。

（二）绿色信贷政策可操作性差

近几年来，中国人民银行、原国家环保总局和银保监会相继出台了一系列有关绿色信贷的政策，已基本形成了较为完善的政策体系。绿色发展战略也体现出绿色信贷的重要性，指导我国绿色信贷实现稳健发展。但也要看到，这些政策以自愿性为主，让一些缺乏自主实施绿色信贷意识的银行钻了空子。而且政策文件大多是原则性、指导性的内容，缺少一些绿色信贷的相关标准，针对性不强。

由于国内还没有形成统一的绿色信贷执行标准和评价体系，导致不同银行实施绿色信贷的情况也不尽相同，这增加了监测绿色信贷效果的难度，造成绿色信贷可操作性差。另外，大部分商业银行在绿色信贷方面的金融人才比较紧缺，忽略对专业人才的大力培养，即使进行短时间的培训，也很难满足绿色信贷的专业要求。实施过程中，发生环境风险问题时，从业人员能力不足，无法评估判断出风险点所在，直接影响绿色信贷的推进。

（三）缺乏激励约束机制

从企业的角度分析，目前环境污染型企业承担违规经营的成本较小，多为缴纳罚款的方式，惩罚力度不够。因此，污染型企业宁愿继续生产高耗能产品维持高利润，将利润的一部分用来缴纳罚款。此外，一些中小型企业享受不到国家对环保企业的鼓励性政策，致使生产成本偏高，导致绿色经营的意愿不强。从商业银行的角度分析，商业银行的经营目标是实现利润最大化，而大多数绿色项目收益周期较长，在短期内不能获利。商业银行作为营利性机构，当国家在绿色信贷项目上提供的财政拨款和税收补贴减免力度较小时，会导致银行发展绿色信贷的动力不足，对环保项目的投资力度不够。因此，继续投资高利润的污染型企业，致使绿色信贷发展缓慢。从地方政府的角度分析，加强经济建设是地区发展规划的重中之重，财政收入是地方政府的主要经济来源。"两高一剩"企业可能会创造更多的利益价值，对当地的GDP具有较强的拉动作用，成为地方税收的主要贡献者。出于地方经济保护主义，地方政府往往放松对这些污染企业的监管。甚至为了增加财政收入，降低环保审核标准，助长污染型企业违规经营之风。

（四）存在环保信息壁垒

当银行审核批准绿色信贷申请时，若想做出正确的信贷决策，需要收集并分析大量的信息数据以保证信贷资金的正确投入，并且详细分析企业的环境保护状况，准确预测企业不遵守环保要求可能产生的潜在风险和损失。然而准确监测企业的生产经营情况难度较大，使得一些企业环境保护社会责任意识淡薄，为了正常生产运营甚至修改需要披露的环境指标，使得相关部门无法获得准确的信息。同时，披露环境信息必会增加企业的成本，致使企业主动公布自身相关环境信息的动力不足。银行无法获得企业经营的准确信息，绿色信贷业务贷前评估难度加大，增加了银行信贷风险。在实践过程中，银行常常要求项目管理方在贷后每年都提交环境审计报告，以了解有无真正按照贷款协议管理环境风险，有无真正按照减缓计划购买和使用相关环保治理设备。

（五）绿色定义相对模糊

对绿色信贷项目识别不清晰，利用此漏洞鱼目混珠，将"非绿色"项目或"不完全绿色"项目包装成"绿色"项目。绿色企业为了尽快获取高额利润，将高能耗、高污染项目伪装成低能耗、低污染项目,金融机构和政府部门难辨真假,不仅违背了绿色金融发展的初衷,更增加了环境污染风险。金融机构为了承接更多业务,通过绿色贷款获取更多利益,可能会放松对绿色信贷项目的审核和排查,让很多达不到绿色标准的项目浑水摸鱼。从短期看,金融机构和绿色企业双方均能获取可观的利益。从长期看,绿色企业的投机行为带来的污染不可估计,政府部门定会严惩。而金融机构作为知情者,却隐瞒此行为,对自身发展带来的风险远远超过初期获得的小利。

(六)绿色信贷项目周期不固定

可能会受到产业政策、财政政策或金融政策等政策变动的影响,法律合同的变动会影响信贷项目资本的收回。法律变化也会影响金融机构的经营策略,从而对之前签订的合同产生影响。

从上述的风险描述中,我们可以发现。绿色信贷风险点核心就在于信息的共享和透明,缺乏统一标准是我国银行系统实施绿色信贷的一个难题。从宏观上来看,尽管出台了绿色信贷政策,但是绿色信贷政策的具体执行标准没有建立起来。未来对于绿色信贷的风险控制,明确标准是降低风险的重要方式。

二、绿色金融风险管理流程

为了防范环境风险,贷款银行主要在其业务流程中建立环境风险管理体系,流程一般为"项目的环境影响评估—环境审计—环境风险评估审核和信贷审核—环境条款协议—环境风险管理成本纳入贷款利率—贷后环境风险管理"。由于银行对项目融资和传统融资方式在信贷审核过程中关注的重点不同,造成环境风险管理的侧重点也不同。项目融资是以项目未来的预期收益为贷款审核基础的,一般以专门组建的项目公司为借贷方,没有可供银行参考的历史业绩,在此情况下,贷前的环境审计是不可能进行的。因此,在环境风险评估中,主要依靠项目的环境影响评估。在此过程中,第一,需要贷款申请方在向借贷方提交贷款申请时,同时提交项目所在国所批准的环境影响评价审核通过证书;第二,贷款申请方需要对项目按照赤道原则进行环评,并提出环境问题解决方案;第三,贷款银行接受借贷方的贷款申请后,应对拟贷款项目派送环境风险管理专家对项目进行现场审核;第四,贷款银行需要将环境影响评估审核意见提交董事会进行关注辩论;第五,贷款实施后若发现新的环境问题,还需要进行新的环境影响评估。

(一)环境影响预评估

环境风险评估是银行机构风险管理的重要内容,首先应该按照项目潜在的环境影响大小进行分类,然后再决定其评估标准。贷款银行在进行环境风险评估时,应首先要求申请贷款方提交国家环保部门对项目的环境影响评估,作为重要的行政许可。若一个项目未通过国家环保部门的环境影响评估审核,贷款银行应对该项目贷款申请直接否决。比如世界银行贷款的环境影响评估,要求该项目首先已完成了项目所在东道国的环境管理部门对环境影响评价报告的批复,否则就不受理项目的贷款申请。即使贷款项目的环评报告通过,世界银行还要按照自己的环评要求进行复核。亚洲开发银行、欧洲复兴开发银行都有类似的规定。其中欧洲复兴开发银行对于小水电项目信贷审核中,环评不仅需要项目获得必要的行政许可,还对河流流量、水质、鱼道保护、流域保护、濒危物种保护、休闲娱乐、文化遗产、社区等方面提出了要求。

国内外对于环境影响评估的分类标准和评价重点各不相同。我国的环境影响评估，主要根据《建设项目环境保护分类管理名录》将项目分为三大类：A 类项目主要指对环境具有重大影响；B 类项目主要指对环境有中等影响；C 类项目主要指对环境影响较小。通过项目分类决定了环境影响评估的详细程度，也对应决定了环境风险预测的准确性。

而亚洲开发银行、世界银行、花旗银行等，是采取初步环境评估的方式来进行项目环境影响分类的。亚洲开发银行对灌溉、水力发电等 17 个敏感行业都设计了快速环境影响评价清单，通过该清单的分析能够首先回答项目所在地的环境资源敏感性和易损性，然后分析项目造成的重大不利环境影响的可能性。在快速进行环境影响评价基础上，由亚洲开发银行地区业务局的行业处完成环境分类表格，并呈交环境与社会发展处处长、地区和可持续发展局首席监督官批准。

上述两类环境影响预评估方法对环境风险的预测并不相同，国内的管理名录可以直接定位每个项目的特点和分类方法，但缺点在于过于机械、固定，过多强调了规模在环境影响程度中的作用，没有注意每个项目的独特性；而亚洲开发银行、世界银行等推行的初步环境评估进行项目分类的方法，更加注重依据具体项目所处的不同环境和项目的独特属性来确定项目的环境分类，操作灵活，适应性更广，缺点是分类程序相对复杂，且更依赖于银行环境风险管理人员的自身经验和主观判断。金融行业的环境风险，更加强调风险规避的经济有效性，所以银行的环境影响评估看重的是所评估项目的独特属性所产生的环境影响。

金融机构的环境影响评估人员和上述从事项目环境影响评估的人员思路侧重点不同，一般从事项目环境影响评估的业务注重的是该项目是否会给周围环境带来不利影响，而金融机构则是围绕资产是否会因环境因素贬值等评估环境不利影响程度。因此，金融机构的环境影响评估灵活性更强，更依赖于银行环境风险管理专家的个人经验和主观判断。

（二）对项目和公司的环境审计

环境审计是金融机构量化环境风险影响的一种重要的管理手段，通过对企业环境管理的相关组织、设备等进行系统的、客观的估价，帮助企业环境操作合规合法。国际会计师联合会对环境审计的内容概括为四项内容：第一，对场所污染的评价；第二，对拟投资项目环境影响的评价；第三，公司环境绩效报告审计；第四，对公司环境法律法规遵守情况的审计。其中，公司环境绩效报告审计与外部财务报表审计的性质是一致的。

银行对拟贷款项目和公司进行环境审计，主要目的也是为了管理环境风险，因此，银行环境审计主要集中在环境合规性审计和将环境合规成本纳入财务收支的审计。对那些存在高环境风险的行业或公司，银行要求它们提交年度环境评估表、进度报告，还要提交时间表来确定改进公司流程和废物处理的方法来达到环境合规、有毒废物减量化的目标。

环境审计的意见作为独立第三方提供的一种客观、公正的鉴定和识别，在一定程度上也减缓了银行与借款方的信息不对称程度，逐渐成为银行风险管理的重要管理工具。为了有效管理信贷风险，我国银行逐步引进了借款方信用评价体系和贷款风险分类制度，审计意见被列为企业信用评级的一个重要评分项目。不少文献也把审计意见作为银行内部评级很重要的评级指标考量。

环境风险引发的对拟贷款企业财务状况的影响,主要包括静态的财务状况(资产、负债等)影响和对动态的财务状况(现金流)的影响,将涉及资产负债表和现金流量表上的许多项目。表 10-1 对财务项目影响进行了归纳。

表 10-1　环境风险对财务项目的影响

财务项目	影　响　内　容
货币资金项目	如在企业资产影响方面,拟贷款企业环境负债的支付、环境收益的取得都需要货币资金项目,环境管理设备、环境事故处理等支出都会影响企业的现金流量以及偿债能力
应收账款、应收票据等债权项目	如果拟贷款企业生产的产品对环境造成危害或对消费者造成不利影响,则会受到法律法规限制或消费者抵制,企业就可能会对产品进行降价处理甚至赊销;或者拟贷款企业与存在环境问题的企业存在债权债务关系,如果债务方企业因环境问题而被环保部门强令关停并转或大规模技术改造,那么拟贷款企业的债权方也将受到影响
存货	国家法律法规的调整或加大环保督察,有可能导致某些存货项目的减值或报废,若存在减值,则企业必须就这些存货计提"存货跌价准备",如果是报废,则应计入当期的"营业外支出"项目并减少存货价值。尤其是一些有毒有害物品,大多具有专用性而变现能力受到限制
固定资产	随着环境法律法规的完善,一些可能产生污染或者能耗太高的设备使用可能受到限制,或必须进行某种技术改造后才能继续使用;在旧设备被限制甚至禁止使用情况下,企业就需要购买新的降低污染和能耗的设备;企业需要按照新标准购买新的环保设备,也会导致固定资产价值的变动。可以说,环保法的逐渐严格,使得产生污染的机器设备的真实价值肯定低于其账面价值
无形资产	长期受污染侵蚀的土地、房屋建筑物的场地使用权、存在污染问题的专利权、专有技术、商标使用权和商誉,都可能因环境问题而使其使用价值降低甚至报废,进而减损价值
企业负债	环境法律法规的执行必然会增加企业的支出,从而增加企业的负债,如果企业污染对当地环境和民生造成了严重负面的影响,环保部门执法要求污染企业进行整顿改造,企业就需要在较短时间内发生较大金额的环境费用支出,其偿还贷款的能力就会受到影响。同时,若企业污染对职工造成了身体伤害,还可能导致企业用于支付职工的医疗保健的费用增加从而形成大额费用支出,增加企业负债

关于环境事项影响财务信息的审计,可以追溯至 1998 年 4 月国际会计师联合会(IFAC)发布的《财务报表审计中对环境事项的考虑》是国际社会首份指导审计人员操作的权威文件。审计人员在识别和表达环境事项对财务信息的实质性影响主要关注四方面内容:(1)根据合同和环境法律法规要求,为阻止、减少和纠正对环境的破坏;(2)背离环境法规的后果;(3)被审计单位采取的其他行为导致环境破坏的后果;(4)法定的代偿责任。以上审计内容也要求审计工作人员对相关环境法律法规有较好的了解。

2006 年 2 月,我国财政部也颁布了《中国注册会计师审计准则第 1631 号——财务报表审计对环境事项的考虑》,该项准则要求注册会计师在审计时要关注:(1)所处行业存在的重大环境问题,包括已有的和潜在的风险;所处行业通常面临的环境保护问题;(2)适用于被审计单位的环境法律法规;(3)被审计单位的产品或生产过程中所使用的原材料、技术、工艺及设备等是否属于法律强制要求淘汰或行业自愿淘汰名单等。

(三)将环境风险纳入信贷审核

信贷审核是银行管理信贷风险重要的管理环节。一般采用内部评级制度。这是巴塞尔新资本协议所倡导的方法。所谓内部评级,是由银行专门的风险评估部门和人员,运用一定的评级方法,对借款人按时、足额履行相关合同的能力和意愿进行综合评估,并用简单的评级符号表示相应的信用风险大小。一个有效的内部评级系统需要对风险评级标志风险符号,银行内部风险等级通常分为十级,其中 AAA 级为最佳级,CCC 为危险级,D 为严重损失级。如果贷款后发现借款企业信用状况发生变化,银行可以变动借款企业的信用等级。评级方法一般包括模型评级法、专家定性评级法、定量和定性结合的评级方法。

银行通过信贷审核人员将通过环境影响评价和环境审计获得的环境信息纳入银行的信贷审核中。银行在信贷审核中需要配备能够理解和分析这些环境信息并能纳入银行信贷审核的人员。他们需要具备环境问题、环境政策等方面的知识,要能够正确分析通过环境评价、环境审计收集的信息和意见。例如,在抵押资产分析中,要关注环评和环境审计所提供的对抵押品环境质量的相关信息;在控制分析中,要关注环境政策法规变动对借款人信用评估的影响;在环境分析中,要关注借款人是否触犯环境法律法规等。在国际项目投资上更要明确生态环境形势对借款人所在行业的影响,如新能源行业就受到国际国内气候变化政策的影响。

银行在培训信贷审核人员时,要将环境风险评估、环境审计、环境法规分析等内容纳入信贷审核人员的培训计划。银行应该按照国际金融公司模式,在银行内部设立环境部,为银行内部的各种环境业务提供专业知识。国际金融公司(IFC)推荐的典型识别环境与社会风险的流程为:由客户关系负责人员,根据融资项目的环境合规性、工作场所的安全性、土地污染和自然灾害等要素,进行客户的初步筛选——由负责信贷审批的人员对评估进行审核,是否需要进行更加严格的环境影响评估——分析量化环境和社会风险。

行业分析在银行环境风险信贷审核中十分重要,根据借款者来自不同行业,以专家视角和法律审核具有行业特点的各种信贷申请项目和公司的环境风险,归纳同一行业比较集中典型的环境问题,找到分析环境风险的共性特征。特别是表现在财务分析中的环境风险还经常与该行业的产业结构、行业发展前景、市场结构等有重要相关性。因此,通过不同行业的环境风险比较,可以在一定程度上更好地了解这些环境风险对不同行业借款人的信用风险水平影响。

贷款协议是指借款人与银行签订的约定双方权利和义务关系的合同。协议的目的是在借款人偿债能力出问题时保护银行的利益,因此,签订贷款协议是银行风险防范的重要手段。对于已经通过国家环境影响评价审核的项目,银行的环境风险管理相对简单,排除了重大环境风险,但仍然存在潜在环境风险,此时工作重点放在设计规避环境风险的条款和条件上来。协议主要内容包括以下五点。

第一,对于存在潜在环境风险的借款方,贷款协议要包括借款方将遵守所有国家、地方的环境法律法规;对现在或将来可能发生的污染,需要立即实施补救措施。第二,若借款方收到任何来自国家或地方环境执法机构的通告,包括环境违法行为或执法程序,借款方有义务将信息通知贷款银行,使贷款银行的环境风险管理人员或部门可以获得充分信息。第三,贷款协议要明确进行环境影响评估和环境风险评估的费用,以及环境审计的费用,都应该由借款方承担。另外,借款方每年要提供年度环境报告、治理进度报告、保险情况报告等。第四,保障条款,以保障银行避免承受由于借款方的环境问题而导致的连带责任,如危险废弃物的处理和清洁;由于储藏、倾倒有毒化学物质所可能导致的损害赔偿责任以及修复费用和修复责任。第五,披露条款,借款人应保证所有已知的环境问题信息已披露,并无待解决环境法律责任。

由于抵押资产的价值稳定性关系到贷款的安全。从银行角度而言,抵押品通常是房屋、土地使用权、机器设备等。这些抵押品受环境要素影响导致价值变动可能性极高。例如厂房土地若受到有毒化学品污染,其价值必然大大贬值。因此,在贷款协议中需要规定一部分贷款专门应对环境法律法规的服务和环境风险的防范,这部分贷款资金可作为个人担保资金,从而刺激企业和项目负责人加强环境管理和环境风险的防范。

(四) 环境风险压力测试

在银行的环境风险管理中,确定一个合理的贷款利率是形成贷款业务的关键。一旦环境风险管理成本也纳入考虑之中,贷款利率就是一个十分复杂的计算和决定。因此,在确定贷款利率前,需要进行环境风险压力测试。

压力测试是在特定甚至是在极端情景下,考察金融机构的资产、负债和其他财务指标(如利润、资本金等)表现的方法。由于情景设定的灵活性,压力测试可以不受现实情况的约束,考察极端风险情形对金融机构带来的损失,而压力测试模型的多样性,也为研究同一风险的不同传导渠道提供了便利。由于其具有前瞻性和量化能力方面的优势,金融危机后全球金融业普遍加强了对压力测试工具的运用。

环境压力测试是借鉴压力测试思路,对金融机构可能面临的环境风险进行量化的一类方式,具有以下三项特征。

(1) 环境压力测试可以用来分析大概率环境因素变化对金融机构的影响。例如巴黎协定的落实要求各国都要加大对能源转型推动的力度,石化能源的需求将因此下降,可再生能源的需求也会加速上升。这种具有较大确定性的趋势,但多数金融机构尚未对该趋势造成的金融资产导致的影响开展定量分析。环境压力测试就是要帮助金融机构充分了解此类影响,并在此基础上采取应对措施,调整自身资产组合,规避风险和争取把握绿色产业的发展机遇。

(2) 环境压力测试可以对较小概率或非常不确定的环境事件所导致的结果进行分析,包括水灾、旱灾、飓风、海平面大幅上升、碳价和水价大幅上升等。目前,欧洲和美国公共管理部门在政策设计方面已采用风险预防原则,衡量环境因素或事件可能为银行和其他金融机构带来的风险影响和程度,并让这些机构作最坏打算并采取措施。

(3) 环境压力测试能量化特定情景下的风险敞口和导致的损失。如果仅采用定性分析,往往会高估或低估风险,造成应对的措施不够精准。而环境压力测试是在给定可量化的环境因素冲击(如环保标准提高、气候变化、环保事件、碳价格变化等因素)情况下,通过计量模型来估算金融机构面临的风险敞口的变化和违约率、损失率的变化。在某些情况下,模型还能考虑到风险的传播性和经济金融系统变化的非线性特征。

以对银行持有资产所开展的环境压力测试为例,环境压力测试的基本流程包括如下步骤:选择承压对象并确定承压指标—选择压力因素以及压力指标—情景设定—确定环境压力测试的传导路径—分析压力测试结果。

(1) 选择承压对象及承压指标。承压对象是指进行压力测试所需关注的被测试主体,而承压指标则是指承压对象在某一方面的表现。我国当前的商业银行主营业务主营以存款和贷款类客户为主,因此压力测试的主要对象也应该以存款类和贷款类客户对信贷指标的影响为研究对象。按照测试对象的递进关系,将银行信用风险的承压对象分为债务人或交易对手、组合类、宏观类三个层次,分别对应个体、产品、银行整体层面。

组合类压力测试的常用承压指标可分为技术型指标和管理型指标两大类。其中技术类指标表征一些能表示风险损失量本身的指标,包括违约率、损失率、预期损失、非预期损失、风险敞口等,这些指标与商业银行在内的金融机构的日常运营息息相关;管理型指标则包括了资本充足率、不良贷款率、经济资本、利润率等,这些通常都是监管机构和政府所关心的重点。

(2) 压力因素及压力指标。主要存在三方面因素,如政策标准和执法力度的变化,环境政策收紧会对企业成本有一定的影响;环境风险的价格因素,价格变动导致资产负债表和损益表的变动一直也是压力测试关注的重点,包括碳交易价格、排污权交易价格和环境税率等;自然灾害的影响,温室气体效应加剧,环境和气候灾害频率上升,上升速度还是非线性的,需要预测小概率事件的自然灾害发生频率以及覆盖范围的逐步扩大影响。

(3) 情景设定。在选择压力测试对象和压力因素后,对压力因素变动范围的设定通常被称为情景设定,依据设定不同,分为历史情景、假设情景和混合情景三类。历史情景指按历史真实发生的情况设定的压力范围;假设情景则是风险管理者主观选取的情景,可模拟历史上从未发生的事情;混合情景则是将历史情景和假设情景结合分析。

(4) 确定环境压力测试的传导路径。构建压力传导模型是压力测试的核心。对不同风险的压力测试,如市场风险、信用风险、流动性风险、操作性风险,压力传导模型是不同的。在数据缺乏、计量技术不普遍情况下,可采用多财务模型法,对于一些微观层面的信用风险,压力传导关系比较清晰,较容易用财务模型进行传导关系的刻画;但对信用风险的宏观压力测试,对微观个体层面影响路径很复杂,很难刻画传导过程,计量模型就更适合用来描述这种传导机制。

(5) 分析压力测试结果及政策建议。通过对压力测试传导路径的分析,对结果进行比较,从而得出政策建议,若承压指标变化与预期偏差较大,还需要对压力情景与传导机制进行对应调整。中国工商银行是最早展开环境风险压力测试的金融机构。首先选择高污染、高能耗行业进行压力测试,然后设置环境风险压力情景,需要结合实际情况和压力测试目标。目前,工商银行已经相继对火电、水泥、钢铁、电解铝等高污染、高能耗行业环境政策收紧,对其信贷质量影响进行了分析,具体操作如下(以火电行业为例)。

① 环境压力：截至 2013 年年末，我国火电行业脱硫率已达 91.6%，脱硝安装率达到 50%，而除尘改造刚刚起步，未来节能改造空间较大。对重点污染企业和地区，排放限值有提高，若按当时的污染物排放收费标准，企业排污费总额将增加 2～3 倍。

② 压力情景：对火电行业压力测试情景分为轻、中、重三类。对于火电行业，按原环保部 2014 年标准、国务院 2015 年标准、国务院对东部地区特别限值标准（2020 年），得到火电企业节能减排轻度、中度、重度三种压力情景。在此基础上，再考虑排污费分别提高 2 倍、3 倍、4 倍对企业成本的影响。

③ 压力测试结果：虽然环保标准趋严，对火电行业产生了较大成本，但得益于宏观经济平稳发展，中国工业电力需求仍然巨大，未来火电行业整体仍然保持稳定发展。提标将对火电行业产生结构性影响，对中小企业形成较为明显的财务压力。

④ 政策建议：维护 AAA 级用户，继续拓展五大电力中的优质客户。关注环境政策对 AA＋级以下企业财务成本、信用风险的影响，对 BBB＋级以下客户要重点关注。关注环保技术引起的上下游细分市场变化。

（五）金融机构风险管理组织

根据银保监会印发的《银行业保险业绿色金融指引》，要求银行保险机构强化环境、社会、治理信息披露和与利益相关者的交流互动，完善相关政策制度和流程管理。在组织管理方面，指引要求银行保险机构总部和省级、地市级分支机构应当指定一名高级管理人员牵头负责绿色金融工作，根据需要建立跨部门的绿色金融工作领导和协调机制，统筹推进相关工作。给予绿色金融工作负责人和相关部门充分授权，配备相应资源，并在绩效考核中充分体现绿色金融实施情况。在具体组织保障方面，可以采取三种措施。

一是可以采用名单制管理方法，地区商业银行可以联合起来审核当前已有客户的绿色信用，对客户或是项目中涉及的污染、生态影响以及可持续发展等因素进行评分，通过评分结果将客户分成几个等级，如友好型、合格型以及严重污染型，对不同的等级实行分类管理。

二是对于政策风险和法律风险的把控需要专门的绿色金融小组及法律部门进行共同研究制定风险预警方案，对于涉及过多法律问题的项目建议咨询长期合作的法律事务所，以求更好地防控风险。可以借鉴中国区汇丰银行的做法：成立信贷风险管理部并配备专员负责研究项目的环境和可持续发展情况，制定贷款的环境评估监测一览表、可持续风险评级指标及环境审核清单，对这些指标进行定期与不定期的审核与更新。客户经理在进行项目审核时逐一依据这些指标对项目进行打分评级，进而确定相应的信贷以及风险控制措施。

三是要求信贷人员能够实地调查企业经营发展情况，反复论证企业各种材料的真实性，要与借款人积极进行沟通采取一系列风险规避措施来覆盖风险敞口，落实好各项担保措施。

四是要委派专人对重点项目做好贷后控制措施。发放贷款后，商业银行要随时跟踪贷款去向以及相关贷款项目的运行情况，且对于企业的环境影响方面要进行合规性检查，发现存在风险隐患或是存在风险敞口风险时，要及时采取之前制定的风险控制措施来控制或转移风险。

第二节 国外商业银行绿色金融风险管理案例介绍

一、国外银行业绿色金融实践

(一) 荷兰银行

在全球绿色金融的实践中,荷兰银行是当之无愧的先行者和领导者。在全球环境问题日益严重的情况下,荷兰银行在经营过程中注重将银行的经济效益同环境、社会效益有机地统一起来。通过运用专业的知识,结合可持续金融投资策略,荷兰银行实现了银行业务的可持续运营发展及客户满意度的提升,达到了公司"更好的银行,更好的世界"的目标,并提高了银行的社会声誉。

荷兰银行一方面减少自身运营给环境的影响,能源消耗自2012年以来下降了31%;同时,荷兰银行增加在环保领域的投入,提供更多的绿色金融产品、更好的绿色信贷和投资服务。2014年,荷兰银行在运营的绿色项目资产达到53.99亿欧元。荷兰银行在绿色金融方面主要采取了以下措施。

(1) 积极参与并领导国际规则的制定,并根据社会需要及时更新。荷兰银行注重程序化的操作,一直强调标准制定和认真执行,针对日益严重的环境问题,荷兰银行制定了环境、社会和治理标准,并细化了具体的执行规则,同时荷兰银行根据社会实际需要不断完善ESG标准。考虑到行业间风险的差异性,荷兰银行根据行业特点制定了行业的附加准则,如能源、房地产和制造业领域。

(2) 制定规范的操作流程,认真履行相关规则。荷兰银行不仅要求贷款客户必须遵守ESG标准,同时规定提供给客户的金融产品必须符合ESG标准。对此,荷兰银行制定了具体的操作流程:首先是风险评估,银行首先划分低、中、高三个等级,并结合具体交易可能带来的环境及生态风险进行评估;其次是决策,银行根据ESG准则对交易的评估结果来进行决策,如果达到公司要求,交易将予以审核通过,如果风险不达标,公司会进行额外监督甚至拒绝交易;再次是监督和报告机制,交易完成之后,荷兰银行会持续对客户进行监督,并将结果及时有效地公布。

(3) 积极参与市场交易,注重新产品开发。荷兰银行积极参与碳交易市场及衍生品市场。荷兰银行充分发挥其中介优势、信息处理优势、资金融通优势,结合其在绿色金融项目上的经验,积极参与碳交易市场,为交易双方搭建交易平台,并提供中介服务和自营业务,通过提供各种绿色金融产品,荷兰银行希望能够实现业务拓展和银行盈利的目标,同时达到节能减排的目的,实现经济目标和社会责任目标的统一。

在绿色金融产品和服务方面,荷兰银行将绿色金融业务涉及传统银行的各个业务,注重开发新的金融产品。服务对象方面,荷兰银行不仅面向企业客户及大型项目,同时还延伸到家庭和个人用户,如推出气候信用卡等个人"碳中和"业务,设立了与气候变化、环境指数相关的基金,如低碳加速器基金、可持续全球信用基金等;针对企业客户,荷兰银行依据环境、社会和治理标准积极为符合条件的企业提供融资服务,如为绿色项目融资,如投资风电、太阳能发电等领域,甚至直接参股相关的低碳或环保公司。

(二) 花旗银行

花旗银行非常重视绿色金融的发展。运营管理方面,花旗银行设立了专门的物业服务机构,来管理公司在运营中的环境足迹并实行目标管理。2007年花旗银行承诺在未来十年对气候友好型项目投资500亿美元,这个目标在2013年提前完成。2015年花旗银行又制定了在未来十年投资1 000亿美元的新计划,主要领域包括清洁水、垃圾处理、城市绿色基础设施、节能产品及可再生能源方面。根据花旗银行发布的社会责任报告,2014年,花旗银行依据环境与社会风险管理准则(EARM)对405起客户交易进行检查。2014年,花旗在绿色金融领域投资了238亿美元,主要投资于风能(58亿美元)、太阳能(31亿美元)、可持续运输(23亿美元)、水质及水源保护(8亿美元)及绿色建筑(6亿美元);从产品分类角度来看,主要包括银行业和资本市场(115亿美元)、绿色债券(95亿美元)及公共财政(17亿美元)。

为了实现低碳的目标,花旗银行主要采取了四方面措施:第一,加强对绿色项目,即有利于环境保护和减少气候变化的项目的融资,如资助城市进行环境友好和节能型基础设施改造;第二,环境及社会风险管理,帮助可以管理和控制项目可能带来的环境及社会问题风险;第三,运营及产业供应链管理,尽可能降低运营及行业上下游运营带来的环境和社会影响;第四,注重监督执行,花旗集团在操作过程中注意与非营利性组织、客户及投资者的合作,共同监督计划的执行。

(三) 瑞穗银行

2003年,瑞穗银行成为亚洲第一家赤道银行。为贯彻赤道原则,瑞穗银行在日本东京总部成立了可持续发展室,并要求银行的各个网点根据集团的框架和方针制定包括环境保护在内的社会责任计划。在要求的国际项目融资方面,瑞穗银行严格执行赤道原则,对达到一定规模的发展中国家项目融资,必须按照可持续发展室的标准进行严格评审,首先是尽职调查,即在项目申请时认真按照对环境的影响大小分为A、B两类;其次是制订方案,包括具体的融资方案、环境和社会影响协议等,在此基础上根据融资方案和协议与客户沟通,经协商一致后达成协议;最后是监督机制,协议达成后,银行会对客户是否遵守赤道原则及所在国环境法规进行监督并及时向社会披露。

通过采用赤道原则,瑞穗银行在经济发展和环境保护之间取得平衡,并履行一家金融机构的社会责任。从项目行业构成上看,瑞穗银行主要的投资项目集中于能源上,也包括了采矿、石化、基础设施等;从地区上看,项目主要集中在美国、加拿大和日本等发达国家。另外,瑞穗银行在日常工作中提倡低碳节能,如鼓励员工多采用电子化办公、双面打印、纸张回收利用等,夏季鼓励员工穿轻便装、少开空调等措施,尽可能节约能源,保护环境。同时,瑞穗银行注意与各国当地政府合作,共同开展绿色金融业务,如2010年,瑞穗(中国)与天津经济技术开发区管委会合作签订了节能环保合作备忘录,以协助引进先进的环保技术,并推进在节能环保领域的合作。

二、赤道原则概述及运用案例

赤道原则(Equators Principles,EPs)是由国际主要金融机构根据国际金融公司和世界银行政策和指南建立的,目标在于判断、评估和管理项目融资中环境与社会风险的一个金融行业基准。2002年10月,国际金融公司和荷兰银行等9家银行在伦敦主持召开讨论融资中的环境和社会问题,由荷兰银行、巴克莱银行、西德意志州立银行和花旗银行在国际金融公司环境和社会政策基础上共同起草了一套针对项目融资中有关环境和社会风险的指南,这就是赤道原则。

赤道原则要求金融机构开展项目融资业务时,要对该项目可能对环境和社会产生的影响进行综合评估,且利用金融杠杆促进该项目在环境保护以及周围社会和谐方面发挥积极作用。赤道原则已运用于全球各行业总成本超过1 000万美元的新项目融资。全球已有超过60家金融机构宣布采纳赤道原则,其项目融资约占全球融资总额的85%。

赤道银行的重要价值在于首次将项目融资中模糊的环境和社会标准明确化、具体化,为银行评估和管理环境和社会风险提供了一个操作指南。赤道原则包括序言、适用范围、原则声明和免责声明四部分。

序言部分主要明确赤道原则出台的动因、目标和采用赤道原则的意义;适用范围部分则规定了赤道原则适用于全球各行业项目资金总成本超过1 000万美元的所有新项目融资和改扩建对环境和社会造成的重大影响的原有项目;原则声明是赤道原则的核心部分,列举了赤道银行需要依据的10条特别条款和原则,赤道银行承诺仅对符合条件的项目提供贷款。

赤道原则是由一系列文件所构成的银行项目融资环境和社会风险管理的国际行业标准,具体包括政策、绩效标准、实施工具三个层次。主要政策包括:赤道原则的10项原则、国际金融公司信息披露政策和可持续性政策;绩效标准主要是国际金融公司环境和社会绩效标准;实施工具主要包括国际金融公司的环境与社会审核程序、8项绩效标准指导说明、环境健康安全指南等。按照赤道原则执行惯例,在项目融资时必须执行政策和绩效标准,实施工具则是为了帮助赤道银行执行上述政策和绩效标准而发展起来的,以指导和帮助赤道银行理解和实施这些政策和绩效标准。

赤道原则的另一要求就是贷后管理,这是指贷款发放后直到本息收回或信用结束的全过程的信贷管理。贷后管理是控制风险、防止不良贷款发生的重要一环,环境风险管理必须延伸到贷后管理,才能真正做到对环境风险的控制。借贷方的环境问题可能是千变万化的,存在信贷审批授信前的环境管理状况良好,但中央或地方对环境政策的变化、借款方自身在经营中对环境风险的控制的疏忽以及全球环境问题和环境风险的改变等,都有可能导致贷款项目或企业环境风险的增加。贷后环境风险管理就是要跟踪贷款项目或企业所在行业的相关环境政策法规标准的变动,监督借款方是否按照贷款协议执行环境管理的相关措施,分析国际环境形势变动可能对贷款项目或企业造成影响,以有效控制环境风险。

贷款银行应以自然年度为单位进行环境审计,对一些重大环境问题每年进行复审。若发现新的环境问题,或因为情况变动产生了新的环境问题,就需要对这些新环境问题重新评估,为贷后环境风险管理提供依据。

三、国际项目融资中环境风险控制的多元参与机制

建立利益相关者互动机制是赤道原则的重要内容之一。建立利益相关者互动机制是

商业银行融资中防范环境风险的重要措施。其作用和重要性主要来自两方面：第一，利益相关者互动有利于项目操作方及时收集环境风险信息，从而加强环境风险防范；第二，建立利益相关者与项目最高管理人员的沟通协商机制，可以通过协商沟通调整及时化解因为项目的环境影响而导致的利益相关者对项目的强烈抵制。

在评估金融机构的环境风险时，建立利益相关者互动机制，有助于项目操作方及时收集环境风险信息，从而更好地防范环境风险，由于与项目环境利益密切联系和互动，可以将项目信息详细告知各利益相关者，项目一旦有环境风险，他们有动力及时与项目风险管理人员进行沟通，使环境风险管理人员及时获得信息，并向项目管理高层提出建议措施来及时消除这些不利的环境影响，从而避免环境风险危害项目的执行。

建立利益相关者的互动机制方法，应与赤道原则中的其他部分紧密相联系，如审查、分类、评估、监测等环节，并贯穿项目的整个生命周期。赤道原则是包含了一系列文件所构成的商业银行项目融资环境风险管理系统。它包括政策、绩效标准、实施工具三个层次。利益相关者互动机制的建立是赤道原则政策和绩效标准的要求。具体可从四个方面进行一致性分析。

（1）利益相关者互动机制规模应与项目分类和项目规模相一致。赤道银行应将拟融资项目根据初步筛选分为 A/B/C 三类：A 类为高风险、B 类为中等风险、C 类为低风险。赤道银行应根据项目的风险程度和项目的规模，来审核和要求项目操作方建立与之相适应的利益相关者互动机制。赤道原则是商业银行项目融资环境风险管理系统，所以，风险规避收益与风险规避成本之间的平衡是基本准则。程度越高的利益相关者互动机制建立必然意味更高成本的投入，因此，利益相关者互动机制规模必须和项目的风险程度和规模相一致。如若已评估为 C 类项目，就只需要建立信息披露机制，并设置一个反馈热线，使得利益相关者了解该项目信息，若有意见和建议，可反馈至项目公司和贷款银行。若是 B 类项目，则需要将所有环境和社会影响评估文件都披露给利益相关者。若是 A 类项目，由于环境影响较大，涉及利益相关者较多，则更需要环境风险管理专家根据项目的特殊性，帮助客户制定利益相关者互动策略，并积极参与和严格监督客户执行，且互动机制要贯穿整个生命周期。

（2）利益相关者互动机制要与环境和社会影响评估相结合。环境风险的评估预测重点在于风险防范，赤道原则规定：对于每个评估为 A 类或 B 类的项目，贷款银行应该要求借款方开展环境和社会影响评估，并提出减缓和管理风险措施以防范环境和社会风险。借款方递交贷款银行审核的环境影响评估报告和减缓风险的行动计划应该是与利益相关者进行互动后的结果，而贷款银行则在收到评估报告和行动计划后派出自己的环境和社会专家到项目所在地对借款方进行的环境影响评估进行实地审核。审核通过后，帮助借款方修订环境和社会影响评估文件以及行动计划，并对其审核，撰出《环境和社会影响审查报告》，并在项目所在地和贷款银行网站进行公布。

（3）利益相关者互动机制应融入贷后监控管理。有效监控对于获得环境风险管理的全部收益是至关重要的，通过评估和预测，贷款银行要求并帮助借款方建立与项目适宜的环境风险减缓措施和管理规模，然而由于项目融资都是针对大型项目，特别是需要运用赤道原则规避环境和社会风险的项目，融资额度均超过 1 000 万美元，且贷款期都超过 10

年。因此,贷后监控必须以利益相关者互动为基础,及时察觉环境风险变动,防范评估中未预测到的新的环境风险。

(4)信息披露、磋商和投诉管理机制建立是利益相关者互动的重要环节。信息披露是防范和化解商业银行环境和社会风险的主导性制度安排,是商业银行防范环境风险的内控机制和外控机制的有机结合点,通过信息公开,公众就成为商业银行环境风险监管的重要组成部分。再加上有效磋商和投诉机制以及利益相关者的监督和参与,一方面对商业银行形成外界压力,促使其努力完善内控系统;另一方面,利益相关者的意见和建议也降低了商业银行完善内控机制的交易费用。

第三节 保险业绿色金融风险管理的介绍

从金融角度而言,保险本质上是一种风险管理过程,但保险的风险保障功能并未消除风险,而是通过保险机制转移和分散了风险,也需要对保险业风险进行防范和管控。近年来,随着保险业全面深化改革的推进,保险业在快速发展的同时,部分保险公司或者个人的不规范经营行为,也加剧了保险市场风险,使得保险业风险累积,甚至引发了一系列社会广泛关注的重大事件。保险是一种资产负债管理业务,消费者投保的重要前提和基础是保险公司持续稳健经营,保险监管制度以及保险保障基金等在维持保险市场健康发展方面起到了一定作用,但是对于部分保险业风险防范的能力仍然相对有限。无论是寿险业还是财险业,保险业稳健经营对中国经济社会发展意义重大。我国正在加快生态文明体制改革,建设美丽中国,推进绿色发展,发展绿色金融。随着绿色发展的关注度逐渐升高,建立银行业保险业统一适用的绿色金融指引,有利于完善绿色金融政策体系,补齐制度短板,引导银行保险机构切实加强绿色金融管理,推动保险业在绿色投融资和风险管理等方面进一步发挥积极作用。

一、保险业的绿色金融风险管理概述

(一)保险业绿色金融风险管理政策和机制介绍

保险业在绿色金融领域的应用,主要是指在支持环境改善、应对气候变化和资源节约高效利用等方面提供的保险风险管理服务及保险资金支持。从保险公司负债端来看,是指绿色保险产品和服务。通过产品创新、服务创新、机制创新,绿色保险产品及服务可以在加强环境风险管理、助力绿色产业发展、助力绿色技术创新成果的市场化应用、加强生态环境保护、参与因极端天气导致的自然灾害的风险管理等方面发挥作用。除环责险外,绿色保险创新主要体现在碳汇保险、巨灾债券、绿色建筑保险、UBI 车险等方面。从保险公司资产端来看,保险资金通过私募基金、产业基金、PPP 等方式,直接参与了一批能源环保、水务、防污防治等领域的绿色项目的投资建设,并通过绿色债券投资、资管产品投资等方式,为绿色产业发展进行资金支持。

2022 年 6 月 1 日,银保监会印发《银行业保险业绿色金融指引》(以下简称《指引》)。《指引》将银行业保险业防范绿色金融风险上升到战略层面,提出银行业保险业应将环境、

社会、治理(ESG)要求纳入管理流程和全面风险管理体系,被视为中国绿色金融发展的重要里程碑。《指引》从原有的环境(E)与社会(S)风险维度上,首次纳入了治理(G)维度,引入全面的环境、社会及治理风险概念。《指引》要求银保机构将ESG纳入全面风险管理流程,建立负面清单制度并开展压力测试。这说明监管层对治理风险的关注度不断提高,同时这些要求可以使银行更全面地评估客户的非财务表现,为决策提供了更有力的依据。

为了更好地理解保险业在绿色金融领域的机制,我们先简要介绍一般情况下的保险监管机制,根据国际保险监督管协会的监管规则,保险公司对金融风险管理的机制大致按照下列流程进行。

(1)避免。在事先就避开风险来源地,改变行为方式以消除风险隐患。也就是说,不去做那些可能使危险发生的事。如怕空难而不坐飞机,怕染病而不去疾病流行的地区旅游,银行拒绝把钱借给不守信用濒临破产的企业等。采取有效的避免风险的措施,可以完全消除某一特定风险,而其他风险管理方式仅在于通过减少风险概率和损失程度来减轻风险的潜在影响。然而,在多数情况下风险是无法避免的,有些风险尽管可以避免,但在避免的同时就得放弃某种利益,因此,它是一种被动的方法,是一种保障的措施。

(2)预防。事先有针对性地采取各种适当措施以减少风险的发生或减轻风险损失的严重程度,如安装避雷针以防止雷击,搞好检修以减少设备事故等。预防的措施很多,概括起来有两种:预防性措施,即消除造成风险损失的原因;保护性措施,即保护可能伤害和处于风险之中的人和物。但预防的方法有时在技术上有困难,有时经济上未必合算,其使用的范围常受到一定限制,尤其是预防只能在部分程度上实施风险抑制。对于风险影响较大、分布较广的风险,单靠个人或个别企业的力量是远远不够的。

基于上述保险基本机制的介绍,我们对于绿色金融行业的保险机制,主要是作为一种金融产品面对涉及节能环保类绿色投保企业发挥作用,其相关作用机制体现在以下三个方面。

第一,分散企业的风险,环境污染事故发生都会带来巨额赔偿。此时当事企业将会面临巨大的资金赔付诉求,因此,绿色保险作为一种事先预防的方式帮助企业分担风险。绿色保险将存在一定的环境污染风险的企业集聚在一起,通过企业的投保资金建立专属的基金,这与一般的责任保险功能相同,集众人之资解一家之难,如果环境污染事故发生,这笔资金就会为被保险人起到分散风险的作用。其次,企业购买绿色保险后,其环境风险与承保的保险公司紧密联系在一起,让企业了解污染环境所带来的损失及影响,引导企业自觉地改进其生产设备,促使企业向新工业、新技术转型。

第二,补偿投保企业的损失。绿色保险作为财产保险的一种,具有补偿原则。具体是指为了不影响被保险人正常的企业运营,保险人会对被保险人产生的损失进行经济补偿,但要确保赔偿的总额不能超过被保险人实际的损失。对于投保绿色保险的企业是有助益的,一旦有事故发生,绿色保险不仅能够将企业的损失转移给保险公司承担,还能快速、专业地帮助企业做好善后工作,避免不必要的纠纷、矛盾,从而提高企业的抗风险能力。

第三,着重投资风险的预防与应急。目前我国绿色保险发展比较缓慢,主要是我国的环境保护都是通过有关政府及国家机构进行监督和管理,但有些机构受外力因素影响,无法提升和改善自身环境保护能力。其实,绿色保险自身具有风险防范功能,可以监督企业注重环境保护,提高环境治理的工作效率。同时,政府通过制定和执行相关法律法规、补贴政策,提升企业对绿色保险的需求,促进经济绿色平稳发展。保险公司在风险管理方面具有专业性,既可以在投保前对企业进行风险评估,监督企业做好整改工作;还可以在投保期间继续对企业的风险隐患进行测评,将发生风险事故的概率降到最低。保险公司在设计产品时可以结合绿色发展的理念。比如运用在投资中。现如今保险公司可以全面分析环境风险,并可以发现许多潜在的风险,从而提高企业资金利用率,推动绿色金融产业发展,提高关注度,引导企业对绿色环保行业投资。

从上述绿色保险功能的描述,我们发现保险业的绿色金融风险管理更多的是面对投保企业,对于这些企业的不确定性进行保障,并不是针对保险公司自身进行保障,这两者有很大的区别,这也是绿色保险和绿色信贷、绿色基金等产品最大的不同。

而对于商业保险自身还存在金融性风险,比如道德风险和心理风险,是指投保人(或被保险人、受益人)利用保险牟取不正当的利益。心理风险是指投保人参加保险后,放松对风险事故的警惕和预防,麻痹大意,对保险标的的安全漠不关心,认为损失了反正有人赔,当发生灾害事故时,也不积极抢救等行为。这两种风险都实际增加了风险发生的概率和损失的严重程度,使保险损失超过预计的规模,从而给保险公司带来财务亏损的风险。还存在市场竞争风险,由于恶性竞争成为我国保险市场的普遍现象,几乎所有保险公司都或多或少地通过高返还、高手续费、提高保障范围、帮助企业融资等手段在市场上争揽客户。这种不计后果的竞争行为不仅导致保险公司经营成本不断上升,经营风险日益加大,而且破坏了市场秩序,影响了保险公司的信誉,严重损害了保险事业的健康发展。保险业务中还必须注意投资风险,主要是指保险资金运用的风险。保险资金运用是保险资金保值增值的重要手段,国外许多保险公司,由于市场的激烈竞争,往往是承保业务亏损,而从保险资金运用中获得利润,弥补亏损并取得收益。但投资面临的风险很大。保险本身的性质决定了投资活动要求非常高的安全性。这就要求严格控制保险资金运用的风险。当然,保险业务中最为重要的就是偿付能力风险,偿付能力是指保险公司履行赔偿或给付责任的能力,是保险公司资金力量与自身所承担的危险责任的比较。偿付能力的大小是保险公司经营是否稳健的标志,是各类风险的集中表现。

(二)保险业绿色金融风险管理的实践介绍

基于上述的介绍,我们主要聚焦绿色保险业务的相关内容。绿色保险是在市场经济条件下进行环境风险管理的一项基本手段。作为绿色金融的重要组成部分。目前,绿色保险已经在国内取得了一定实践成效,据 2021 年我国保险业协会调查数据显示:2018—2020 年绿色保险保额与支付赔偿金融持续增长,三年间保险行业累计提供绿色保险(包括绿色能源、绿色交通、绿色建筑、绿色建筑、绿色技术、巨灾、天气、绿色资源、环境污染等领域)保额共计 45.0 万亿元,赔付共计 533.8 亿元。2020 年绿色保险保额达到 18.3 万亿元,同比增长 24.9%;赔付金额达到 214 亿元,同比增长 11.6%。此外,我国保险资金对绿色领域的投资力度也在持续加大,为产业绿色经济转型提供融资支持。据统计,保险资金运用于绿色投资的存量已从 2018 年的 3 954 亿元增长至 2020 年的 5 615 亿元,年均增长 19.2%,涉及城市轨道交通建设、高铁建设、清洁能源、污水处理、生态农业等多个领域。

回顾绿色保险的发展,最早可以追溯至 2007 年,自那时起我国开始试点环境责任保险,国家及相关部门积极构建绿色保险体系建设。2013年原国家环境保护部与原保监会联合出台了《关于开展环境污染强制责任保险试点工作的指导意见》,进一步推进环境污染强制责任保险试点,并为"绿色保险"明确了定义与强制保险企业的范围,即"为环境污染责任保险,以企业发生污染事故对第三者造成的损害依法应承担的赔偿责任为标的"。2016年8月,中国人民银行等七部委联合印发《关于构建绿色金融体系的指导意见》,对绿色保险独设篇章,提出大力发展绿色保险的指导意见,同时鼓励和支持绿色保险产品和创新发展,为绿色保险的发展提供了顶层设计。2021年2月,国务院发布《关于加快建立健全绿色低碳循环发展经济体系的指导意见》,指出加强绿色保险发展和发挥保险费率调节机制作用。经过多年的发展,我国绿色保险相关政策加速落地,绿色保险在绿色金融发展中的风险管理作用被提到了新的高度。

我国保险业为绿色领域提供风险管理与资金支持。我国绿色保险起步较晚,行业内尚无明确定义。与传统保险类似,保险公司发展绿色保险可分为负债端(保险业务)和资产端(投资业务)两部分。

负债端主要向清洁能源及节能环保的电力基础设施、新能源汽车、绿色建筑、绿色基建等领域的公司和项目提供责任保险、保证保险等细分财产保险产品及相关服务。狭义上来看,绿色保险也即环境污染责任保险,环境污染责任保险是以企业发生污染事故对第三者造成的损害依法应承担的赔偿责任为标的的保险。广义上来看,绿色保险提供与气候变化和环境污染等风险相关的各类保险保障和创新产品,如环境污染责任保险、气候保险、巨灾保险、针对低碳环保类消费品的产品质量安全责任保险、船舶污染损害责任保险、森林保险和农牧业灾害保险等产品。借助企业财产保险的多年发展经验,险企已充分积累风险识别和风险管理能力,协助企业进行风险预警,提高企业的风险管理水平,加强环境保护,促使绿色产业保持稳健经营。

资产端主要向相关绿色产业进行投资,发挥保险资金长久期和稳健的特征。绿色产业发展周期较长,与保险资金长久期的特征相匹配,通过保险资金投资满足绿色产业直接融资需求。此外,积极发展绿色增信保险,为绿色信贷降低经营风险,拓宽绿色产业的融资渠道。

二、关于绿色保险产品的风险管理实践

2020年1月,银保监会发布《关于推动银行业和保险业高质量发展的指导意见》,在绿色转型的关键时期对保险业的发展、保险产品创新和保险资金运用指明了方向。同时提出"探索碳金融、气候债券、蓝色债券、环境污染责任保险、气候保险等创新型绿色金融产品""进一步提高环境污染责任强制保险覆盖面与渗透率"等。我国绿色保险险种不断创新扩展,保费不断增加。数据显示,2021年绿色保险保额超过25万亿元,赔付金额达到240亿元,涉及交通建设、清洁能源、污水处理等多个领域。下面主要介绍绿色保险产品对金融风险管控的实践案例。

(一)环境污染责任保险助力分散企业风险

大多数绿色保险的细分险种属于财产险范畴内,尽管需求刚性,但由于缺乏保险意识,仍需从政策层面加以引导或强制发展。绿色保险的一类典型代表便是环境污染责任

保险。2006年以来,国务院、原环保总局、银保监会等联合印发《关于开展环境污染强制责任保险试点工作的指导意见》,将涉重金属排放企业、石化、危险化合物、危废处置等高风险企业等统一纳入环境污染强制责任保险试点范围。

由于环境污染具有缓慢性、间接性、复杂性等特点,环境侵权的鉴定极其困难。随着环境问题引起越来越多的国家重视,环境侵权领域发生了一系列有利于受害人求偿的变化,如起诉资格的放宽、被告扩大、无过失责任原则、举证责任倒置、因果关系推定、巨额赔偿等。但是企业排污难免,因此背上了更加沉重的包袱,甚至面临破产、倒闭。为了促使企业进行绿色生产,促进经济循环发展,同时及时有效救济受害人,迫切需要将如此大的环境侵权责任风险转嫁出去,实现环境侵权责任社会化,环境责任保险制度也就应运而生。

环境污染责任保险与一般责任保险的显著不同是它的技术要求高、赔偿责任大。每一个企业的生产地点、生产流程各不相同,经营环节、技术水平各有特点,对环境造成污染的可能性和污染的危害性都不一样。这就要求保险公司在承保时有专门通晓环保技术和知识的工作人员对每一个标的进行实地调查和评估,单独确定其保险费率。情况不同,每个保险标的适用的保险费率就可能千差万别。一次污染事故的发生,可能造成多个人身伤亡和财产损失,加上相关的罚款和清理费用,保险人承担的赔偿金额是很大的。单就罚款而言,虽然各国的标准不同,但对污染行为都不轻饶。1990年2月,壳牌公司因污染了马瑟河口,被处以一百万英镑的罚款。英国的法庭也曾判过多起类似罚款超过一百万英镑的案子。因此,为降低保险公司的风险,在设计保单时,保险公司一般要确定其承担的责任限额,有时也会要求被保险人共同承担赔偿金。

国外的环境责任保险制度正日趋成熟和完善,主要有以下三种环境责任保险的立法模式:第一种,以德国为代表,即采取强制责任保险与财务保证或担保相结合的环境责任保险制度。该国《环境责任法》第19条规定:"为了保证某些特别危险设备的经营人能够承担本法规定的赔偿责任,设备经营人必须与保险公司订立保险合同,约定一旦发生特定的损害,保险公司即予以赔偿。"第二种,以美国为代表,即采取强制责任保险为原则的制度。美国针对有毒物质和废弃物的处理、处置可能引起的环境损害赔偿责任实行强制责任保险制度。第三种,以法国为代表,即采取任意责任保险为主、强制责任保险为辅的环境责任保险制度。在西方发达国家,环境责任保险已成为责任保险的重要组成部分,并呈现出了强大的生命力,促进了生态经济的发展。中国责任保险占产险的比例目前较少,环境责任保险所占比例更是微乎其微。构建环境责任保险制度,实现环境侵权责任社会化是发展循环经济亟待解决的问题。

2008年我国出现了首例环境污染责任险案例,即湖南省株洲市昊华公司氯化氢气体泄漏事件,该事件导致周边村民的农田受到污染。这家企业于2008年7月投保了由中国平安集团旗下平安产险承保的环境污染责任险。接到报案后,平安产险立即派出勘察人员赶赴现场,确定了企业对污染事件负有责任以及保险公司应当承担的相应保险责任。依据《环境污染责任险》条款,平安产险与村民们达成赔偿协议,在不到10天的时间内就将1.1万元赔款给付到村民手中。这起牵涉到120多户村民投诉的环境污染事故得以快速、妥善解决。

(二)低碳保险平抑低碳转型风险

低碳保险是指从事转移气候变化给经济带来风险的保险公司的业务。具体的低碳保险业务有碳交易对象的信用担保、碳中和保险、清洁发展机制碳交付保证、排放交易保险、碳变成可保资产及开发巨灾保险、天气保险产品等。近年来,由于气候变化、城市化等原因,全球气象灾害造成的经济损失呈现不断上升趋势。2013—2020年,我国10亿元以上巨灾损失事故共6起,单笔最大台风损失达36亿元。面对自然灾害带来的威胁,天气指数保险、巨灾指数保险等发挥着不可替代的作用。从2014年开始,我国开始尝试进行巨灾保险的安排,对因发生地震、飓风、海啸、洪水等自然灾害造成的巨大财产损失和严重人员伤亡进行经济补偿。此外,降水和气温天气指数保险、清洁能源发电的太阳辐射发电和风力发电指数保险,能够平抑由于气候变化给农业生产和清洁能源发电带来的扰动,改变靠天吃饭的窘境,帮助发电企业发展壮大,促进能源结构的转型。

不过,气候保险正面临着技术困境,缺乏降雨量、台风等级、地震震级等历史数据,以及这些数据和受灾损失金额之间的关联。在此背景下,商业保险公司可以与气象局、气象科技公司等相关方加强合作。气象局通过气象观测站的基础设施建设,可以确保监测范围更为广泛、精准地覆盖;气象技术公司则将无人机、卫星遥感等科技手段和大数据技术应用于天气监测,帮助保险公司设计出定价更为精准、承保范围更为广泛的保险产品。目前开发的一些险种内容介绍如下。

(1)巨灾保险:主要保障天气和自然灾害等造成的财产损失和人员伤亡,在海外较为普遍。险企通常通过巨灾债券或巨灾期权进行对冲。其中,巨灾债券属于特殊形式的企业债券,如果实际灾难损失超出一定数额,则要求持有者捐赠或延缓全额本金或利息。巨灾期权则在巨灾损失致使指数大于等于期权的成交价时,要求投资者根据合同条款向保险公司付款。美仕保险经纪(PCS)开发的巨灾保险期货已在芝加哥期货交易所上市交易。

(2)新能源车险:基于驾驶行为(UBI)车险是基于使用量而定保费的保险,可理解为一种基于驾驶行为的保险,通过车联网、智能手机和OBD等联网设备将驾驶者的驾驶习惯、驾驶技术、车辆信息和周围环境等数据综合起来,建立人、车、路(环境)多维度模型进行定价。由于该类车险将行驶里程纳入保费厘定的考虑,而行驶里程与尾气排放量密切相关,因此,UBI车险天然具备绿色保险的特征。随着混合动力及节油型汽车、新能源汽车等新型车辆的普及,英华杰集团推出根据汽车年排放量计算的保费抵减政策,混合动力及节油型汽车可享受10%的保费优惠。此外,UBS与险企联合推出汽车维修优惠,维修使用回收零部件,则客户可以享受20%的保费优惠。

(3)碳保险:碳保险产品的开发,主要是为了规避减排项目开发过程中的风险,确保项目的核证减排量按期足额交付。碳保险可以降低碳交易项目双方的投资风险或违约风险。2016年11月,湖北碳排放权交易中心与平安财产保险湖北分公司签署了"碳保险"开发战略合作协议。随后,总部位于湖北的华新水泥集团与平安保险签署了碳保险产品的意向认购协议,由平安保险负责为华新集团旗下位于湖北省的13家子公司量身定制碳保险产品设计方案。具体而言,平安保险将为华新水泥投入新设备后的减排量进行保底,一旦超过排放配额,将给予赔偿。

(4)"碳汇+保险"产品创新:传统林险只保标的林木财产损失,而森林在面对自然灾害时,会造成林木损失,进而直接造成碳汇损失,经营企业将面临直接的经济损失。森林碳汇遥感指数保险产品创新之处在于结合客户需求设定双向保障,不同于传统的森林保险标的对象仅为林木本身,碳汇保险产品取代森林财产保障,同时聚焦森林碳汇能力,保障范围升级迭代,为森林提供"意外险+健康险"双重保护;通过"数字"体现森林标的的生产状态,保险期间内,因各类灾害导致碳汇实际值未达到约定的碳汇目标值,触达理赔值并触发短信提醒客户报案,实现快速定损理赔和"即损即赔",快速支持森林复工复产;同时林场通过方法学科学育林,使实际碳汇值高于约定的碳汇目标值,超出部分给予相应成本补偿,奖励补贴政策,鼓励森林更健康地发展。同时通过这种鼓励的方式让更多企业有意愿、有保障地加入森林碳汇公益事业,为国家碳中和做贡献。

(三)绿色建筑保险涵盖全生命周期

据国际能源署(IEA)和联合国环境规划署(UNEP)数据,建筑业占全球能源和过程相关二氧化碳排放的近40%,钢铁、水泥、玻璃等建筑材料的生产和运输,以及现场施工过程都被包含在其中。因此,绿色低碳社区及楼宇的规模化建设或是我国低碳转型的必要选择,绿色建筑保险能够帮助客户让建筑更加环保以及节约能源,确保建筑满足绿色建筑运行评价星级标准,对风险管理能力提出了更高要求。

海外绿色建筑保险21世纪初方开始发展,主要分为绿色建筑财产保险和绿色建筑职业责任保险两大类,目前,为传统建筑受损后重置,并升级为绿色建筑的形式提供保险保障是国际绿色建筑保险发展的主要形式。美国、英国、加拿大等国均已广泛应用绿色建筑保险,美国更是要求开发商支付绿色商业建筑的初期保险费,若商业建筑的运营成本低、节能性能高,则银行(如富国银行)将在抵押贷款中免除绿色商业建筑的初期保险费。分环节来看,绿色建筑保险主要包括竣工后的绿色建筑和非绿色建筑;竣工前的在建绿色建筑;设计阶段和认证阶段绿色建筑专业人员的职业责任;消费者贷款买房阶段的绿色建筑贷款;运行维护阶段,绿色建筑的质量和财政激励的维持;绿色名誉的维护等。绿色建筑财产保险和绿色建筑职业责任保险是其中较为主要的险种。

(1)绿色建筑财产保险(含绿色建筑升级财产保险)。绿色建筑财产保险主要针对节能减排的建筑(尤其是为LEED认证的建筑)和附属设施、材料、装备等能耗情况进行保障,建成后进行节能性能评定,不达标将由险企进行赔付。以美国为例,呈现出绿色建筑财产保险产品多样化的特征。美国"绿色建筑保险"试点于1993年开启,由政府出资补贴,带动各方资源开发。2010年,美国保险服务事务所出台标准示范条款,使得绿色建筑保险模式成为保险业的主流。菲尔曼基金保险公司是美国提供商业险和个人险的著名保险公司,2006年,该公司成为第一家绿色建筑保险提供商,为美国商用建筑提供绿色建筑风险保障,主要产品包括绿色公共建筑保险(涵盖在出现损失时用绿色建筑和材料替换标准系统的成本)、家庭住宅绿色建筑保险、绿色建筑升级财产保险、特定行业绿色建筑财产保险(教育行业、教会建筑等)等。2015年以来加州大火频发,该保险公司开发出针对家庭住宅的绿色保险并研发绿色建筑升级财产保险。此后,旅行者、利宝互助等公司也开始提供绿色建筑保险和绿色建筑升级财产保险合二为一的绿色建筑保险产品。

(2)绿色建筑职业责任保险:主要保障建筑师、工程师、顾问和专业设计师等绿色建筑专业人员由于职业责任方面的错误和遗漏造成的赔偿和诉讼等风险。2009年4月,阿尔戈保险经纪公司专门开发了绿色建筑职业责任保险,并和劳合社达成一致,为美国绿色建筑委员会成员(包括建筑师、工程师、顾问和专业设计师等)提供5%的保费折扣,结构工程师是唯一被拒绝承保的职业类型。具体来看,每张保单的保额上限100万美元,超过需增加新的承保人,并追加附加保险合同。与传统保险相比,绿色建筑职业责任保险明确表示保障专业人员的承诺的担保风险和未取得绿色认证时的索赔风险;保障绿色认证建筑后续运行过程中可能发生的诉讼风险;保障绿色施工设计、节能节水设计、材料选择、绿色室内环境设计等更多绿色设计责任风险;拓宽专业服务的界定范围;可追溯责任,保障以前的设计工作导致如今出现的风险事故;可保障电脑辅助绘图、霉菌和污染责任、因法律问题承担的惩罚性的损害赔偿;具有更高的保险金额;提供抗辩服务;提供跨区域的全球性保障。

三、绿色保险对绿色资产价值实现的作用

金融的风险控制和管理主要目的是通过采取各种措施和方法,消灭或减少风险事件发生的各种可能性,减少风险事件发生时造成的损失,以避免在风险事件发生时带来的难以承担的损失。金融风控目标是减少风险或者控制风险,保证资产的保值增值。绿色保险主要针对的是绿色资产,或者是生态资产,存在社会价值外溢性大的特征,与其他传统金融资产风控不同,进行绿色风险管理很大程度的成果是保护公共生态环境,保持或增加生态产品的价值。

例如,环境污染强制责任保险制度主要是选择环境风险较高、环境污染事件较为集中的领域,将相关企业纳入应当投保环境污染强制责任保险的范围。鼓励保险机构发挥在环境风险防范方面的积极作用、完善环境损害鉴定评估程序和技术规范,指导保险公司加快定损和理赔进度,及时救济污染受害者、降低对环境的损害程度,从而既保护了生态环境的质量,又降低了企业赔付致使企业损失的风险。再如保险企业近年来积极探索参与的养殖业环境风险管理,创新生猪保险与无害化处理相结合的绿色保险"衢州模式",提高养殖户的生产效益,降低险企赔付率,有效防止因病死牲畜不当处理造成的环境污染,目前试点地区正在不断扩大。

再如,当前与碳减排相关的碳保理服务,其成员构成主要由技术出让方、技术购买方和银行等金融机构组成,经过一定审核流程后,金融机构向技术出让方发放贷款以保证其保质保量完成任务,项目完成后由技术购买方利用其节能减排获得的收益偿还贷款,这不仅可以缩短技术出让方的应收账款时间减少资金积压,而且还可以优化技术购买方的财务结构,解决融资难题。碳保险对于此类业务也有着极大的发展机遇。为解决碳交易过程中的潜在违约风险、失效风险、可核证减排额的价格风险以及数量波动风险等,碳减排额交易保险可以发挥重要作用,可以更好地保证碳减排额交易市场的发展。

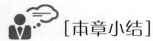

[本章小结]

通过本章的学习,我们较为全面地了解了银行业和保险业在绿色金融风险方面的相关管理政策和防范机制,对银行和保险等金融业的风险管理流程有了一定的认知;根据国

际银行业机构的一系列实践,总结了银行业对于绿色金融风险的管理框架和一般流程,并结合国外银行业的实践进行了介绍,熟悉了商业银行在面临环境风险时常用的压力测试模型。同时,本章针对绿色保险的风险管理实践进行了介绍,重点对目前已有的险种和运行方式进行了分析阐释,最后对绿色保险对绿色资产的保值增值作用进行了介绍。

[习题与思考]

1. 银行业机构的环境风险是如何定义的?请简述其涵盖的范围。
2. 用框线图画出银行业机构对于环境风险管理的流程,并标注其关键要点。
3. 赤道原则的定义是什么?请总结国际社会是如何运用该原则的。
4. 比较国内外绿色保险运用的异同点并举例说明。
5. 用自己的理解阐释保险机制助力绿色资产价值实现的机理。

[参考文献]

黄荟菁.试论我国商业银行信贷风险的成因与对策[J].知识经济,2008(3):43-44.

蓝虹.论赤道原则建立利益相关者互动机制的基本原则[J].财经理论与实践,2012(2):25-28.

刘博.国外商业银行绿色金融政策及其借鉴[J].现代管理科学,2016(5):36-38.

刘苍牧."保险+科技"助力生态产品价值实现[J].金融电子化,2022(2):45-47.

申立功.浅谈基层行信贷风险防范[J].财经界(学术版),2011(7):31.

王李,赵树宽.论金融危机背景下的商业银行信贷风险管理[J].经济纵横,2009(3):58-60.

卓越.碳中和与绿色险——保险服务绿色环保[J].中国保险,2022(6):2.

第十一章 证券业绿色金融风险管理实践

[学习要求]

- 熟悉证券业有关绿色金融风险管理的相关政策和运行机制
- 熟悉绿色债券金融风险的来源、特点和管理方法
- 了解证券业风险管理对于资产保值增值的作用

[本章导读]

2021年4月,中国证券业协会绿色证券委员会召开专题会,就证券行业如何发挥金融力量,助力"碳达峰碳中和"目标实现展开研讨,诸多证券业公司代表普遍认为证券市场积极推动绿色金融工作,促进解决气候环境问题。事实上,证券业将资本市场和环保事业结合起来早已成为一种潮流,在2008年2月,原国家环保总局联合证监会等部门推出了"绿色证券",这是继"绿色信贷"政策之后推出的又一项环境经济措施,其内容包括开发绿色股票指数、绿色债券及绿色基金等,主要聚焦污染治理和生态修复类产业提供资金融通服务。近期证券市场相继开发了许多针对节能环保企业的指数产品,2022年7月,易方达和上海环交所开发上线了国内首个碳中和ETF基金,重点覆盖深度减碳和高碳减排等领域。绿色债券是证券业发展绿色金融的典型代表,与可比普通债券相比,40%左右的绿色债券票面利率更低,仅2021年我国境内主体共发行绿色债券628只,规模达6 000亿元,获得许多投资者的青睐。但近年绿色证券业的发展由于绿色内涵的不明确、环保信息披露不完整等给许多投资机构带来了风险。为此,中国证券业协会提出了"完善风控体系,强化绿色投资风险管理和投资者保护"。本章我们将介绍证券业在绿色金融风险管理方面的政策和实践,重点分析绿色债券活动中的风险特点和管理机制,并简要分析证券业内的风险管理如何助力资产保值增值。

第一节 证券业绿色金融风险管理的介绍

证券业在绿色金融领域的工作是绿色金融的重要组成部分。目前,理论界与实务界尚未对绿色证券作出统一界定。2015年9月,中共中央、国务院印发的《生态文明体制改革总体方案》中指出,"加强资本市场相关制度建设,研究设立绿色股票指数和发展相关投

资产品,研究银行和企业发行绿色债券,鼓励对绿色信贷资产实行证券化。支持设立各类绿色发展基金,实行市场化运作。建立上市公司环保信息强制性披露机制"。由此,我们可以认为绿色证券包括绿色股票指数和相关投资产品、银行绿色债券、企业绿色债券、绿色信贷证券化等。我们认为,绿色证券一般是指募集资金主要用于支持绿色产业项目的证券,主要包括绿色债券、绿色资产支持证券等绿色基础证券以及基于绿色基础证券的绿色指数与绿色基金产品等。发展绿色证券,有利于发挥资本市场优化资源配置、服务实体经济的功能,支持和促进生态文明建设,贯彻和落实绿色发展与可持续发展理念。既然是一种金融行为,同样会面临金融风险的问题。

一、证券业绿色金融风险管理相关政策和机制

(一)证券业绿色金融发展的背景

绿色金融活动涉及的绿色资产成本、碳定价、绿色投资等概念具有特殊的金融属性,怎样为分散不确定性跨期配置资源形成有效投资,怎样为绿色投资的长期低回报性创造溢价,怎样为绿色低碳产业发现价格合理定价,怎样为高碳落后产能有序退出提供金融解决方案,是投资银行的专业本位和职责使命,证券行业在这些工作中能够"发现价值、增加价值",其投资业务可发挥其价值传递优势的重要作用。

从上市融资的角度来定义证券业绿色金融活动,主要是指在上市融资和再融资过程中,要经由环保部门进行环保审核,再进行资金募集,其目的是对上市公司履行社会责任提出要求,尤其是针对高污染、高能耗企业的证券市场环保准入制定了一套审核标准和环境绩效评估方法,从整体上构建了一个包括以绿色市场准入制度、绿色增发和配股制度以及环境绩效披露制度为主要内容的绿色证券市场,从资金源头上遏制住这些企业的无序扩张。随着绿色发展理念的深入生产生活各方面,证券业助力绿色发展创新了各类证券类金融产品,包括但不限于绿色债券、绿色资产支持证券等绿色基础证券以及基于绿色基础证券的绿色指数与绿色基金等。

针对绿色发展的证券产品,其作用机制与常见的绿色信贷或绿色保险作用机制不同。我们知道,企业融资的途径一般包括两种:一是间接融资,指企业通过商业银行获得贷款;二是直接融资,指企业通过发行债券和股票进行融资。运用成熟的市场手段,可以分别从间接融资和直接融资两个方面对污染企业的融资渠道进行限制。对于间接融资,主要通过鼓励并引导商业银行落实绿色信贷政策来实现,也就是我们常见的绿色信贷政策;而对于直接融资,主要是实行绿色证券政策,即包括绿色市场准入制度、绿色增发和配股制度以及环境绩效披露制度等内容。与间接融资渠道相比,直接融资渠道是环境经济政策可以大力发挥效应的领域,因为企业要从资本市场上获得资金,无论发行股票还是债券,在发行资格和发行规模方面,都要受到证券监管部门的严格约束。我们可以这样理解,即"绿色信贷"政策是从资金源头上控制高耗能、高污染企业的发展是该政策出台的初衷,但这仅仅是从间接融资上来进行控制。随着中国资本市场规模的壮大,越来越多的企业开始寻求上市融资,因此,绿色证券政策从直接融资的角度限制了污染,能有效规范和促进上市公司加强资源节约、污染治理和生态保护,督促企业的环境信息披露,有效限制高耗能重污染企业的排污行为。因此,构建绿色证券市场可能是当前环境经济政策中能

够有效直接遏制高污染、高能耗企业盲目扩张冲动的行之有效的政策手段。

绿色金融不仅能够支持污染治理与节能减排，更能推动资源型产业及高效资源利用产业的发展，促进绿色资源开发、资源高效利用和产业升级。证券业在绿色金融的创新活动中，主要是通过发现绿色资产价值体现，开发的一些金融产品可以购买产业运作所缺乏的土地、劳动、技术、厂房设备等生产要素，促进生态经济的发展。而且，具有政策支持的绿色金融能够缓解中小企业的资金不足，与创新相结合的绿色金融能够引导资源流向、促进产业升级。此外，证券业的行业研究、资产核算等部门还可以发挥咨询、结算等作用，帮助融资方和投资者提供较为专业的信息指导。

近年的证券业绿色金融创新活动主要是研究如何将自然资产转化为自然资本，进一步将这种资本进行产权运作，形成可流通的资本，这也许是证券业实践中最为擅长的操作。通过自然资本的产权运作挖掘自然生态的经济价值，实践中的路径包括：(1)明晰自然资本产权。通过确权登记，清晰界定自然资本的产权主体，进而实现自然资本国家所有权与经营权的分离，使经济主体能够在竞争的前提下有偿使用自然资本的经营权。(2)核算自然资本产权的价值。这是对自然资本进行定价的前提，也是进行自然资本产权市场化交易的重要依据。自然资本产权价值核算主要是对自然资本实物存量进行核算，并记录核算期内变化，包括自然资本数量和质量变化。在实物量核算基础上利用价值评估方法对自然资本的实物存量进行货币化价值评估，反映自然资本的价值总和。(3)自然资本产权的市场交易及金融创新。市场交易有利于形成合理的价格，使其能够真实反映自然资本的稀缺性、代际关系和生态环境成本，保证自然资本利用的高效性、公平性和可持续性。要进行市场交易必须建设自然资本产权交易市场。证券市场中设置自然资本产权交易市场，同样可以包括一级市场和二级市场，一级市场包括承包市场、租赁市场和拍卖市场等；二级市场包括转让市场、抵质押市场、信托市场、存储与借贷市场、股权市场等。为了活跃市场交易当然需要进行金融创新，例如自然资本产权的抵质押贷款、证券化、保理、远期交易、场外掉期交易、股权投资等。

（二）我国绿色证券发展的政策介绍和风险管理策略

我国的绿色证券政策主要是针对我国上市公司，构建了三项基本制度框架，其中包括上市公司环保核查制度、上市公司环境信息披露制度及上市公司绩效评估制度，这三项制度对企业从申请上市到上市之后融资及上市后环境行为公开的全过程形成了一套监督约束的机制。2008年2月，原国家环境保护总局联合证监会等部门在绿色信贷、绿色保险的基础上，推出一项新的环境经济政策——绿色证券。国家环保总局发布《关于加强上市公司环境保护监督管理工作的指导意见》，即"绿色证券指导意见"：未来公司申请首发上市或再融资时，环保核查将变成强制性要求。我国的绿色证券政策由此正式出台。作为一项新的环境经济政策，绿色证券的推出必然会引导社会投资者投向绿色企业。因为从投资策略来看作为市场投资者在环保政策发生变化或者政策确定之后，往往会认真分析上市公司的环保状况。可以说环保问题已经不再只是管理层重视的问题了，更是一个企业能否成为投资者放心品牌的一个关键因素。

2008年绿色证券推行后，短中期都会对相关上市公司形成较大的影响。企业除了首次公开募股需要环保审核外，已上市公司的环保情况也是环保部门的监管范围。无论上市公司因为环境违法受到何种处罚,可以肯定的是公司的业绩和声誉都遭到破坏,正如《关于加强上市公司环保监管工作的指导意见》中明确指出了对冶金、化工、石化、煤炭、火电、建材、造纸、酿造、制药、发酵、纺织、制革和采矿业等13类重污染行业的上市公司,实施严格的监管。这些行业的上市公司一旦出现环境污染事件,中国证监会将按照《关于加强上市公司环保监管工作的指导意见》规定进行处理,情节严重的将追究其当事人刑事责任。其实不仅这13类重污染企业将受到严格的环境监管,今后凡是从事火电、钢铁、水泥、电解铝的行业及跨省经营的污染性企业,在申请首发或者再融资时都必须进行环保核查,否则证监会不予受理。

从我国绿色证券行业政策文件的主要内容可以看出,监管的核心目标就是促进企业积极及时进行环境信息披露。虽然已经进行了建章立制,但环保革新势必涉及各方面的利益,所以整个体系的完整构建和实践还存在一些风险隐患。例如,在信息共享层面上也存在许多问题。一是各部门之间、中央和地方之间环境与经济信息核准和共享机制没有建立,使政策制定缺乏一些基础信息、难以准确评估政策的实施效果。二是相关基础研究远远不够。一方面缺少对行业产品的生产消费等过程的环境损害、环境代价等基础研究;另一方面,缺少可供政策实施的配套名录及相关标准,即使有也往往不能够及时更新。同时,我国绿色证券虽然构建了上市公司的环保监督管理三项基本制度框架,但是目前我国环境经济政策的法律保障体系还不完善,存在许多空白。很多市场主体并未被置身于明确的法律规则之下,这样就不利于政策的有效实施。为此,对于证券业的绿色金融风险要从法律的构建完善方面入手。

从以往经验来看,证券市场在投向绿色环保领域过程中,风险防范的首要保障便是严格的环境法律制度土壤。但我国对绿色证券制度的移植过程中,由于没有相应完善的上市公司审核与监管标准、环境绩效评估标准以及相关可实施性政策办法的缺失,再加上法律责任不明确、救济手段的不到位,使得上市公司环境保护核查、企业上市环保准入审查工作并没有一套科学的标准和严格的程序,政策效果并不理想。2016年12月,证券业协会发布了《证券公司全面风险管理规范》,其中对风险管理的相关政策和机制进行了全面的规定(见专栏11-1)。

> **专栏11-1**
>
> ### 第三章　风险管理政策和机制
>
> 第十九条　证券公司应当制定并持续完善风险管理制度,明确风险管理的目标、原则、组织架构、授权体系、相关职责、基本程序等,并针对不同风险类型制定可操作的风险识别、评估、监测、应对、报告的方法和流程。证券公司应当通过评估、稽核、检查和绩效考核等手段保证风险管理制度的贯彻落实。
>
> 第二十条　证券公司应当建立健全授权管理体系,确保公司所有部门、分支机构及子公司在被授予的权限范围内开展工作,严禁越权从事经营活动。通过制度、流程、系统等方式,进行有效管理和控制,并确保业务经营活动受到制衡和监督。
>
> 第二十一条　证券公司应当制定包括风险容忍度和风险限额等的风险指标体系,

并通过压力测试等方法计量风险、评估承受能力、指导资源配置。风险指标应当经公司董事会、经理层或其授权机构审批并逐级分解至各部门、分支机构和子公司,证券公司应对分解后指标的执行情况进行监控和管理。

第二十二条 证券公司应当建立针对新业务的风险管理制度和流程,明确需满足的条件和公司内部审批路径。新业务应当经风险管理部门评估并出具评估报告。证券公司应充分了解新业务模式,并评估公司是否有相应的人员、系统及资本开展该项业务。董事会、经理层、相关业务部门、分支机构、子公司和风险管理部门应当充分了解新业务的运作模式、估值模型及风险管理的基本假设、各主要风险以及压力情景下的潜在损失。

第二十三条 证券公司应当针对流动性危机、交易系统事故等重大风险和突发事件建立风险应急机制,明确应急触发条件、风险处置的组织体系、措施、方法和程序,并通过压力测试、应急演练等机制进行持续改进。

第二十四条 证券公司应当建立与风险管理效果挂钩的绩效考核及责任追究机制,保障全面风险管理的有效性。

第二十五条 证券公司应当全面、系统、持续地收集和分析可能影响实现经营目标的内外部信息,识别公司面临的风险及其来源、特征、形成条件和潜在影响,并按业务、部门和风险类型等进行分类。

第二十六条 证券公司应当根据风险的影响程度和发生可能性等建立评估标准,采取定性与定量相结合的方法,对识别的风险进行分析计量并进行等级评价或量化排序,确定重点关注和优先控制的风险。证券公司应当关注风险的关联性,汇总公司层面的风险总量,审慎评估公司面临的总体风险水平。

第二十七条 证券公司应当建立逐日盯市等机制,准确计算、动态监控关键风险指标情况,判断和预测各类风险指标的变化,及时预警超越各类、各级风险限额的情形,明确异常情况报告路径和处理办法。

第二十八条 证券公司应当建立健全压力测试机制,及时根据业务发展情况和市场变化情况,对证券公司流动性风险、信用风险、市场风险等各类风险进行压力测试。

绿色证券活动中主要存在的两类风险,主要都是由于环境信息披露不完全造成的。

第一类是"地方政府的政企合谋"造成的环境信息失真。尽管绿色证券的取向是积极的,但是能否在现实中避免出现附带的负面效应,有待进一步努力和完善。在绿色证券的政策落实上,2007年下半年呈报的37家企业中,有10家企业的IPO或者再融资被叫停,但是到年底的时候,这些被叫停的企业仅仅剩下2家,其他企业仍然获得了上市融资的机会,只是时间稍微推迟了而已,并没有实质性的改变。因为上市公司的再融资行为同样涉及多方利益主体,除了证券审批部门和环保部门外,还包括依靠上市公司上缴财政税收的地方政府以及众多的二级市场公众投资者。由于很多大型上市公司的盈利和发展状况直接关乎地方政府的财税利益,一直以来地方政府部门对于部分污染企业"睁一只眼、闭一只眼"的状况长期存在,这也是地方环保部门之前治污效果不佳的重要原因之一。因此,当地方重要企业由于"双高"问题被证监会叫停的时候,某些地方政府与证监会之间或许会出现相互妥协的情况,来规避绿色证券政策的限制。以前环保部门对污染企业进行处罚的时候,遇到此类事件无法解决,那么现在换成了金融监管部门,更是难以处理。

第二类是"环境信息披露标准缺失"影响金融企业精确识别。绿色证券的实施不仅能影响企业的再融资政策,而且企业的金融政策通过与否会直接与资本市场上企业的股票价格挂钩。如果市场有效,那么一个超大型企业的再融资方案被否定的话,该股票在二级市场上的股价会急转直下,最终受害的是二级市场上的投资者,也不利于证券市场的稳定和保护投资者利益。这就使得监管部门在政策实施上遇到了两难的处境,无论政策执行与否,都难以达到理想的效果。在实践中,由于我国尚未建立完善的上市公司环境绩效评估标准以及相关政策办法,使得上市公司环境保护核查、企业上市环保准入审查工作并没有一套科学的标准和严格的程序,实施效果也不理想。一方面,虽然环保部门在企业污染程度方面有数据和经验,但是金融监管部门很难单凭这些数据就对某一企业进行 IPO 或者再融资进行否定。毕竟什么程度的污染企业可以进行全盘否定,何种程度的耗能企业可以部分融资都需要一个明确而详尽的规章制度来规范和执行。另一方面,环保部门、金融监管部门与企业存在逆向选择问题,"两高"的企业一般不会主动将自己的真实污染情况进行上报,这在无形中加大了监管部门进行核查的难度。同时,上市公司环境表现披露制度也亟待建立,这对于监管部门和企业来说,更是一个挑战。

基于上述风险的分类和阐释,绿色证券要发挥金融引导的作用,就必须强制要求融资需求企业披露相应的环境保护绩效,从而为建立高耗能、高污染上市公司环境信息披露制度奠定基础,通过把评估结果向社会公开,让广大股民和社会公众一起进行绿色监督。对于企业环境的违法信息,环保部门要及时发布,同时,券商、基金等机构也要及时提供使用环境信息的反馈情况,真正做到信息共享。要做到信息共享就要做到明确高耗能、高污染行业的划分依据,明确指标设计的原则,界定指标选择的范围和内容,确定环境绩效评估的标准与等级划分,选择上市公司环境绩效评估的方法和程序等。同时借鉴国外经验,编制并发布中国证券市场环境绩效指数。在不同的工业行业中,选择环境绩效表现较好的若干只股票,编制中国证券市场环境绩效指数,并实时向投资者公开发布,为投资者、管理者提供环境绩效的信息和行业信息。在具体可操作的监管政策推出之后,加大其执行力度。一项政策的好坏,能不能惠及大众,并不是看这项政策制定的初衷有多好,而是看这项政策执行过程中能不能严格地被执行,做到有法必依,执法必严。同时,绿色证券的风险管理要求有健全的公众参与机制,为各种社会力量特别是 NGO 参与涉及证券市场的环境保护搭建平台。公众的参与可以加强政府对企业不负责环境行为的全方位监管,并引导企业在环保践行上成长与发展。公众能够在推动绿色证券政策的加强与落实过程中发挥积极有效的作用。

二、证券业绿色金融实践与风险管理案例

近年来,实体经济正通过能耗转型、科技创新、产业升级等手段,加速迈入低碳发展的轨道,金融行业与实体经济相辅相成、互促共进,绿色金融既是现代化经济社会建设的重要环节,更是实现可持续发展的内生动力,金融行业对绿色产业支持的力度和效率正在稳

步提升。尤其是近年来,在实现"双碳"的进程中,金融业通过各种创新方式支持新型能源产业及传统能源产业转型项目的快速发展。证券公司作为提供资本市场直接融资服务的行业主体,通过投行业务、资产管理业务帮助产业实现健康发展和绿色转型。

实践一:广发证券通过承销发行绿色债券,运用绿色融资租赁等金融工具,引导和激励更多社会资本投入绿色产业,支持绿色产业蓬勃发展。

广发证券践行 ESG 责任投资理念,持续推行绿色运营,努力减少业务活动产生的环境影响,主动应对气候变化,为促进生态文明建设和实现碳达峰碳中和目标贡献力量。该证券公司主要从两方面开展绿色金融活动:一是支持绿色债券发行。债券融资作为直接融资的渠道,在优化社会融资结构、降低社会融资成本等方面发挥了积极作用。广发证券积极响应国家政策号召,为客户承销发行绿色债等债券品种,服务客户范围涵盖交通运输、能源、公共资源等重点行业,其募集资金用途包括投向于新能源开发、产能升级、公用设施、轨道交通等政策导向领域。二是践行 ESG 责任投资理念。2021 年,广发证券投资环保相关企业债券合计 120.52 亿元,涉及新能源开发、废物废水处理、环境治理、清洁能源、节能减排、高效储能和智慧能源等多个领域;投资绿色债 65.11 亿元。公司控股子公司广发基金积极践行 ESG 责任投资理念,不断加强 ESG 投资体系建设。

实践二:中信建投证券通过承销绿色债券、服务绿色企业股权融资等方式,践行新发展理念。

2021 年,中信建投证券共承销 63 只绿色债券,承销规模 254.20 亿元,包括 25 只碳中和专项债,承销规模 65.21 亿元。2021 年前 5 个月,中信建投证券共承销 37 只绿色债,承销规模 244.62 亿元。在积极服务绿色企业股权融资方面,2021 年,中信建投证券完成了南网能源、中际联合、金房节能、倍杰特、振华新材、通灵股份等 6 家 IPO 项目,累计募集资金 54 亿元,其中,独家保荐承销的南网能源 IPO,是节能服务和综合能源服务为主业的上市第一股。2021 年前 5 个月,中信建投证券完成绿色企业股权融资项目 3 单、可转债 2 单、公司债 1 单,募集资金 212.56 亿元。中信建投证券还积极助力中小微企业发展,践行新发展理念,全力参与北交所建设,积极保荐科创板、创业板上市项目。2021 年,北交所正式开市运营,中信建投证券在首批 81 家北交所上市公司中保荐 12 家。

实践三:绿色资产证券化风险防范研究——以金风科技风电收费收益权绿色资产支持证券为例。

在 2018 年上交所发布的《上海证券交易所资产支持证券化业务问答(一)、(二)》中对绿色资产证券化的定义给出了明确指示,符合以下三个条件之一的都属于绿色资产支持证券:一是募集资金投向绿色产业的金额不低于全部金额的 70%;二是基础资产中有不低于 70% 的部分来源于绿色领域;三是原始权益人主营业务属于绿色产业领域。绿色资产证券化产品根据基础资产来源和募集资金使用情况分类可以分为三类:第一类为"资产绿"资产证券化,即只满足基础资产来源于绿色产业;第二类为"资金用途绿"资产证券化,即只满足募集资产投向绿色产业;第三类为"双绿"资产证券化,即基础资产来源和募集资金的投向均为绿色产业。

发行人金风科技是典型的可再生能源发电企业,其主营业务包括风力发电机组业务。在风电行业利好的大背景下,金风科技选择正确的时机进行资产证券化,以风电场的上网电费收益权为基础资产,一方面,行业的向好发展能够保证绿色资产支持证券现金流的稳定,符合发行规定获得融资;另一方面,公司属于绿色企业,发行绿色资产支持证券属于响应了国家绿色企业创新融资的号召,也大大提升了企业的市场形象。农银穗银金风科技风电收费收益权绿色资产支持专项计划设立于 2016 年 7 月 1 日,到期日为 2021 年 6 月 30 日,是上海证券交易所第一单绿色资产证券化项目,也是国内第一单得到绿色双认证的绿色资产证券化。该专项计划的原始权益人为新疆金风科技股份有限公司,同时也是项目的差额补足义务人,当出现现金流不足时,金风科技负责补足专项计划账户中资金低于当期应付优先级资产支持证券本金和预期收益的差额部分。另外,该专项计划的主要参与方还包括资产服务机构、计划管理人、托管人、监管银行等等。该项目的风险包括:原始权益人的履约风险,即金风科技的持续经营能力和履约能力会影响该专项计划能否成功实施;在专项计划现金流进行归集的流程中,如若原始权益人同时兼任资产管理服务机构的角色,则往往容易出现资金混同和挪用的风险;金风科技属于风电行业,整个基础资产现金流的稳定性及证券的流动性易受到国家产业政策和环保投资政策的影响;因金风科技绿色资产专项计划中发行的债券采取的都是固定利率,当市场利率发生变动的时候,优先级证券的利率无法做出相应的调整,当市场利率上升的时候,证券的价格可能会下降,由此会影响发起人的融资成本和投资者的投资成本。

为应对上述风险,公司采取了一系列措施,包括选择资信良好的原始权益人,以防范原始权益人履约风险,金风科技作为该专项计划的原始权益人,其拥有较高的行业地位、较好的信用状况,整体的抗风险能力较强,这在一定程度上降低了投资者可能面临的相关风险。及时进行信息披露。出于信息不对称可能会导致信用增级措施风险,而计划管理人可以通过及时进行信息披露来控制和降低该风险。在绿色资产专项计划开始发行及存续的期间,计划管理人有义务根据文件约定和法律法规的规定将专项计划的相关信息披露给投资者。专项计划的披露信息将公布在农银汇理基金管理有限公司的网站及上交所的网站,以此供广大投资者进行查看并以此接受社会大众的间接监管。设置专项计划账户,进行现金流封闭,为了控制资金混同和挪用风险,该专项计划要求金风科技与计划管理人、监管银行签订《监管协议》,同时要求金风科技设立了监管账户和资金托管账户。对于政策和税收的相关风险防范,计划管理人在存续期间将加强宏观环境和行业政策的深入研讨,积极与政府监管部门沟通交流,把握住目前绿色资产证券化的发展趋势,以便更好地应对未来的政策变化对专项计划所带来的冲击。

第二节 绿色债券风险管理的介绍

一、绿色债券风险特点和成因

关于绿色债券的内涵与范围,国内外不同组织从定义和标准两方面对绿色债券进行了概念界定。根据中国人民银行、国家发改委、证监会发布的《关于印发〈绿色债券支持项目目录(2021 年版)〉的通知》,绿色债券最新定义为募集资金专门用于支持符合规定条件的绿色产业、绿色项目或绿色经济活动，依照法定程序发行并按约定还本付息的有价证券。绿色债券项目支持节能环保、清洁生产等六大类产业。在国际方面，气候债券倡议组织（Climate Bonds Initiative，CBI）将绿色债券定义为：所募资金专门用于投放或再投放新增和/或现有的绿色合格项目的一部分或全部，且与绿色债券原则或绿色贷款原则相一致的债券、贷款或其他债务工具。项目范围涵盖能源、交通、水资源等八大领域。我国对于绿色债券的定义基本与国际一致，主要包括资金需用于发展绿色低碳、减缓气候变化的项目，以及发行的证券为固定收益类证券等要素。在标准方面，我国绿色债券体现出涵盖行业更多、支持范围更广的特征。

作为绿色金融领域的一种融资活动，大多面向的是各种绿色类建设项目，如污水处理工程、清洁能源发电项目、轨道交通项目、生态综合治理项目、新环保产品或材料的开发项目等。证券业的绿色债券就是募集资金用于绿色项目，收益大小受益于环境可持续发展项目的一种新型融资工具。不同于普通债券市场，绿色债券市场具有一定的特殊性，是环境偏好投资者的一种投资选择。从绿色债券发行量看，2021年，我国绿色债券市场共发行652只绿色债券，发行量同比大幅增长123.29%。其中，人民币绿色债券的发行金额为6 115.06亿元、同比增长172.84%，呈加速反弹态势，且人民币仍为绿色债券主要发行币种；外币绿色债券主要以美元为主，同时，欧元绿色债券也开始在近两年发行。债券发行人所处行业以建筑与工程、电力、交通基础设施为多数。发行期限以3年期和5年期为主，近年来出现其他期限，如270天、1年、15年、30年和无固定期限等，并且占比逐渐扩大，预计未来发行期限种类将会更加丰富、灵活，这有利于吸引不同类型投资者投资绿色债券。

在顶层设计方面，我国先后出台了多部政策支持绿色债券的发展。2021年7月，由中国人民银行、国家发改委、证监会联合发布的《绿色债券支持项目目录（2021年版）》正式实施。文件正式明确了绿色债券定义，进一步细化了绿色债券的支持目录，为我国绿色债券市场发展提供了稳定框架和灵活空间，实现了与欧盟标准更进一步的协同。文件采纳国际通行的"无重大损害"原则，对绿色债券界定标准问题进行了进一步明确和细化，如对煤炭等化石能源清洁利用等项目不再纳入支持范围，并增加了绿色农业、绿色建筑、可持续建筑、水资源节约和非常规水资源利用等新时期国家重点发展的绿色产业领域类别，与当前国家产业政策及转型导向更趋一致。

总体而言，我国绿色债券信用评级较高，等级以AAA级为主，绝大多数债券信用等级在AA级以上，并且比例在不断上升，整体信用情况呈良好态势发展。大多数绿色债券的票面利率比可比债券利率均值低，说明目前来看绿色债券发行具有一定成本优势。但我国绿色债券尚处于初级发展阶段，各个类别绿色债券都还存在风险评估体系不够完善、信息披露不透明、第三方认证不统一以及发行主体"洗绿"等问题，相关政策和措施都有待完善，在绿色债券的使用中，信用风险是最大的金融风险来源。因此，分析我国绿色债券信用风险的成因及特点，以提出相应的信用风险防范对策，对于保护投资者利益、促进我国绿色债券市场的健康发展有着十分重要的意义。在实践案例中，绿色债券的风险主要来源可能包括下面四种类型。

第一，资金投向不规范。虽然绿色债券所募集资金应当用于符合国家相关规定的绿色项目，但现实中有时也用于偿还以往绿色项目借款和补充营运资金，国家鼓励设立专门的账户以便于专款专用。资金的流向存在不规范使用的风险。第二,债券期限较长。由于其本身的绿色属性,环境效益的实现周期长,因而绿色债券存续期限较长,通常会贯穿于整个项目的建设过程中,存在项目进展受阻延滞的隐患。第三,信息披露不充分。绿色债券发行人需要向投资人和社会公众披露募集资金的真实用途和所投项目产生的绿色效益,由相关监管机构及第三方认证机构对债项的绿色程度进行认证评级,出具认证评级报告。但现实中由于披露信息不彻底存在项目信息的"不透明"情况。第四,规避绿色认证。绿色债券更容易获得政策支持,许多企业都会要求发行该类债券,但在寻求认证审批环节可能会产生额外费用。超半数已发行的债券都进行了第三方认证,选用的第三方认证机构有专业咨询机构、信用评级机构、会计师事务所和学术机构,其中专业咨询机构和信用评级机构较多。但仍有部分债券未进行第三方认证,未来应当采取促进措施,尽可能让第三方认证覆盖到整个绿色债券市场,以防范"漂绿"风险,规范绿色债券发行。

上述这些风险在其他绿色金融产品中也同样存在,但债券本质是一种金融契约,是政府、金融机构、工商企业等直接向社会借债筹借资金时,向投资者发行,同时承诺按一定利率支付利息并按约定条件偿还本金的债权债务凭证。因此,债券类产品的发放和申购主要基于发债主体和债项产品自身质地,具有法律效力,债券购买者或投资者与发行者之间是一种债权债务关系,债券发行人即债务人,投资者(债券购买者)即债权人。信用风险将是绿色债券发行中最大的金融风险。下面,我们主要讨论绿色债券风险的表现和成因。

(一)发债主体的风险

从内部来看,发债主体信用风险主要受发债企业经营状况和管理水平影响。发债企业经营状况的好坏会直接影响到其偿还债务的能力和信用风险的大小。企业需要有充足的现金流、良好的资产流动性和良好的盈利能力以保证债务按时足额偿付。企业内部对风险的管控和应对能力、企业组织架构的合理性和健全程度,以及企业的发展战略反映了企业的管理水平,会影响债券募集资金的使用和管理,进而影响企业的收益。企业业务的多元化有利于提高偿债能力,分散财务风险,使投资人的权益得到一定的保障。企业在行业中的地位排名能够反映企业的发展前景和经营能力。一般而言,行业竞争力强、规模大的企业通常拥有较好的风险应对能力、财务运营能力和良好的信誉,信用评级等级较高,信用风险水平相对较低,更容易获得投资者的信任和青睐。绿色债券的发债企业大多都是大型企业,在所处行业处于领先地位,经营状况和管理水平都相对较好。

从外部来看,政府扶持会大力提高发债主体信用水平。绿色债券所处行业都是国家重点支持的行业,因而发债企业能得到更多的政策扶持和资金赞助,这有利于募集充足的资金,有利于降低信用风险。除此之外,外部政策调整、整个社会政治环境和宏观经济的发展也会对企业经营状况和信用风险大小产生影响。比如碳达峰和碳中和目标的提出,使得高耗能、高排放企业的工艺发生革新,使债券信用风险大大增加。

(二)债项质地的风险

除了主体信用风险,债项自身也存在信用风险。由于绿色债券募集资金用途的特殊性,企业对募集资金的管理和使用应当是债项管理的重点。绿色债券所募集的资金直接用于绿色项目的占比反映了专项资金分配率大小和绿色债券的绿色程度。一般来说,设立专门账户管理募集资金的债项绿色评级较高。专款专用有利于及时跟踪募集资金的用途,有利于提高绿色项目的公开透明程度,有利于降低信用风险,一定程度上与企业对于绿色项目的重视程度有关。

绿色债券采取必要的增信措施有利于降低信用风险。常见增信措施有第三方认证和担保。第三方认证机构对绿色债券的信用风险程度和绿色程度进行评估认证,因而经过第三方认证的绿色债券信用风险较低。但目前我国不强制绿色债券第三方认证,国内第三方认证评估的指标体系不统一,并且认证评估未能落实到绿色债券从发行到使用的整个过程,一定程度上不利于绿色债券信用风险的防范。此外,有第三方担保、银行授信额度充足的绿色债券信用等级较高,债项偿还有一定保障,有利于降低信用风险。

(三)绿色管理的风险

绿色管理带来的信用风险是募集资金是否真正用于绿色项目、绿色项目是否能产生预期的绿色效益等在绿色项目的投入、实施过程中可能产生的风险,是绿色债券独特的信用风险来源,大体上可以分为绿色项目风险和自然环境风险。绿色项目风险主要由信息披露问题和环境绩效衡量问题引起。由于外部信息使用者无法准确获取公司内部的财务信息和绿色项目进展情况,因而会产生信息不对称的问题,容易造成发行人"漂绿"风险。募集资金投向的绿色项目所产生的绿色效益大小,会影响绿色债券的信用风险大小,会影响那些愿意为环境效益支付溢价的绿色投资者的投资热情。投资者有权知晓绿色项目使用资金的过程和产生的环境效益,这与信息披露机制的健全程度、相关机构的监管力度、绿色项目的公开透明程度密切相关。目前我国对于环境信息披露的监管还不是很完善到位,对环境效益和环境风险的评估也大多还停留在定性方面。从绿色债券募集资金的筹集到运用、从绿色项目的开展到完成的全部流程,都应当有一个全方位的监控体系,并推动环境风险的定量衡量,这样才能保证绿色债券实至名归,真正发挥为环境建设项目筹资的作用。

由于绿色债券依赖于自然环境而发展,受环境不确定因素的影响较大,因此,由于气候变化等自然原因造成的绿色项目无法正常开展或环境效益无法如期实现的自然环境风险也会带来信用风险。自然环境变化会影响绿色债券环境效益的实现程度和履约进度,给绿色债券造成不确定的信用风险。绿色管理导致的信用风险是绿色债券特有的风险,我国目前缺乏系统的环境效益标准,环境风险管理和信息披露制度也处于发展阶段,因此应当不断完善绿色监管体系,从多个方面尽可能降低绿色债券的绿色管理风险。

二、我国绿色债券风险的管理策略

(一)建立绿色债券风险防范预警机制

一是加强信息披露的监管。目前不同信息平台披露信息的范围和内容不同,对同一指标的叙述和衡量也存在差异,有些信息平台上甚至缺失部分债券的募集资金说明书等关键文件,缺少全面权威的信息平台规范债券信息。建议结合大数据、区块链等技术建立数据之间的相互关系,搭建一个权威的智能动态信息共享平台,在确保数据真实可信的基础上,将人工智能融合到绿色产业中,便于信息使用者了解到实时可靠的绿色债券信息,有利于用统一的标准和口径衡量各个指标,提高投资者主动获取信息的积极性,还能降低相关工作的人力、物力、时间消耗。同时,进一步细化信息披露的最小周期,明确强制披露和鼓励披露的具体内容,规范信息披露的标准。保证公布指标的全面、准确,使投资者权益得到保障。防止信息披露不透明、不及时,让投资者和社会公众清晰地了解资金去向和用途。此外,监管机构应当持续跟踪、定期核查、披露债项相关情况,及时向公众反馈,保证绿色债券"常绿"。

二是根据募集资金的使用情况和各项指标变动情况搭建防火墙,设立各指标预警值,运用云计算等技术,在指标的动态变化中及时发现风险,最大限度地减少投资者损失。运用大数据、互联网等信息技术的优势,结合行业特点,建立分行业的绿色债券信用风险的动态数据库,便于提取、分析、监控数据,结合规范透明的信息平台进行披露,以监控风险。

三是规范认证和报告标准,加强绿色债券基础设施建设。不同机构发布的报告内容不同,不利于报告使用者迅速准确地获取需要的信息,而且部分债券报告中并没有对募集资金的具体用途、环境效益,以及项目建设进度进行具体详细的披露。第三方认证作为投资者选择绿色债券的重要参考依据,应当具有充分的严谨性和规范性,帮助投资者做出决策。目前不同机构的评级模型结构、指标不尽相同。应当规范认证机构准入标准,规范第三方认证平台,统一认证标准,并努力与国外标准接轨,便于境外投资者获取信息,加强认证报告的权威性和准确性。另外,应当加强跟踪绿色项目产生的环境效益,将发行时的环境绩效目标与项目完成时实际实现的环境效益进行对比,并在跟踪评级报告中披露,预测未来环境效益和风险变化趋势,持续真实地反映债券绿色程度。此外,目前中介机构鱼龙混杂,缺少成熟的中介体系和专业可靠的中介机构,应当培育成熟负责的中介机构,对相关人员进行专业规范化业务培训,明确职责分工,探索建立问责机制。

四是构建系统的环境效益评估标准。当前环境效益的评价指标较为单一,多数是温室气体排放量和污染物减排量指标,应当丰富评估指标的多样性,运用环境工程等方面的专业知识构建专业的环境效益评价标准,从污染防治、生态保护、环境监测等多个方面衡量环境绩效。不同行业绿色债券的环境风险衡量指标和标准不尽相同,环境效益缺少量化标准,应当根据不同行业特点制定量化的环境指标,尽可能准确客观地反映环境绩效。同时环境绩效也可以通过可量化的经济效益体现,比如现金流量可以反映环境效益和环境成本的内部化程度,企业能得到环境效益带来的现金流入,会承担环境成本带来的现金流出。运用好现金流的分析和预测将有助于识别环境风险。同时将正外部性通过补贴、优惠等收益反映,将负外部性通过处罚、税收等成本予以体现,使环境方面的绩效与经济方面的成本和收益挂钩,能有助于防范企业"漂绿"风险。鼓励企业以实事求是和自我反省监督为原则,出具社会责任报告和环境保护报告。

(二)发债主体层面

对于发债主体而言,应当本着诚实守信原则,在保障自身利益的基础上,尽可能降低信用风险。

一是创新绿色债券种类,加大绿色债券发行的灵活性。可以适度发行小规模、小金额、分期发行的绿色债券,以满足更多投资者的需求,扩大发行范围。创新绿色债券的计息方式,比如采用固定利率和浮动利率相结合的方式,把投资者的收益和相关经营状况相结合,这样既能够保证投资者的相关收益,同时也可以降低企业的偿债压力,具有实用性和灵活性。

二是积极寻求增信措施。目前我国绿色债券采取第三方担保的较少,发债企业应当积极寻求第三方认证和担保,提高绿色债券信用等级,增强自身偿债能力,为投资者利益提供保障,为以后发行绿色债券奠定信用基础。

三是发债企业应加强对募集资金的管理,实行资金使用全过程的控制监督。国外对于绿色债券募集资金的标准化管理和监督做了明文规定。目前国际公认标准《绿色债券原则》就明确要求发行人设立专项独立账户对募集资金进行管理,或者通过其他监管流程使资金使用全过程可追溯。世界银行规定绿色债券募集资金必须存入专项账户中,资金使用时再按照规定的流程从专项账户中转出,并且必须直接投向规定的绿色项目,对资金进行全过程追踪。因此,我国的绿色债券要想走出国门,取得更加繁荣的发展,应当向国际标准学习靠拢。发债企业应当建立专项账户用于管理募集资金,实现专款专用,合理分配、管理、使用资金,并持续追踪、定期披露资金去向、用途,以及产生的效益,不提供误导性或不充分信息,这样有利于更好地监督并降低信用风险,获取投资者的信任,提高自身信誉。

另外,发债企业应当提高自身管理水平和经营能力。制定合理的发展战略,提高企业内部对风险的管控和应对能力,以及时应对外界环境发生的不可控风险。提升自身财务管理水平,提高偿债能力、盈利能力和营运能力,增强资产流动性,保障现金流充足,从根本上防范绿色债券信用风险。

(三)投资者层面

绿色债券投资者作为直接利益相关方,是绿色债券信用风险防范必不可少的一个环节。投资者的关注对绿色债券的收益和改革有促进作用,有利于使资金流向真正绿色的项目建设中,促进绿色债券的健康发展。投资者应该强化自身绿色投资理念,学习绿色债券相关知识。积极主动搜集并关注绿色债券相关信息,提高风险识别和防范的意识和能力。在综合考量绿色债券信用风险后理性投资绿色债券,防止不必要的损失。企业过往信用状况和债券偿还情况能够对信用风险大小提供参考。除此之外,要提高自身环境保护意识,并积极发挥社会监督作用,发现风险事件应及时上报相关监管部门核查,针对目前发现的问题及时提出修正性意见。当自身合法权益受到损害时,也应该采取合理合法的措施维护权益,督促绿色债券向健康良好的方向发展。

三、绿色债券风险管理面临的挑战

绿色债券作为证券业发展绿色金融的代表性产品,利用经济核算方法将绿水青山等自然要素转化为具有经济价值的自然资本,赋予其价值属性。中国人民银行研究局局长王信认为,绿色债券的发展至少有三方面好处。第一,政府、企业、金融机构等各类主体发债筹资,支持绿色低碳转型,可以彰显中国应对气候变化的决心,动员长期的资金来为绿色低碳转型服务。第二,相对于股票等资产,绿债的安全性比较高,普通百姓可以直接投资或者通过机构投资者来间接投资绿色债券,增加财产性收入。第三,可以大规模增加国内人民币投资的资产标的,可以吸引国外可持续投资的资金,从而有利于国内金融市场的发展以及上海国际金融中心的建设,也有利于人民币的国际化。但在未来若要发挥更大价值,还存在以下挑战。

首先,环境效益尚未完成评估技术攻关和实质价值转换。绿色债券创设的初衷是为改善生态环境,除关注债券收益率这一传统指标外,发挥债券在绿色概念"落地"过程中的环境评估作用至关重要。目前的环境效益指标体系缺乏全国层面和各行业领域的普适性。第一,环境效益评估量化方法尚未统一。在实践过程中,评估标准"因企而异"现象一直存在,且资金使用方拥有较大的解释空间。第二,环境效益核算系统尚未建立。在指标构建上,考量因素未实现与节能减排、污染防治等具体环境监测指标的完全挂钩;在信息传输上,环境数据未实现项目全生命周期内的可追溯与可共享。第三,绿色债券定价生态尚未形成。在定价精度上,单只债券的发行溢价未能很好凸显环境效益带来的独特成本优势;在定价效率上,债券所投绿色项目的生态贡献度差异未能实质影响绿色债券金融价值的多层级评估,以及绿色债券交易市场的多元化构建。

其次,未来将推进债券绿色效应的评估精度与应用深度。一方面,构建绿色债券环境效益评价指标体系,直观反映债券投资项目产生的环境效益。其一,按环境污染类别制定绿色债券环境效益核算标准,设置每亿元债券资金可实现的碳减排量、替代化石燃料量等效益指标,突出单位债项募集资金在减少碳排放、加快低碳转型、推进污染物处理等方面的积极作用。其二,按照可计量、可检验的原则,规范绿色项目减排测算方法与指标数据来源,将债券环境效益系统中的碳减排数据结果对接国家核证自愿减排系统(Chinese Certified Emission Reduction,CCER),通过碳排放交易市场核定绿色债券资产的碳价值,切实帮助债券发行企业降低融资成本。同时,从理论和实践方面攻关,将"绿色效应"通过绿色债券的形式,转化为资本市场价值。基于环境效益评估结果,由权威的资产评估机构或借助其他绿色金融市场交叉验证绿色债券市场发行价格。通过市场化定价,将实际的绿色效应差异转化为市场交易价格指数,进一步扩大绿色债券的融资成本优势。积极引导投资方盘活优质的绿色债券资产,研发以绿色债券指数为投资标的的指数基金,推动绿色债券指数衍生品交易发展。依托金融市场交易的价格发现功能,让绿色债券的金融红利惠及更多的绿色项目投资者。

[本章小结]

通过本章学习,我们对证券业在绿色金融领域的创新进展和实践特点进行了介绍,特别对证券业现有的业务如何融入绿色金融进行了阐释,对相关政策和风险管理策略进行了介绍;选取证券业中的绿色债券的风险特点和成因进行了阐述,根据我国近年的绿色债券发行情况,介绍了风险管理的策略。最后,归纳了绿色债券风险管理面临的挑战风险,对风险控制和管理促进自然生态价值的增值的作用进行了讨论,以进一步加深对于绿色债券风险管理作用的理解。

[习题与思考]

1. 简述证券业参与绿色金融活动的常见产品和风险管控措施。
2. 绿色债券风险产生的常见原因是什么?

3. 结合现实案例，归纳绿色债券的风险管理常用方法。
4. 比较绿色债券、绿色信贷和绿色保险产品在风险管理方面的异同点。

[参考文献]

陈志峰.我国绿色债券环境信息披露的完善路径分析[J].环境保护,2019,47(1)：50-53.

何雁明,傅晓琪,郑其敏.对我国绿色债券风险的分析及建议——基于主成分分析法[J].黑龙江金融,2019(11)：27-29.

侯玉杰.绿色金融改革创新试验区扬帆起航[J].金融世界,2017(7)：2.

金佳宇,韩立岩.国际绿色债券的发展趋势与风险特征[J].国际金融研究,2016(11)：36-44.

柯蕊.推动我国绿色债券发展的相关问题研究[J].时代金融,2017(36)：183+186.

李永坤,朱晋.我国绿色债券市场发展现状及对策研究[J].现代管理科学,2017(9)：58-60.

刘瀚斌.绿色金融的三重效益[N].中国环境报,2020-09-25.

平安证券.绿色金融专题研究报告：充分发挥绿色保险的市场化风险管理作用[R].平安证券研究报告,2022.

王小溪.论我国绿色证券的法律制度构建[D].东北林业大学,2011.

姚东旻.绿色债券释放"绿色效应"助力环境溢价转化为资产溢价[J].中国财经报,2022-07-26.

俞春江.自然环境因素对绿色债券信用质量的影响[J].债券,2016(10)：28-32.

张伟.发挥绿色金融在生态产品价值实现中的作用[J].中国水运,2018(7)：10-11.

赵晓英.我国绿色债券的发展现状制约因素及政策建议[J].中国城市金融,2016(7)：47-50.

Pham, L. and Huynh, T.L.D. How Does Investor Attention Influence the Green Bond Market? [J]. *Finance Research Letters*, 2020(35)：101-533.

第十二章 金融科技在绿色金融风险管理中的应用

[学习要求]

- 了解金融科技在绿色金融风险管理中的应用场景
- 了解金融科技在风险防控中面临的挑战
- 掌握几种常见的针对绿色金融风险管理的金融科技工具

[本章导读]

"金融科技"(FinTech)是金融(Finance)和技术(Technology)的合成提法。从认知上来看,金融科技是指技术带来的金融创新,具体来说,就是运用"A"(人工智能)、"B"(区块链)、"C"(云计算)、"D"(大数据)等技术手段重塑传统金融产品、模式、流程及组织等。从技术创新在金融领域应用场景的角度来看,主要包括业务发展和风险管理两大场景。2021年,中国人民银行印发了《金融科技(FinTech)发展规划(2019—2021年)》,其中的"加大金融审慎监管力度"部分,提出运用金融科技提升跨市场、跨业态、跨区域金融风险的识别、预警和处置能力,加强网络安全风险管控和金融信息保护,做好新技术应用风险防范,坚决守住不发生系统性金融风险的底线。近年来,金融科技逐步进入金融风险管理中,通过科技手段扩大了信息数据收集范围、提高源数据采集的周期长度,丰富数据分析的纬度和颗粒度,使得风险特征画像更具客观性,对于未来风险预测更具前瞻性。本章将对金融科技在绿色金融风险管理领域的应用进展、金融科技应用面临的挑战及展望进行介绍,并详细介绍几类绿色金融科技风险防范的工具。

第一节 金融科技在绿色金融风险管理中的应用进展

近年来金融科技在绿色金融和可持续发展层面已做了一些探索实践,尤其是在绿色农业、绿色消费、绿色建筑、绿色小微企业创业等情景中得到应用。例如,利用金融科技可以设计软件高效地识别资产、项目、产品和服务是否符合绿色节能标准,开展投入后的环境效益数据采集、溯源、处理和分析,支持绿色资产交易平台等;可以为金融机构在低碳资产识别、转型风险量化、碳资产信息披露等方面提供工具和方法,解决信息不对称问题、降低成本、提升效率等;可以在绿色金融监管政策工具、企业碳中和、系统性气候风险分析、绿色投融资金融产品和创新服务、绿色金融市场机制建设等细分应用领域提供更高效的解决方案。为了更好地了解金融科技手段在绿色金融风险管理中的应用,我们有必要对金融科技目前的应用情况进行一定的了解。

一、金融科技在绿色金融中的应用现状

现实中比较常见的是绿色数字金融,主要是指由大数据、机器学习与人工智能、移动科技、区块链以及物联网等技术支持的金融创新,帮助环境效益项目进行投融资活动,我们日常看到的大数据识别环境气候风险、抓取企业能耗及 ESG 信息便属于此类。目前,金融科技主要在风险管理场景下运用四大代表性技术,其中云计算技术为海量数据的运算能力和速度提升带来了突破;大数据风控技术主要应用于互联网金融的信用风险管理领域,解决的是信息不对称问题;人工智能风控技术是在大数据技术的基础上,主要解决风控模型优化的问题;区块链技术主要应用于支付清算等操作风险管理中的技术安全领域。可以看到,金融科技运用信息技术,进一步提升投融资各个环节的金融服务能力,通过简化供需双方交易环节、增加和完善金融产品供给、丰富和延伸金融监管模式等方式实现降低融资成本、拓宽融资渠道、促进普惠金融发展、提升风险防范能力等目标。

专栏 12-1

据《全球贸易评论》报道,国际银行业巨头汇丰银行(HSBC)将进行实时交易的区块链测试。区块链技术具有不可篡改、全网同步、透明、低成本等特质,基于区块链的转账支付系统具有高效率性、高安全性、高可用性以及高扩展性等特点。世界各国越来越多的金融机构考虑采用区块链技术提高效率,降低成本。

区块链跨链协议公司(SWFT BlockChain)将推出新金融科技支付工具 SWFT Pay,有效串联网络体系内的百余种代币及社区,使得平台任一币种都可以在其网络体系所有币种的应用场景中使用。让数字货币在真正意义上做到有效使用和流通,赋能代币价值、促进支付场景相互联动,助力数字货币行业理性、良性发展。PLOUTOZ 衍生品市场近日与 SWFT Blockchain 签署战略合作协议,并成为其支付网络生态中的重要一员,共建区块链金融支付生态。

自绿色金融在金融机构中普遍兴起后,金融科技也因地制宜地运用在各种场景中。根据《金融科技推动中国绿色金融发展:案例与展望》研究报告的结果:2020 年,活跃在中国绿色金融领域的金融科技公司有 59 家,包括 41 家绿色金融科技企业和 18 家金融机构或金融投资集团下属的科技服务公司。通过对 41 家以绿色金融为主业的金融科技公司进行跟踪调研分析,该研究发现金融科技主要有以下四种应用情况。

在绿色金融业务方面,金融科技工具的使用主要集中在绿色信贷、绿色基金、绿色能源市场、绿色债券等业务领域。其中,这些工具在绿色信贷和绿色基金业务领域的使用率较高,而在环境权益市场、绿色信托、绿色租赁业务领域则相对欠缺。

在应用场景方面,金融科技工具的使用覆盖了绿色金融领域的 ESG 信息识别与披露、投融资风险综合分析、全国碳市场交易、绿色建筑、绿色消费、绿色农业、小微企业等多个领域,这些技术应用的共性主要是运用数据技术对投融资活动中产生的各环节信息数据进行采集、表示以及分析。当前绿色金融科技中的许多供应链系统建设、区块链应用都属于"数据(信息)"要素科技化的表现。

在基础数据与工具方面,金融科技在环境数据、ESG 数据与评价、环境效益测算及风险监测、信息共享系统和金融机构绿色信贷信息管理系统得到较广泛应用。金融科技在绿色资产识别与溯源、环境气候金融风险量化评估与信用风险管理等领域的应用成为下一步需求。这本质是风险导向的数据(信息)价值创造方向。绿色金融活动在金融范围内呈现低频特征,但是基于平台化的推进,绿色金融活动更多的价值将体现在金融外的高频特征,这种高频特征所形成的反馈、更新、调整和重载是典型的数智化过程,将为相关机构带来附加价值,并预计将形成新的绿色金融科技咨询细分领域。目前部分 ESG 相关服务已经呈现出此特征的雏形。

在应用主体方面,绿色金融科技主要服务于政府机构、金融监管部门、金融机构、企业、个人用户。从项目个数来看,地方金融监管部门的占比达 50% 左右,中央金融监管部门和个人用户的项目各仅有一例,分别为中央金融监管部门提供绿色金融监管服务和针对个人的碳足迹、碳积分。

我们对已经报道的一些绿色金融科技案例研究发现,大数据、人工智能和云计算仍是目前中国推动绿色金融发展的三大主要技术。区块链和物联网应用相对较少,但可预见在未来实现全流程实时信息采集中将得到快速发展和应用。截至 2021 年底,从区域分布看,北京、上海两地的绿色金融科技企业聚集效果显著。其中,北京的企业数量为 16 家,位列全国第一;上海的企业注册资本金居全国第一,超 13.4 亿元;约 80% 绿色金融科技从业人员集中在上海和北京两地。从资金流动看,国际资本对中国绿色金融科技的关注度在不断提高。本次调研中,有近四分之一的绿色金融科技公司为外资或合资,其中,六家境外注册的科技公司在中国开展绿色金融服务业务,包括绿色基金、绿色能源市场和碳金融。金融科技在绿色金融风险领域,其应用范围主要围绕资金流动的各环节展开,具体我们在后面会提及。专栏 12-2 主要介绍了重庆银行绿色金融管理中运用科技的情况。

专栏 12-2

重庆银行上线绿色金融管理系统
以金融科技赋能绿色发展

为持续深化绿色金融改革创新实践,助力夯实绿色金融基础设施建设,加快构建绿色金融科技生态,2021 年 12 月 2 日,重庆银行上线绿色金融管理系统,运用大数据、人工智能等金融科技手段赋能绿色发展。

系统通过与绿色金融业务流程的深度融合,实现了对绿色业务的智能识别、环境效益的自动测算、环境风险的多维监测、集团绿金业务的统筹管理。绿色金融管理系统的成功上线,不仅极大提升了全行绿色金融的管理能力,体现了金融科技对绿色金融的赋能增效,也为重庆创建绿色金融改革创新试验区及气候投融资试验区过程中的数字化建设做出了有益尝试。

(一) 环境信息公开场景

绿色金融风险大部分时候都是由于信息公开不充分、各环节信息不共享导致,因此,2018年9月,证监会发布《上市公司治理准则》(修订版),要求上市公司对环境、社会和公司治理(ESG)方面的信息进行披露;2018年11月,证监会《绿色投资指引(实行)》,鼓励金融机构开展绿色投资,并主动适用已公开的行业绿色标准筛选投资标的。可见,绿色金融运用科技手段主要是要充分将企业、金融机构需要的环境信息及时收集分析和公开。

以绿色金融改革创新试验区为代表的部分地方省市,积极探索构建"一站式"绿色金融服务信息共享平台。这些平台以大数据、云计算等技术为底层架构,基于一定的评价办法,向企业用户提供了绿色身份评估及认证、绿色政策查询、银企融资对接和绿色金融产品发行等服务,较好解决了绿色项目信息不对称、评估认证标准不明确的问题。贵安新区结合自身大数据产业基地的优势,建成了以"绿色金融+大数据"为特色的绿色金融综合服务平台,实现了动态管理包括绿色项目认证、绿色金融产品服务、财政支持激励政策、企业环境信息披露在内的四大模块,并且能够实现根据平台运行实际,不断修正相关绿色认证标准细则。考虑到绿色项目大多具有投资回收期较长的特点,与部分个人的长期投资意愿以及养老保险端资金长期投资意愿相匹配,未来可以进一步拓展绿色金融"一站式平台"资金供给渠道,采用人工智能技术,精准分析用户需求,定制和推荐符合其风险偏好和收益预期的绿色债券、绿色证券投资组合等投资品,吸引社会各方力量,最大限度地覆盖不同服务对象。

国内绿色信用信息平台建设经验较为缺乏,已有的征信平台依然处于数据收集渠道相对狭窄、各区域割裂使用的状态。基于大数据技术,建立覆盖跨区域企业的绿色征信体系,差异化确定企业融资成本是一种潜在选择。大数据不仅可以梳理分析企业的日常经营数据,也会收集"非常规数据",如互联网上的相关新闻、社交媒体上的相关评价等,合理确定各部分权重,通过机器学习和数据挖掘算法,综合刻画企业绿色行为,获得更加精确绿色信用评分,并定期调整对应的贷款利率,为下一步定期动态调整绿色项目库提供空间。

(二) 金融机构投资管理场景

绿色金融活动中主要聚焦的便是项目投资管理,而投资是推动经济发展的基本动力之一,以大数据和人工智能为代表的金融科技能够有效提升投资管理能力,加强投资风险识别,提高资源配置效率。智能投资顾问基于大数据的积累,不断优化算法模型,根据投资者提供的风险承受水平、收益目标以及风格偏好等要求,利用人工智能提供个性化、智能化的投资理财建议,在部分交易标准化程度较高的发达国家金融市场已经得到运用。智能投顾可以克服人性弱点,去除情绪化交易,更理性地判断市场。投资管理中影响决策效率的关键在于传统的分析方法无法及时全面地处理大量的市场数据,大数据分析、人工智能等信息技术的结合可以弥补传统金融在这方面的不足。例如京东金融研发的固定收益基本面量化分析系统FIQS运用大数据、AI等技术,采用量化基本面分析的方法,从财务、行业、公司治理、舆情四个方面全面构建了信用分析体系,帮助机构投资者快速全面评价发行主体信用,实现投资效率提升。下面以兴业银行开发的绿色信贷评估系统为例系统介绍。

兴业银行自主研发的一套绿色金融科技系统——"点绿成金"系统上线重点用能企业绿色信贷评估模块新功能。新功能创新性使用前沿数据分析技术,强化金融与非金融数据的融合应用,支持重点用能企业能耗表现智能化评估。据了解,本次上线的新功能聚焦了重点用能企业能耗评估模型调整。基于钢铁、化工、石化、有色、建材、造纸、纺织七大行业的能耗数据,将更多维度的能耗数据融入了评估模型,并对分配系数进行了相应调整,更为精准、全面评估企业的用能表现。另外,接入了风险筛查功能,引用司法、征信等数据,对重点用能企业进行风险筛查,实现对重点用能企业的风险预警。兴业银行这套"点绿成金"系统基于大数据分析,将该行历史结算数据以及来源合法合规的企业工商信息、生产经营情况、用能情况等维度的数据作为输入项,经过专业统计规则分析,输出企业能耗智能评估结果,以便后期给予能耗表现好的企业更多信贷资源倾斜,解决企业额外的资金压力,有效保障企业在严格落实用能权交易制度的前提下不断扩大生产规模,引导企业推进绿色低碳转型。通过全面加快数字化转型,兴业银行不断探索前沿金融科技赋能绿色金融发展的可行道路,打响"绿色银行"名片。截至 2022 年 6 月末,该行已累计为 46 950 家企业提供绿色金融融资 41 875 亿元,融资余额 15 253 亿元。

(三)供应链融资场景

金融科技发挥移动互联网优势,进一步延伸金融边界,拓宽中小微企业融资渠道、降低融资门槛,促进普惠金融的发展。企业信用是金融机构提供金融服务考虑的关键要素,在云计算、大数据、人工智能等技术的支持下,传统的线下客户信用调查模式已经逐步被线上信息收集评估与智能评价取代,未来还可能进一步发展区块链全员作证信用。供应链金融是解决中小微企业融资难、融资贵的重要融资模式,在信息技术支持下,传统供应链金融已经进入智慧供应链金融时代。在云计算基础上快速发展的大数据技术,可以通过低成本的数据化运营收集分析市场数据,并运用在供应链金融中核心企业、链条企业的资质和还款能力分析,实现准确、实时并且全面的授信管理,提高放款融资效率、降低融资成本。目前国内金融科技支持下的供应链金融已经可以做到对链上中小微企业提前授信、动态调整和随需随用。在普惠金融领域,金融机构可以运用大数据与云计算描绘征信画像,为个人用户提供个性化的金融产品定价,将用户细分提供差异化的产品服务,降低个人信贷门槛、拓宽普惠金融服务范围,同时也能实现实时监控防止欺诈。

以绿色供应链金融为例,作为近年来大型集团经营的新兴业态,该类融资模式逐渐延伸出若干成熟模式,如供应链金融+绿色金融、绿色供应链+绿色金融等。按照流程,首先需要按照统一标准,由第三方评估供应链从原材料生产和采购到制成品的运输、销售,是否符合资源节约型、环境友好型目标。对于符合条件的绿色企业,基于区块链技术,引入环保机构、银行等外部监督机构,共同上链。由于绿色项目经常出现的期限错配问题,银行可以根据绿色供应链的业务指引,提供特色金融工具,接受无形资产、环境权益、应收账款和票据等多种形式标的进行质押融资,以智能合约的形式向供应商等各方企业提供优惠利率贷款。同时,结合物联网技术,在绿色产品包装上植入传感器芯片,可以实现交易信息和产品从源头到消费者手中的可追溯性,以及多节点参与方共同记录,保证了交易信息的不可篡改。最后,点对点的架构实现了区块链上任何两家绿色企业都可以迅速发起交易,减少了传统途径中必须通过核心企业交易带来的时滞。高度的可扩展性也确保了随着业务延伸,越来越多的上下游企业作为节点加入区块链中,有利于绿色供应链金融长期稳定发展。

(四)个人生活支付场景

发展金融科技重要目标之一就是支持普惠金融发展,运用金融科技有利于引导个人参与绿色金融发展。目前的常见做法主要是依托银行系统或者金融科技公司支付账户,建立对应的个人碳账户,利用大数据、云计算等基础金融科技对用户绿色低碳行为进行精准刻画,实时转换成相应的节约碳排放量数据。浙江省衢州江山农商银行以设立个人银行碳账户为基础,建立个人客户端的绿色金融指数评价体系,主要包括三个一级维度:绿色支付、绿色出行、绿色生活,将线上支付节约的纸张、节约的水电能耗和使用低碳出行工具换算成相应的碳积分,并且兑换不同价值的生活用品,对用户形成循环激励,帮助养成长期低碳生活习惯。基于金融科技与个体用户之间结合的便利性,在未来可以考虑与物联网技术结合,快速识别并计入更多的个体低碳生活指标,用于设计绿色金融产品;此外,可以探索个人参与全国碳市场交易,在建成云端的全国性碳交易市场后,在科学测算的基础上,梯度制定个人碳排放标准,引入个人碳账户参与交易,进一步扩展碳市场交易范围。

(五)碳减排金融服务场景

金融业在日常工作中存在海量数据和信息的收集和处理,因此建设了不少数据中心。为响应碳达峰、碳中和的国家战略,一些科技机构积极开展绿色低碳的数据中心产品研发设计,通过新技术提高资源效率,积极探索碳交易与碳补偿方案,助力金融业减少能耗排放。从已经开发出来的金融科技工具来看,主要包括以下四方面运用内容。

第一是进行碳排放溯源。研究数据中心生产运营时所产生的能耗,包括耗电。但数据中心的碳排放不仅仅来自设备的运行能耗,同时还来自这些设备基于原材料、生产制造、交通运输、现场建造乃至未来报废处理等阶段所产生的能耗,也可称为全链条能耗。

第二是找到直接降低碳排放的方法。比如帮助金融机构选择低碳企业作为自己的供应商,提升自身在 ESG 领域的实践。适时参与碳排放的披露,以及节能、减排、包装等资源的再回收、再利用,大规模使用可再生清洁能源等措施。

第三是利用有效回收模式。上海交通大学李政道研究所杨元庆科学计算中心采用的循环回收装置回收的热量可以为球形交通大厅以及两个物理实验室和整个环境的厨房用水提供热动力。经过测算,全年将减少将近 5 000 吨的二氧化碳排放,碳排放的总量比传统数据中心减少了 52%,其中直接减排 42%,热回收补偿提供了 10%,产生每年 560 万元的直接经济效益,实现了真正意义上的低碳计算、低碳运行。此模式也可以用在金融机构的数据中心。

第四是提高清洁能源的比例。风能、太阳能等可再生能源具有间歇性大、波动性大的弱点,数据中心还需要在一定程度上依赖化石能源,可以尝试探索碳交易方案,通过购买可再生能源的绿色电力证书,间接实现对绿色电力的使用。这些金融科技的创新和实践,一方面使得银行现场业务逐步减少,提高了生产效率;另一方面,减少了金融机构数据中心的日常成本开支。

二、绿色金融运用金融科技的风险

(一)金融科技引发的内生风险

由于信息不对称、普惠金融快速发展产生的长尾效应、体制机制不完善等,金融科技的应用过程中出现了资质较低的市场参与者进行超过其风险承担范围内的金融交易、金融科技发展与现有法律法规不匹配、科技在金融领域的不当运用与监管滞后等现象,产生合规、业务和技术方面的风险。金融科技风险具有复杂性、内生性、非平衡性等特征,金融科技未能完全消除传统金融交易的信用风险、市场风险及流动性风险,反而因为信息技术的运用打破风险传递的范围限制而加快传播速度,使金融风险变得更加复杂难控。监管措施更新速度滞后于金融科技发展速度,弱化了监管机构对金融市场的调控能力,对金融市场的公平和运行效率产生不利影响。具体而言,金融科技风险主要分为以下三种。

(1)信用风险。金融科技使用大数据和人工智能,从社交平台、电商交易记录等多维度收集用户数据信息,刻画用户特征,生成信用评估报告,逐步实现自主化授信决策,有效降低了信息不对称带来的坏账风险。但是,金融科技自身缺陷可能会造成新的信息不对称。金融科技公司可以在程序算法层面插入隐藏或者篡改相关指标数据、打包嵌套资金运用的命令,使资金供给端无法全面了解需求端实际信息,人为扭曲数据传播链条,掩盖资金真实流向,造假用户规模和用户信用状况。这些情况是科技手段使用在金融领域出现的问题,同样也会在绿色金融领域发生。

(2)流动性风险。金融科技基于机器学习和云计算等技术,建立标准化审核流程,提高同业拆借市场效率。与人工复核程序相比,缩短了拨付款项的速度,有效降低贷款企业的流动性风险。但是,从事网络贷款业务的金融科技公司从资金成本角度出发,盲目降低自有资本比例,提高杠杆水平。同时金融科技在一定程度上改变了资金流动速度和规模,造成期限错配,积累了流动性风险。

(3)操作风险。由于证件造假等技术提高,核实用户信息有效性的难度增加,银行尤其是互联网银行在线上开展业务时,利用人脸识别、深度学习、大数据检索比对和安全身份认证等技术,进行信息多层次的交叉认证,提高审核效率和精确度。移动银行等服务的提供部分依赖于金融科技公司的云端技术,但是云安全技术还有待完善,内部的信息系统漏洞和硬件设备故障以及人为操作失误可能会造成数据意外删除、丢失和数据批量泄露等问题,外部的网络攻击也会采用过度消耗系统资源的拒绝服务(DoS)攻击等,威胁云服务安全,增加操作风险。

绿色金融要求金融机构在投融资决策过程中更多考虑环境、气候因素,同时通过政策激励、金融产品创新等引导市场资源更多流向绿色产业领域。金融科技的引入,可以降低金融机构的成本,提高效率、安全性与数据的真实性,也可以为金融监管在标准推广、统计、审计与反洗绿等方面提供更准确高效的服务,同时也有助于促进绿色金融向小微企业和消费领域延伸。上述金融系统运行的内生风险同样会在绿色金融的相关环节出现。

（二）信息不对称造成的业务风险

由于绿色金融投资成功与否，与项目的信息披露是否充分和透明密切相关，正是由于信息披露的重要性，也进一步放大由于信息不对称造成的业务风险。绿色金融领域通过财税措施引导社会资本金融绿色领域，例如对绿色信贷贴息、绿色债券资金奖补等，但是缺少信息披露，对资金去向的绿色性无法进行有效监管，导致部分项目产生"漂绿"现象。部分地方致力于通过金融科技加强对绿色投融资的引导，例如构建绿色项目库、信息平台，但是若没有及时、全面的信息披露渠道及机制设计，容易放大信息不对称的业务风险。也就是说，即使创造运用了信息收集的金融科技工具，但信息披露渠道缺失，同样会造成信息的不对称。

目前虽然政府相关部门陆续出台政策文件要求各机构和各级环保部门之间要建立联通的信息共享平台，但现实中我国绿色金融各主体间缺乏有效的信息沟通，跨主体信息不对称现象十分严重。部分地区绿色金融科技基础设施薄弱。此外，由于信息孤岛等问题，目前支持或用于绿色金融科技的数据存在着不可溯源、数据质量不高以及数据成本较高、效率偏低、可靠性差等问题，各地绿色项目入库也没有统一标准，制约了绿色金融科技的进一步创新发展。一方面，金融机构缺乏相关专业知识与权限，难以直接获得绿色企业的信息，与环保部门沟通不足且缺乏效率，因此金融机构不得不成立专门部门或派专人调查绿色项目进展，信息获取成本极高。另一方面，我国尚未建立有效的信息披露框架，企业信用报告中涵盖的企业环保信息较少。不仅要求企业披露绿色信息的政策文件约束力一般，企业主动披露绿色信息的动力也不足，更有甚者，企业可能为了推卸社会责任而虚报环境数据，增加了投资者的搜寻成本。

（三）技术不成熟带来的操作风险

金融科技自身的技术缺陷，以及与绿色金融结合过程中的不当应用，都可能造成操作风险。作为静态技术本身不可避免的固有缺陷，如技术的失灵或脆弱导致技术偏离了预设目标导致的风险。这主要来源于技术的不完备，其导致的系统漏洞与设计缺陷一般都难以事先识别。另外，网络安全也是其脆弱的来源之一，恶意攻击者通过漏洞、网络攻击、恶意代码等手段造成网络安全威胁。金融科技在绿色金融应用过程中遭到的攻击，将会造成严重的安全事故。

三、金融科技在商业银行绿色金融业务中的运用

（一）金融科技与绿色信贷业务的逐步融合

近年来，绿色金融逐渐成为我国商业银行的一个重要业务门类，商业银行开展绿色金融业务，离不开金融科技的支持。金融科技在商业银行绿色业务识别、监管数据管理、环境与社会风险识别、资产定价等方面发挥着越来越重要的作用。但金融科技与绿色金融融合过程中也存在着一些亟待解决的困难。金融科技支持商业银行绿色金融业务，大体上经历以下三个逐步融合的阶段。

第一阶段，绿色业务标识。人工识别绿色业务后，在授信系统中为对应业务添加标识，以便及时获得业务明细和统计数据。这一阶段为初级阶段，着眼点在于通过科技手段标记绿色业务并获取数据。

第二阶段,流程化、初步整合。绿色业务识别流程、环境与社会风险审查流程全面实现线上化,与商业银行授信系统相辅相成、高度融合,各类绿色金融报表自动生成。这一阶段,绿色金融业务系统初步成形。

第三阶段,智能化、大数据风控。强化金融科技手段的运用,在绿色业务识别模块引入人工智能手段,协助识别绿色业务;在环境与社会风险管理领域,引入大数据,通过建立算法与模型,对客户和项目进行绿色评级,最终转化为具体的风险策略和定价机制,为商业银行绿色金融精细化管理提供支撑。

(二)金融科技在银行绿色业务领域的重点运用场景

当前,金融科技在商业银行绿色业务识别、环境效益测算、环境与社会风险识别、监管数据统计等方面运用广泛。

1. 绿色业务精准识别与痕迹管理

绿色业务识别是绿色金融的基础工作,营销推动、数据统计、业绩计量、资源分配等均需依赖绿色业务的精准识别。商业银行每天会产生大量授信,需要借助金融科技手段准确识别、标记其中的绿色业务,并存留认定痕迹和证明材料。

2. 环境效益测算

投融资项目的环境效益是未来商业银行环境信息披露的重要内容之一。环境效益测算,涉及环保、电力、热能、冶金、化工等等理工学科,对于金融从业人员而言,存在明显的专业壁垒。通过开发不同绿色项目的环境效益测算模型,将操作前台简化,录入参数即输出测算结果,可协助准确测算绿色融资带来的环境效益。

3. 环境与社会风险识别

环境与社会风险管理是绿色金融的重要内涵之一。海量的风险信息,单纯依靠人力很难及时获取、归类、提炼、分级使用,通过大数据手段可以从不同数据源收集企业和项目的环保、安全、落后产能、职业病防控等违法违规信息,将数据结构化整理后入库,按照风险评级模型进行环境与社会风险评级,纳入商业银行内部综合评级体系,从而为银行资产投向、资产定价等决策提供有效支撑。

4. 监管数据统计与报送

近年来,绿色金融监管政策不断完善,国家层面陆续发布了银保监会绿色信贷统计制度、中国人民银行绿色贷款专项统计制度、银保监会绿色融资统计制度等监管制度。此外,中国人民银行牵头开发了绿色金融监管综合信息系统,要求各金融机构绿色金融数据实时推送。通过金融科技手段,可准确识别、标记监管口径数据,从而实现监管数据的及时生成、统计和推送。

5. 银行业的风控应用

从目前的银行业发展来看,金融科技的运用主要体现在以下三个方面:

(1) 大数据风控。风险防控的过程就是对风险数据的处理。在这一过程中数据的规模和质量直接决定了风险防控的有效性。近年来银行业在数据收集和整理工作上取得长足进步,收集储备了呈几何级增长的风控数据。从传统的身份、信用数据,扩展到行为数据,如网页浏览行为、消费习惯、地理位置信息等。此外,采用了更多大数据机器学习的算法模型,如随机森林模型监控信用卡盗刷,图计算应用于欺诈团伙的识别等。并且,风险审批由线下经验判断向线上数据判断转移,使得客户经理的风险判断经验转化为模型化的风险判断机制。

(2) 智能风控。银行业的业务范围广泛,客群也具有显著的行业、地域特征。针对不同业务、不同客群采取一刀切的风险防控措施已经无法适应快速扩展的互联网时代特性。近年来机器学习、云计算等技术的应用使得风控精准性显著提高,差异化风控的细分领域划分越来越精准。一是针对不同业务环节制定差异化风控措施,在审核、提额、刷卡、还款等关键环节全面结合金融科技,及时发现各类风险问题。二是针对不同客户群体,特别是长尾客户群体制定差异化风控措施。根据长尾客户单笔小总量大、信息分散等特点,制定专门的风险模型。

(3) 实时风控。互联网时代的金融服务要求既安全又便捷。为了适应金融产品发展对风险防控时效性的要求,近年来银行业均建立了基于多种金融科技技术的实时风控系统。运用大数据处理、机器学习等技术将金融交易事中风控由不可能变为可能,为网络融资业务提供风险识别、额度授信、违约预测等风控支持。此外,利用大数据和人工智能技术,将内控规则、欺诈规则、反洗钱规则和客户黑名单嵌入交易流程,可以在交易过程中及时阻断银行内外部的欺诈行为和洗钱行为,实现实时监控。

(三) 银行金融科技在绿色金融运用中面临的困难

虽然绿色金融科技工具在银行业务中有所运用,但金融科技支撑绿色金融业务的创新作用不明显,商业银行的决策层、管理层对绿色金融科技的功能和作用认识仍不足,对绿色金融科技发展缺乏清晰、具体的战略目标,资源投入不足,专业人才特别是掌握绿色金融与金融科技双重技能的复合型人才严重缺乏,影响了绿色金融科技的创新、研发和应用。此外,当前金融机构绿色金融科技的主要应用领域为风控和平台建设,在金融产品创新中应用不多,比如较少运用区块链等技术研发绿色信贷证券化、碳金融等新产品。当前,金融科技支持绿色金融,存在绿色业务识别标准不统一、环境与社会风险数据获取困难、环境与社会风险评级模型不成熟等困难。从当前银行业已经实践的案例中我们发现主要存在以下三类问题。

(1) 绿色业务识别标准不统一。目前,商业银行需要执行多套绿色金融业务识别标准,包括发改委《绿色产业指导目录》、人民银行绿色贷款专项统计标准(目前与发改委目录一致)、银保监会绿色信贷统计标准、银保监会绿色融资统计标准、人民银行《绿色债券支持项目目录》等,以及未来可能还会出台的气候变化投融资项目标准等。标准不统一,对绿色金融从业人员造成很大困惑,也不利于人工智能模型的训练和部署。

(2) 环境与社会风险信息获取困难。公开的环境与社会风险信息,分布在不同层级政府部门、协会、法院、媒体、企业官网、信息平台等不同网站,信息来源、信息展示方式、发布频次、更新逻辑等均不尽相同,商业银行作为独立金融机构无法及时整理出政府部门掌握的一些完整、结构化、便于使用的信息,这是金融机构进行环境与社会风险信息管理的重要障碍。

(3) 缺乏统一、成熟的环境与社会风险评级模型。在获得环境与社会风险信息后,需要结合具体模型使用,金融科技可以在数据分析、模型运算中发挥重要作用。但目前我国缺乏权威、成熟的环境与社会风险评级模型,不利于风险信息在商业银行风险预警、风险

管控、资产定价等方面的推广使用。

第二节 金融科技未来应用的挑战和展望

一、金融科技在绿色金融领域未来应用的挑战

随着中国绿色金融市场的快速发展,金融科技在绿色金融产品创新、气候环境风险识别、流程管理与整合等应用场景越来越多,对于信息的规范性、时效性、整合度、精准度等要求越来越高,金融机构对金融科技的需求越来越强烈。同时,金融科技助推绿色金融发展在政策、市场和技术方面仍然面临很多的挑战。

从政策角度来说,目前缺少金融科技支持绿色金融领域的具体政策指引。绿色金融试验区已形成的成功应用案例还缺乏总结和推广。监管机构缺少为绿色金融科技创新提供监管沙盒。我国在北京、上海等地都设立了金融科技监管沙盒,但是缺乏对绿色金融的支持,几乎没有为绿色金融产品创新等场景设计的产品进入监管沙盒,也没有监管沙盒试点地区明确提出支持绿色金融产品的金融科技服务措施。支持或用于绿色金融科技的数据不可溯源,数据质量不高。尽管政府部门已经在公共数据的开放共享中开展了大量工作,但由于公共数据存在更新不及时、难以溯源、数据质量不高的问题,导致了绿色金融科技使用数据成本高、效率低、可靠性差等问题。未来,因为数据无法溯源,相关金融科技产品在用于支持央行货币工具和监管问责等方面无法提供很好的支撑。

从金融机构角度来说,金融机构很少提出运用金融科技进行绿色低碳转型的明确、具体的战略发展目标。金融机构决策者对于运用、协调金融科技进行绿色低碳转型的认识不足。金融机构对于绿色金融科技的资源投入不足。在促进金融科技与绿色金融深度融合方面,金融机构在战略规划、组织架构设计、人力与财务资源上的投入至关重要。由于高校和研究院在学科设置方面还未对绿色金融开设专门的一级学科,总体而言,绿色金融科技专业人才缺失,相关培育缺失,这也会导致对绿色金融科技产品设计、应用和创新等一系列问题,无法保障绿色金融发展战略和绿色金融科技发展规划的执行效果。同时,也缺少针对绿色金融科技的职业技能教育与培训。

从金融科技企业来说,绿色科技企业对区块链、物联网等技术在绿色金融中应用的研发投入相对缺失。科技公司的主要投入集中在解决运行效率的问题的场景,例如应用大数据、人工智能、云计算等技术提升绿色标准、项目识别、环境效益测算和ESG指数编制等方面。但对解决信息透明度、可靠性和可追溯性问题的区块链和物联网等技术的创新和应用比较欠缺,这也囿于信息披露渠道不通畅。

二、金融科技在绿色金融领域的应用展望

金融科技将在大数据获取与整合、客户环境与社会风险评级、环境风险压力测试、绿色资产定价、环境信息披露等领域发挥重要作用。未来将在绿色金融领域下述六个方面展开探索。

(一) AI 助力，智能识别绿色业务

AI 技术可以通过绿色关键词检索、神经网络深度学习等方法协助识别商业银行的绿色业务，并对业务进行初步归类，然后由人工进行二次确认，从而提高绿色业务识别的及时性、完整性、准确性。对于经营一线人员，还可以在获得项目资料的第一时间，借助 AI 手段及时识别绿色业务，以便组织相关资源对绿色业务进行支持。

专栏 12-3

金融业对数据具有极强的依赖性，工作人员每天一半的时间都用来收集和处理数据。因此，如何节省这一半数据整理的时间，是金融业对人工智能提出的需求。智能投研是基于知识图谱和机器学习等技术，搜集并整理信息，形成文档，供分析师、投资者等使用。下表为一些国外智能投研公司及其研究方向举例。

公司名称	研究方向
Palantir Metropolis	平台整合多源数据，将不相干的多个信息置于一个统一的定量分析环境中，构建动态知识图谱
Visible Alpha	通过设立专有的新数据集和工具套件以增强机构投资者对公司未来基本面的量化见解能力
Trefis	细拆公司产品/业务预测收入
Alphasense	获取专业且碎片化信息
Dataminr	收集 Twitter 等公共来源上的实时数据，并转化为可付诸行动的信号
Kensho	试图回答"当 Netflix 超出盈利预期，Amazon 明天表现将如何？"等投资问题

(二) 大数据整合，构建环境风险信息底层数据库

相比传统人工方式而言，金融科技在大数据收集与整理方面具有天然优势。一方面，金融科技可从环保、安全、法院、媒体等渠道源源不断获取企业和项目的环境与社会风险信息，并进行结构化处理和逻辑加工，形成风险预警和客户评级底层数据库；另一方面，还可广泛搜集整理绿色项目投融资机会，为商业银行差异化支持绿色产业提供精准标的。

(三) 推动客户绿色评级，完善信用体系

客户绿色评级是商业银行绿色金融体系构建的重点基础工作之一。借助金融科技，在大数据的基础上，结合评级模型，可对商业银行存量客户和潜在客户进行全面的绿色评级（或升级为 ESG 评级），完善客户画像。评级结果可直接用于风险预警、营销支持，也可纳入商业银行客户综合信用评级体系，为授信准入门槛、资产定价策略等提供可靠支持。

(四) 开展环境风险压力测试，优化资产结构

随着我国生态文明建设的深入推进，以及碳中和时间表的出台，经济结构绿色转型的

步伐越来越快,商业银行资产结构调整的压力也越来越大。环境风险压力测试是商业银行预判风险、提前调整资产结构的重要基础工作。金融科技可协助构建环境风险压力测试模型,并在测试过程中不断优化迭代,助力商业银行精准测试、正确决策。

(五) 绿色资产差异化定价,助力经济绿色转型

环境外部性内部化,是开展绿色金融业务的重要目标之一。绿色资产差异化定价,是商业银行推动绿色金融业务发展的有效抓手。在客户绿色评级、环境风险压力测试基础上,借助金融科技,完善商业银行资产定价模型,例如提高"两高"资产定价和经济资本占用系数,降低城镇环境基础设施、新能源与可再生能源等资产定价和经济资本占用系数,引导商业银行不断进行资产结构优化调整,助力我国经济结构绿色转型。

(六) 精准统计,提高环境信息披露质效

环境信息披露是商业银行ESG管理的重点内容之一,其中涉及的绿色投融资绩效、环境效益、棕色资产数据、自身能耗数据等定量指标,需要发挥金融科技手段进行精准抓取和计算,提高环境信息披露数据的准确性和可核实性。

三、关于绿色金融科技风险防范的措施建议

针对绿色金融科技所面临的上述问题和瓶颈,我们从监管机构、金融机构、金融科技企业等不同视角提出如下建议。

(一) 对监管机构的建议

绿色金融与金融科技都处于高速发展期,发展状态还不够成熟,将两者结合的绿色金融科技更面临着诸多挑战。许多与绿色金融相关的标准,如环境数据信息标准、环境效益计算标准以及绿色金融产品、绿色项目的认定方法标准等,还面临着标准不统一或标准缺失的问题,造成绿色金融科技各参与方信息不对称。

近年来,基于《绿色产业指导目录(2019年)》,绿色信贷、绿色债券标准已经逐步统一,然而绿色金融科技领域监管尚无成熟经验可循,我们需要发展适应绿色金融科技技术规律的风险监管制度,围绕绿色金融科技的技术风险、应用风险等,研究制定更加精细化的监管制度,将具有创新性和协调性的监管理念、监管方式和监管措施予以法制化,在充分把握绿色金融科技技术规律的基础上实施更有效的金融监管。

建立支持绿色金融科技的监管沙盒。监管沙盒可鼓励创新运用区块链技术,为绿色债券、绿色资产证券化产品的底层标的资产建立项目池,实时向投资者披露项目风险情况和环境效益,以此减少第三方鉴证成本、提高债券发行效率、增强信息透明度。利用沙盒监管机制,支持绿色资产跨境交易,鼓励以区块链技术为境外资金登记记账凭证,全程监控记录境外资金投资机构的收益和变化情况,做到低成本实时跟踪和不可篡改。同时,利用区块链记录信息,在境外资金赎回的过程中,提供资金交易记录和收益记录,以便快速完成赎回手续。

建立高效绿色金融统计监测管理系统。运用区块链技术记录绿色低碳项目和资产的来源与识别认定过程,通过大数据和人工智能的方法提高绿色低碳项目和资产环境效益测算以及风险量化的效率。在提高绿色金融业务数据报送、统计分析效率的同时实现绿色资产可追溯、反洗绿的效果。

建立完整、有效的非财务数据信息共享平台。建议监管机构进一步发挥管理部门职责，将企业和公共信息集成共享。将环境处罚信息、企业排污许可证信息、绿色项目可研报告、信用数据等信息整合在统一的公开数据信息共享平台。对已经集成共享的数据进行标准化、规范化的数据管理，并对数据来源进行统一标注，以解决更新不及时等问题，并实现数据的可溯源。

建立碳排放数据共享平台。建议相关部门运用区块链、云技术等建立碳排放数据共享平台，建立高效的碳排放核算和信息披露机制，包括但不限于全国碳市场的行业碳排放数据和企业碳排放数据。探索开展碳排放数据集成和个人/企业碳足迹核算。

（二）对金融机构的建议

制定绿色金融科技发展规划，加大对绿色金融科技的资源投入。制定金融科技推动绿色金融发展战略、重点任务以及保障措施，建立相应的体制机制、人才队伍、技术储备。

借助金融科技建立ESG数据库和评价能力。建议金融机构运用金融科技，规范内部数据信息标准，整合如地方大数据局、金融综合服务平台、全国碳市场交易所等多方外部数据资源，提高绿色识别及环境风险管理能力，以碳中和为目标加强风险管理、绿色运营和信息披露。运用大数据和AI等技术进行绿色资产、棕色资产的识别与分类。运用大数据和云计算进行绿色资产、棕色资产的统计、分析与披露，全面衡量信贷资产的转型风险。运用大数据、云计算和AI等技术进行企业和项目的ESG评价与业务全流程纳入，实现非财务信息的信用风险应用及管理。运用区块链等技术进行投融资活动碳排放计算与披露。对金融机构自身碳排放和碳足迹进行核算，自动生成环境信息披露报告。

利用金融科技创新绿色ESG主题产品。建议金融机构将绿色ESG策略纳入金融产品创新流程，完善绿色金融产品体系。探索运用区块链技术建立绿色债券、绿色资产支持证券（ABS）底层资产池，提高信息披露的透明度和标准化水平，降低成本，推动绿色债券和绿色ABS和绿色房地产信托投资基金（REITS）产品发行。

（三）对金融科技企业的建议

重点研发区块链技术支持绿色供应链产品和服务创新。利用区块链的信息可靠、可追溯等特点，增强企业绿色供应链融资信息透明度，为金融机构开发绿色供应链相关产品提供技术和数据产品服务。例如，运用区块链技术为监管提供绿色资产贴标、溯源，便利金融监管机构的标准推广、审计、反洗绿等技术应用场景。

利用大数据、人工智能等技术为金融机构研发ESG风险识别与定价的绿色金融科技产品和服务。例如，针对银行利用大数据和人工智能技术生成授信主体的ESG信用画像，并将其全面纳入信贷管理流程。在个人绿色消费信贷领域，运用大数据和人工智能形成绿色消费行为画像，探索个人绿色信用评价创新应用。

重点研发金融机构碳排放核算产品和服务。例如，针对金融机构碳排放核算中的难点，运用人工智能对授信企业进行碳核算和碳足迹追踪，自动生成环境信息披露报告。

加强人才培养的力度。目前中国金融机构普遍缺乏绿色金融和金融科技专业人员，缺乏环境风险管理的专业工具，也缺乏环境大数据的支持。识别绿色金融项目或产品，目前采用的手段往往是由第三方的专业环境机构提供服务。而第三方环境机构人员，一般对于金融应用场景不熟悉、不了解；服务模式也是线下，成本比较高，时效性较差。因此造成绿色数据与金融科技的要求不匹配,导致金融科技手段实施过程中的种种风险。因此,建议加强绿色金融科技研究,培养兼具绿色金融知识与金融科技技能的复合型人才,培养拥有金融科技与绿色金融综合技能的专业型人才。建议将绿色金融科技纳入高等教育人才培养体系中,培养高精尖跨领域的复合型专业型人才。面向社会积极开展绿色金融科技的职业技能教育,开展绿色金融科技和ESG培训,向市场输送业务能力扎实的技术型人才。

(四)拓展绿色金融领域的国际合作

我国与欧美国家在金融科技领域发展各具特色,我国主要优势在基础技术发展及应用场景广泛;美国基于高度成熟的金融体系和市场在金融产品创新上较为领先;英国构建了完善的金融科技监管制度,并且在金融风险与科技创新两方面取得较好的平衡。通过加强国际交流合作可以吸收欧美国家在金融科技领域的先进经验,特别是科技与绿色金融相结合的领域,对中国有重要的借鉴意义。

另外,目前绿色金融国际交流还主要停留在传统的绿色金融产品和政策激励措施的水平,与金融科技运用相关的案例、技术和产品的交流与合作还十分有限,我国金融科技的发展应用不能脱离国际整体,中国的巨大市场和运用潜力也应当为国际合作提供很大的空间。

因此,我们建议积极引进国际先进绿色金融科技,积极引进推广国际先进的绿色金融科技,解决在绿色资产识别、转型风险量化、数据溯源等方面的关键问题。积极推动绿色金融科技国际资本合作。积极引进国际投资人,促进绿色金融科技领域的国际合作,推动我国乃至全球绿色金融科技产业快速健康发展。

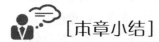

[本章小结]

通过本章学习,我们了解了常用的金融科技工具,对金融科技应用现状及其在绿色金融产品和服务中的风险识别方式进行了介绍,对其在绿色金融领域的应用做出了展望。同时,本章对绿色金融科技手段应用中产生的风险进行了说明,针对这些绿色金融科技面临的问题和瓶颈从不同视角提出了管理优化建议。

[习题与思考]

1. 请简述常用绿色金融科技手段有哪些,并总结各类工具特点。
2. 金融科技手段应用在绿色信贷上的特点是什么?
3. 请简述金融科技使用中可能产生的风险有哪些。

[参考文献]

北京绿色金融与可持续发展研究院.金融科技推动中国绿色金融发展:案例与展望(2021年)[R].北京绿色金融与可持续发展研究院研究报告,2021.

韩冬萌.绿色金融科技:碳达峰碳中和助推器[J].金融博览,2021(6):54-55.

黄益平,黄卓.中国的数字金融发展：现在与未来[J].经济学(季刊),2018,17(4)：1489-1502.

姜剑涛.金融科技推动绿色金融创新发展研究[J].经济研究导刊,2019(18)：80-81.

李文红,蒋则沈.金融科技(FinTech)发展与监管：一个监管者的视角[J].金融监管研究,2017(3)：1-13.

刘文文,张畅.我国绿色金融的现状与发展瓶颈——基于消费金融和科技金融视角的破局思路[J].西南金融,2020(11)：35-45.

沈艳兵.基于金融科技背景下我国绿色金融发展问题研究[J].中国商论,2017(8)：46-47.

唐松,伍旭川,祝佳.数字金融与企业技术创新——结构特征、机制识别与金融监管下的效应差异[J].管理世界,2020,36(5)：52-66.

杨东.监管科技：金融科技的监管挑战与维度建构[J].中国社会科学,2018(5)：69-91.

图书在版编目(CIP)数据

绿色金融风险理论与实务/刘瀚斌,李志青编著. —上海:复旦大学出版社,2023.4
(绿色金融系列)
ISBN 978-7-309-16440-4

Ⅰ.①绿… Ⅱ.①刘… ②李… Ⅲ.①金融业-绿色经济-风险管理-研究-中国 Ⅳ.①F832

中国版本图书馆 CIP 数据核字(2022)第 186929 号

绿色金融风险理论与实务
LÜSE JINRONG FENGXIAN LILUN YU SHIWU
刘瀚斌　李志青　编著
责任编辑/于　佳

复旦大学出版社有限公司出版发行
上海市国权路 579 号　邮编:200433
网址:fupnet@fudanpress.com　http://www.fudanpress.com
门市零售:86-21-65102580　团体订购:86-21-65104505
出版部电话:86-21-65642845
上海新艺印刷有限公司

开本 787×1092　1/16　印张 14.5　字数 335 千
2023 年 4 月第 1 版
2023 年 4 月第 1 版第 1 次印刷

ISBN 978-7-309-16440-4/F·2918
定价:58.00 元

如有印装质量问题,请向复旦大学出版社有限公司出版部调换。
版权所有　侵权必究